新时代教育高质量发展书系

XIN SHIDAI JIAOYU GAO ZHILIANG FAZHAN SHUXI

U0712429

李建华 ◎ 著

善者因之

做有故事的校长

中国大百科全书出版社　　知识出版社

图书在版编目（CIP）数据

善者因之：做有故事的校长 / 李建华著 . -- 北京：
知识出版社，2021.9

（新时代教育高质量发展书系）

ISBN 978-7-5215-0415-6

I.①善… Ⅱ.①李… Ⅲ.①教育工作 Ⅳ.① G4

中国版本图书馆 CIP 数据核字（2021）第 170728 号

善者因之：做有故事的校长

李建华 著

出 版 人	姜钦云
图书统筹	王云霞
责任编辑	王云霞
责任印制	吴永星
版式设计	博越创想
出版发行	知识出版社
地　　址	北京市西城区阜成门北大街 17 号
邮　　编	100037
网　　址	http://www.ecph.com.cn
电　　话	010-88390659
印　　刷	北京一鑫印务有限责任公司
开　　本	710mm×1000mm　1/16
印　　张	22
字　　数	293 千字
版　　次	2021 年 9 月第 1 版
印　　次	2023 年 3 月第 2 次印刷
书　　号	ISBN 978-7-5215-0415-6
定　　价	60.00 元

让教育沐浴人性的光辉

　　教育是关乎千家万户的事业，任何一个社会，都需要教育思想的引领。时代在变，教育也在变。然而，变中也有"不变"，所以，我们要对教育进行哲学的思考，只有搞清楚了哪些需要变，哪些不能变，才能真正做好教育。而教育的本质是什么，什么是好的教育，理想的教育是什么样的，这些最基本的教育问题应是教育哲学思考的源头。只有弄清楚这些最基本的问题，我们才能找到正确的方向，办出有质量的教育。

　　教育是培养人的事业，是一个通过培养人让人类不断走向崇高、生活更加美好的事业。因此，教育最重要的任务是塑造美好的人性，培养美好的人格，使学生拥有美好的人生。如何达成这样的目标？那就需要一批有理想、有情怀、有追求、有实干精神的校长和教师，用自己的青春和智慧去践行。而在现实中，也确实有这样一群人，他们热爱教育事业，关爱每一个学生，一步一个脚印，用脚去丈量教育，用心去感受教育，用智慧去点亮教育。

　　如何将这样一群人聚在一起，用他们的智慧去影响更多的教师？

　　中国大百科全书出版社、知识出版社策划出版了"新时代教育高质量发展书系"，进行了可贵的探索。他们在全国范围内会聚了60名优秀的教育工作者，这些教育工作者大多是扎根教育一线的优秀校长和教师。书中的经验、实践、体会和思想，既有教学的艺术，也有管理的智慧；既有育人的技巧，也有师德的弘扬；既有教师的发展思考，也有校长的成长感悟；既有师生关系的融通之术，也有家校关系的弥合之道。60本书，60个点，每一个点都是一门学问，一门艺术。

我今年给"新教育"的同人写过一封新年信，题目是"让教育沐浴人性的光辉"，从三个方面对教师的工作提出了建议。我也把这三条建议送给这套丛书的作者和读者朋友。

一是要善待我们自己。要珍惜时间，张弛有度，让人生丰盈；发现教师职业魅力，做一个善于享受教育生活的人；培养健康的爱好，做一个有生活情趣的人；与学生一起成长，做一个在教育过程中不断进取的人；不断挑战自我的最高峰，做一个创造自己生命传奇的人。

二是要善待学生。要把学生作为一个真正的人看待，让学生能够张扬自己的个性，发挥自己的潜能，成为更好的自己。在我们教室里的学生，首先是活生生的生命。我们应该从生命的角度考虑，首先是如何帮助他成为一个人，一个有理想、有激情、有智慧的人，一个能够适应社会并且受人欢迎的人，一个挖掘自身潜能、张扬不同个性的人。

三是要把教育的温暖传递给社会。许多问题，归根结底是教育的问题。尽管我们任何一个人，作为个体的力量都是有限的，但是，再渺小的个体，也能够温暖身边的人。所以，我们要让所有和我们相遇的人，都能够感受到我们的美好和温暖，这也是让人与人之间，让全社会变得更美好、更温暖的有效方式。

有人性的人是明亮的，有人性的教育是光明的。让教育沐浴人性的光辉，我们的今天将会更加幸福，我们的明天将会更加美好，我们的世界将会因此璀璨。

是以为序。

朱永新

2020 年 5 月 1 日

（朱永新，全国政协常委、副秘书长，民进中央副主席，中国教育和社会发展研究院副院长，苏州大学教授、博士生导师，新教育实验发起人）

善者因之：艾瑞德的教育哲学

郑州高新区艾瑞德国际学校，注定是个故事。她是春天的故事，带着温度，沐浴在春天灿烂的阳光里。

她诞生在 2011 年的春天里。那年，中原大地春意盎然，洋溢着无限的希望。

十年了，一个又一个好故事发生在校园，满满的，校园里已装不下了。这本书将带着这些故事，再次在校园里传播，然后飞向中原大地，飞在祖国的四面八方。

故事意味着时间。时间具有一种伟力，去伪存真、抑恶扬善，在时间的怀抱里，新生幼态潜力无限，逐渐成长壮大。如今，艾瑞德长大了，健壮了，潜力更加无限。

故事意味着回忆。在一次闲聊中，海明威的妻子对海明威说："回忆也是一种饥饿。"是的，十年的淘洗，那些故事开始澄明、沉淀。每当回忆涌起，过往的一切都让我们急切地想去拥抱和分享，这是情感饥饿似的需求。这样的回忆形成可贵的集体性记忆，这是文化的记忆。

故事意味着想象。想象是创造的先导，只有想象尚未抵达的地方，没有想象不可抵达的地方。十年的办学，十年的创造，十年的想象……正是在想象中，艾瑞德更加宏大、辽阔，也正是在创造中，艾瑞德更加明亮、美好。

我去过艾瑞德好多次，有参观，有研讨，有学期结束会、新年会……

总觉得艾瑞德是个大家庭，是个处处有故事的地方。学校提出的教育理念——"走自然生长教育之路，办有温度有故事学校"，已成为生动的事实。但是，我又总是觉得，对艾瑞德的认识只到此为止又是很不够的。温度来自哪里？故事为何诞生？大家庭究竟怎么形成？这些问号深处藏着什么样的答案？我总在思索和寻找着。

其实，答案早就摆在那里："太史公曰：故善者因之，其次利道之，其次教诲之，其次整齐之，最下者与之争。"这是中国哲学的一种表达，表达的是价值链条上的排序，排在最前列、最重要的是"善者因之"。学校创始人孙银峰先生，校长李建华先生对此都有准确的解读："每一个人成为善者、向好之人，以达无须提醒的自觉、不言而喻的遵守。""善者，是温度的凝聚，是故事的升华"，"向善、求善、为善，是我们共同的教育愿景，引领着艾瑞德的每一位老师。"这就是艾瑞德的教育哲学。"善者因之"这一哲理深植于中华优秀文化土壤中，映射出中华文化的本色与亮色：追求伦理道德，塑造中华民族之德和以仁爱为核心的文化心理结构。作为一所国际学校，能立足中原大地，能扎根中国文化，体现了他们的文化自信与文化自觉。正是这样的教育哲学，铸造了艾瑞德的中国根、民族魂和文化脊梁。他们从文化的视角诠释了何为"国际学校"以及办好"国际学校"的真正密码是什么。

从"善者因之"出发，不难理解，艾瑞德学校正在探索落实"立德树人"这一根本任务的途径和方式。在艾瑞德，"立德树人"有个重要的文化出发点，它也是校本化的哲学基础，即善者因之。在艾瑞德，"立德树人"有自己的切入口和突破口，而这切入口、突破口正是文化的生长点、教师教育哲学的关怀点与提升点，是艾瑞德十年办学经验的凝练，也是艾瑞德的文化制高点。艾瑞德的故事总名称就是"善者因之"。

"善者因之"，对校长而言，意味着什么？抑或说对校长有什么要求？可以从"善者因之"开拓出去，用歌德的话来阐释："给我狭窄的心，一个大的宇宙。"心是狭小的、狭窄的，但心胸是广大的、宏大的，好似"一个大的宇宙"。李建华校长正朝着这一方向不断努力。他将艾瑞德装在心里，将每一位教师、每一个孩子都装在心里，把全身心都献给了艾瑞德。那"校长60秒"的每一秒，那家校合作的"相约8：30"中校长表扬电话的每一分，都是一次善的唤醒与激发。校长是有温度故事的设计者、组织者和创造者。

"善者因之"，对教师而言，意味着什么？抑或说对教师有什么要求？同样，可以从"善者因之"开拓出去，用雪莱的话来阐释："道德的最大秘密就是爱。"《哈利·波特》的作者 J. K. 罗琳说："爱是一种最古老的魔法。"确实，中华文化中的伦理道德是以仁爱为核心的。艾瑞德的几乎每一位教师都是爱的守护神，不，他们就是爱的天使，把真诚、无私的爱洒向每一个孩子，无论是幼儿园的，还是小学部的；无论是学习成绩好的，还是学习暂时有困难的；无论是家庭背景好的，还是家庭背景特殊的……爱是平等的、公平的、不求回报的。爱又的确像魔法，使孩子变得文明起来、聪明起来、勤劳起来、善良起来、健康起来。艾瑞德的故事的确是爱的故事，而爱的温度可以传递，让整个艾瑞德都变得温暖、光明、美丽。总有一天，艾瑞德的孩童将带着"爱的魔法"走向人生，走向社会，走向世界，为人类做出爱的奉献。

"善者因之"，对学生而言，意味着什么？抑或说对学生有什么要求？同样，可以用马克思的话来阐释："只有在共同体中才有可能有个人自由。"艾瑞德是个共同体，是冬天的火炉，是幸福的港湾，是精神的家园。共同体有共同的理想，艾瑞德孩子们的共同理想就是爱国、强国、报国，为成为可以担当民族复兴大任的时代新人打好基础。共同体有共同的规则，大家都遵守规则，大家也就都自由了。自由是创造的保姆，艾瑞德成了儿童创造的王国，创新精神、实践能力在校园里已长成了小树，将会长成一大片森林。

当然，还可以追问家长："善者因之"对你们而言究竟意味着什么？对新时代的家长提出了什么新的要求？艾瑞德的家长已交出了精彩的答卷，他们会讲出有温度的"春天的故事"。

为郑州艾瑞德国际学校建校十周年，我写了以上的话。不是谦虚，这篇文章没有书中的文章写得好，但我坚信"善者因之"。我也会变得更好。

谢谢艾瑞德创办人孙银峰先生，谢谢李建华校长，谢谢所有的教师和孩子。祝福你们，祝福艾瑞德的下一个十年！

成尚荣

2021 年 2 月 28 日

（成尚荣，国家督学，教育部基础教育课程改革专家委员会专家，中小学教材审查专家，中国教育学会学术委员会顾问）

可贵的坚持

　　贵在坚持，是一句非常普通的话语，几乎所有人都说过，几乎所有人都实践过，但当郑州艾瑞德国际学校李建华校长的四大本精进打卡文集《坚持》出现在我眼前时，我才确确实实、真真切切地被身边的坚持撼动了。

　　四本精进打卡文集《坚持》共计790篇，从2018年5月3日起到2020年6月30日止，一共790天，每天一篇，总字数为1 156 179，115万多字，平均每天每篇1463个字。厚厚的四大本，共计1910页，让我足足"享用"了将近一个星期，由于对其中的许多人和事我都有不同程度的了解，因此，阅读的过程也是回顾往事、感受温度、品味故事、启迪思维的过程。

　　书中的关键词是"精进"。何为精进？李校长说："所谓的精进，我的理解就是每天都一样，每天都不一样。'一样'是我们的持之以恒，'不一样'是我们的精益求精。"

　　一百多万字的打卡内容，都在诠释李校长以及他带领的艾瑞德人到底是怎样的"一样"和如何的"不一样"。

　　每一篇精进打卡都分为四个部分，即"知—学习名句分享""行—实践感悟""修身—积善自省感恩""发愿"。其中的核心内容应该是"行"与"悟"。"行"记载了李校长及全体艾瑞德人的行动轨迹、实践活动和成长足迹。"悟"则是李校长从"和时间死磕，向自己叫板"的实践中提炼出的生活态度、教育信念与人生价值。

说到"行"，自然会想到"读万卷书，行万里路"。当然，读书是行路，行路也是读书。说读书是行路，是指读书人随著书作者的意愿行走八方、放眼世界、开阔视野；说行路是读书，是行路人在行走八方的实践中体验生活、思考问题、感悟人生。

四本《坚持》记录了李建华校长及全体艾瑞德人读"百家诸子"教育之书，走自然生长教育之路的铿锵有力的步伐和丰富多彩的内容。在四本《坚持》里，我不仅看到了常规性的特别精细化的"行走"，而且看到了虽然特别但仍属于"意料之中"的体现校本特色的"行走"。诸如田园课程、家长课堂、"移动教室"、戏剧社、泼水节、旗袍节、农场露营、国际文化周、传统节日文化周、"经典咏流传"等，还看到了我"意料之外"的艾瑞德人与众不同的"特立独行"。诸如，在一年时间里，老师们150人次、53次外出学习的行程约90 000多公里，相当于绕地球两圈，跨越27个省市、3个国家。近几年来，一共有50多位教育大家、专家学者走进学校的"名师大讲堂"，成为"每月一位专家进校园"的主角，其中顾明远、成尚荣、魏书生、李政涛等多位教育大家都曾在艾瑞德留下他们的足迹，传播他们的思想。受李校长的影响，全校近200位平均年龄约30岁的教师中有130位开了微信公众号，坚持或每日一次或每周一次的打卡。"用稚嫩而清新的文字，记录着倾心教育的故事，一笔一笔，简单而深刻地刻画着心中的教育画卷。"李校长本人不仅坚持打卡，而且还坚持每天为孩子们录制"校长60秒"、每天和老师们一起写板书、每天给一位家长打一个8：30校长电话、每天读书半小时、每天放学送校车、每天转老师们的朋友圈、每天听一节课、每天陪三个学生就餐、每天晨跑5000步。

…… ……

艾瑞德人的实践活动可以称得上洋洋大观，李建华校长本人的若干个"坚持每天"无疑让所有人投以钦佩的目光。而更让我佩服的是李校长在坚持之中和实践之后的思考与感悟。

○ 善者因之：做有故事的校长 ●

四大本精进打卡文集《坚持》中记录的李校长对生活态度、教育理解和人生价值的感悟，不仅在认识层面上精辟、深刻、微言大义；在思想层面上磊落、坦荡、自成一格；而且在情感层面上热情、奔放，充满正能量。

李建华校长是带着南京莲花实验学校的"故事"和"温度"来到艾瑞德国际学校，带领艾瑞德人"走自然生长教育之路，办有温度有故事学校"。通过三年半的努力，学校的办学成绩斐然，硕果累累。近三年，艾瑞德国际学校先后获得"郑州市民办十佳单位""河南省名片学校""河南省首批劳动教育特色学校""郑州市课程改革 20 年成果一等奖""郑州高新区课程改革 20 年成果特等奖"等荣誉称号，而且是郑州市唯一——所民办学校获此殊荣。

李校长的教育思想也日趋成熟并逐渐形成自己的体系。他提出了"每一位老师都是珍贵的存在，以慈善怀之；每一位学生都是美丽的不同，以温柔待之；每一位家长都是重要的链接，以友好处之"。他认为，校长应该是"坚守办学价值观的那个人，与师生保持最近的那个人，让学校保持沸腾的那个人，把学校带向未来的那个人"。这也是他对自己的要求。

教师、学生、家长是学校的主角，作为校长如何看待、对待这三类不同的主角，既是对校长教育思想的试金石，又是对校长人格修养的检测剂。李建华校长认定每一位老师的珍贵，是因为他筛掉了老师们的"沙子"，留下了他们的"金子"；李建华校长看到每一位学生的美丽，是因为他具有"儿童有场""儿童在场""儿童造场""儿童成场"的儿童立场，他认为，每一个儿童都是美丽的不同，不同是客观存在，而"美丽"则是教育的使命；李建华校长认定每一位家长都是重要的链接，是因为在他看来，"家校关系是共同体，家校关系出现问题，是没有赢家的，越是重要，越是要小心谨慎、用心呵护、真心沟通"。

李校长对待教师、学生、家长的三个"每一位"，充满着"人情味"，显现出人性的光辉，也道出了教育的真谛："人与人，情与情，味与味；人育人，情育情，味育味。"

李校长要求自己是"坚守办学价值观的那个人，与师生保持最近的那个人，让学校保持沸腾的那个人，把学校带向未来的那个人"。这四点要求中"坚守办学价值观"和"把学校带向未来"这两点是许多校长的共识，而"与师生保持最近"和"让学校保持沸腾"这两点应该是李校长独特的个性体现。

看过李校长微信打卡的人，一定会有这样的印象：每次微信打卡千字以上，文思敏捷，言必有中，而且配了很多照片，照片中有大量李校长和孩子们在一起的镜头，满头白发的"老爷爷"与天真无邪的少年"贴"得如此紧密，笑得那样欢畅，如同真正的一家人。

在打卡文集《坚持》中，有一篇题目叫"绊住"，说的是李校长在校园里常常被"绊住"。究其原因是孩子们因为快乐总想拽住校长，因为喜爱总是围住校长，争先恐后地表达他们的喜悦之情，诉说他们的"爱慕"之心，最喜欢做的是能凑到校长的耳边轻轻说一声："李校长，我告诉你，我爱你。"

这篇打卡文章，我在微信里看过，当时就被校长被学生"绊住"的幸福温暖过、打动过，今天重读此文，再一次被触动、被感动。看来，只有办了师生距离最近的学校、与孩子距离最近的校长才能拥有这份被童心"绊住"的幸福。

"让学校保持沸腾"与艾瑞德学校的校风"干净、有序、读书"从表面上看似乎有点不一致，但如果你认真阅读了李校长的精进打卡文集《坚持》，或者能够走进艾瑞德学校的校园，接触到学校的师生，你就能深切体会"沸腾"的含义。这是艾瑞德人特有的生命状态：老师们内心燃烧着热情、力量和爱，每个人都是一个"沸腾源"，带领着孩子们拥抱生活、享受生活；孩子们健康快乐、欢欢喜喜、叽叽喳喳，他们丝毫不用担心自己的叽叽喳喳会引起大人们的不快，相反会被认为是世界上最动听的声音。艾瑞德学校的老师们喜爱孩子们的叽叽喳喳，而且爱得入迷，他们在孩子们的叽叽喳喳中享受职业的快乐，体验职业的幸福，获得职业的成长。

当然，这种职业快乐、职业幸福与职业成长并非一朝一夕或一曝十寒所能达成，非持之以恒、锲而不舍不可。在精进打卡文集《坚持》中，我看到："播种和收获不在同一个季节，中间隔着的一段时间，我们就叫它'坚持'。"我认为，这就是李建华校长和全体艾瑞德人成功的秘诀：播种，坚持，收获。

说起坚持，李校长说："放弃的理由有千万条，坚持的理由只有一条，那就是坚持。没有开始时，想到坚持，觉得很害怕；坚持到现在，感到很'可怕'，很了不起。"我以为就李校长本人而言，能够坚持主要是缘于"三爱"，他是一位爱读书、爱教育、爱孩子的"三爱校长"，"三爱"让他产生了主动激励自己的内在动机，从而形成了一种"校长自觉"，即"职业的自觉、生命的自觉，以高度的责任感、使命感和行动力去推动学校的发展，以匹配校长的身份，从而实现自我的价值追求"。而如何能将一个人的坚持变成一群人共同的坚持，为"一件事，一群人，一起走，一起慢慢变好，一起慢慢'变老'"则是因为李校长是一位"跟我上"而非"给我上"的引领者，他知道，重要的不是"如何激励他人"而是"怎样让人激励自己"。

李建华校长的每日"精进打卡"，我之前在微信上基本都读过，这次再读文字版《坚持》，依然被他的精神打动，被他的坚持感动。我不仅看到了李校长和他带领的艾瑞德人滴水穿石、坚持不懈的"一样"，而且进一步理解了他们精益求精、丰富多彩的"不一样"。

把坚持了将近1000天（李校长的打卡自2018年5月3日起一直到现在）精进打卡汇集成册，出版发行，我是积极支持者之一。尽管这四本《坚持》不是全部精进打卡的内容，而即将正式出版的书又只是这四本《坚持》内容的一部分，但我相信，阅读者一定能从李建华校长和他带领的艾瑞德人坚持精进的"一样"与"不一样"中获取营养，得到启发。

读完四大本《坚持》之后，我脑海中不断重复出现"青春"一词，不禁想起革命先驱李大钊先生在《青春》一文所说："以青春之我，创建青春之家庭，青春之国家，青春之民族，青春之人类，青春之地球，青春之宇宙，资以乐其无涯之生。"

我在李建华校长和他带领的艾瑞德人身上看到了这种"把小人生融入大时代"的青春之豪气、青春之力量和青春之精神。

丁 强

2021 年 1 月 13 日

（丁强，南京市金陵中学原校长，享受国务院政府特殊津贴的专家）

目录

教师篇

家长篇

活动篇

学

生

篇

每一位学生都是美丽的不同。

　　教育，就是要让每一个孩子看得见分数，想得起童年，记得起恩师，忆得起母校。在校时，留下的是热爱；离校后，留下的是眷恋。校园，应该是学生具有安全感的地方，看见孩子的模样，捧起孩子的欢畅，接住孩子的忧伤，给学生一张宁静而温暖的书桌，给孩子一个滋润而饱满的童年。

瑞德少年

　　每个细节都闪着孩子们心扉的美好光芒，每一个改变都见证着孩子们的成长。艾瑞德国际学校把每一个孩子行为的细节都看在眼里，特设"瑞德少年"荣誉称号，为每周有进步、有闪光点的孩子在每个升旗仪式中颁奖。并邀请"瑞德少年"的家长一起来到学校，共同见证孩子成为瑞德少年的光荣时刻！

　　多一个珍贵的牌子，就会多一个美丽的孩子。

　　第一节课下课，当《运动员进行曲》在校园响起，当白鸽悠闲地栖息在楼顶，当阳光洒满了校园的角落，当掌声、笑声、欢呼声激荡在操场上空，我们就知道，这是升旗的时刻。因为工作调整，升旗仪式改在了今天，昨天有一位一年级的同学问我本周为何不升旗，她非常盼望升旗。

　　其实，我知道，盼望升旗的一定不止她一人，起码，本周的"瑞德少年"早就等得小心脏都要蹦出来了。从周一等到周三，该是多漫长、多难熬的等待啊。"瑞德少年"奖章在孩子心目中的分量已经远远超过我们设置这枚奖章的意义与价值了。

　　每周每个年级一个"瑞德少年"，这荣誉确实让孩子们梦寐以求：全校见证、家长受邀、校长颁奖、照片上墙……一个金灿灿的牌子吸引、激励、唤醒了多少个活泼的孩子。对学生而言，教育就是唤醒，学校要设期待。

"瑞德少年"就是孩子们的期待。目前"瑞德少年"又升级增加了"瑞德精英"和"瑞德领袖"的荣誉称号，孩子们非常渴望，也非常在意。

因为在意，昨天的故事历历在目。"校长，为何餐厅的那位爷爷是'瑞德少年'？""为何他能戴上'瑞德少年'奖章？"已经不止一个孩子在早餐、午餐时问我了。我这才发现餐厅的赵金遂师傅胸前别着一枚"瑞德少年"奖章，在这之前他都是带着学校的校徽。他的奖章不是我授予的，没有在国旗下颁发，孩子们的眼睛是雪亮的，他们做梦都想得到的"瑞德少年"奖章怎么会戴在一个餐厅师傅的胸前呢？孩子们不解，我也很纳闷。

"这枚奖章是我在餐厅捡来的，不知是哪个小朋友弄丢的。"赵师傅笑呵呵地说着，"我就是想故意戴着，一是看看小朋友的反应，二是让丢失的小朋友能找到。没想到小朋友反应如此强烈。"有心的赵师傅因为在学校工作时间长了，也有了教育感，他知道"瑞德少年"是怎么一回事，他就是想看看"瑞德少年"在孩子心中的分量究竟有多重，于是他就故意带着这枚奖章在孩子面前晃悠。

赵师傅未曾想到，已经有好几个小朋友在询问，甚至质疑他是如何得到"瑞德少年"奖章的，赵师傅这次的确感觉到"瑞德少年"的分量了。当天晚上，他就将那枚奖章交到了德育处，期待它物归原主，自己又重新戴上了他的那枚学校校徽。于是一切归于平静了。

学校无小事，处处皆育人；学校无他人，人人皆老师。苏霍姆林斯基曾说过："我们教育工作者的任务就在于让每个儿童看到人的心灵美，珍惜爱护这种美，并用自己的行动使这种美达到应有的高度。"

搀着他的手散步

升旗仪式后我路过读书广场，就走了进来。读书广场是暑期改造后才开馆的，这是我第一次正式进来。据说增加了二楼平台后，同学们都很高兴，当初做出改造的决定，也是基于学生的意见和想法。生活辅导员老师正在开例会，我没有惊扰他们。我想到二楼看看，看见四（7）班的哲同学（请允许我隐去全名）正在楼梯口的沙发上聚精会神地看书，读书广场里只有他一个学生，高馆长也不知道去哪里忙了，此时应该是上课的时间。

"李校长好！"哲同学向我轻声打招呼，"李校长，您没来过二楼？""没有，今天是开馆后第一次来。"我回应了哲同学，然后走上二楼。二楼的楼梯做得不错，很符合小学生的步幅，不但增加了读书广场的面积，而且让读书广场有了层次感和新鲜感。曾有二年级学生问过读书广场的高馆长："明年读书广场是不是要加到三层？"高馆长纳闷。学生说："我们二年级时加到二层，明年我们三年级了，不就要加到三层吗？"噢，原来如此！高馆长恍然大悟，这是儿童思维。我对改造后的读书广场的感觉还是不错的。

从二楼下来，哲同学还在读书，我知道他是个爱读书的孩子。他们班的同学告诉我，哲同学知道的东西很多，尤其是历史，他手里果然拿着一本有关希特勒死亡之谜的书在看着。哲同学是个腿脚不便的孩子，走路非常困难，就身体而言，确实有点不幸，但在艾瑞德，他又是何其幸运。他的同学都愿意帮他，我经常看到同学帮他带饭。他的老师宽容他，对他也格外呵护。四年级就他一人可以在学校餐厅一楼就餐，四年级就他们一个班在教学楼一楼，连我都较早地认识了他。去年9月29日的运动会，我惦记着他没有运动项目，就挽着他的手在运动场散步，照片被老师悄悄拍下来，惹得好多学生羡慕哲同学，他自己在运动会也走出了美好记忆。他回去告诉爸爸，运动会时校长陪他散步了。

听说前两天读书广场开馆，哲同学很新奇，也来了，是顺着楼梯爬上去的。当时，高馆长曾有文字记载，我看了后顿时泪目。"他脱掉鞋子，迈上第一个台阶，努力了几下，干脆跪在台阶上，手脚并用向上爬。这个动作缓慢而执着，笨拙而虔诚，酷似一个朝圣的信徒，身心膜拜，步步叩首，匍匐朝见心中的圣地。24个台阶，我数过的，小哲每攀登一个台阶，就像越过一座高峰。他终于到达了平台，缓缓起身，在至高处张望着，挪移着，抚摸着，满足着，享受着。多了这么一个平台，对孩子充满了这般的吸引力，哪怕费尽万般辛苦，也要爬上去看一看。"（摘自高馆长的《朝拜》）

爱读书的孩子一定是喜欢读书广场的，哲同学爱读书。此时哲同学坐在绿色的沙发上，我就席地坐在他的面前，想和他说说话。

"小哲，喜欢读书？"

"嗯。"

"没有课？"

"这节课不想上。"

"听说你懂不少历史知识！"

"我喜欢。"

"知道霍金吗？"

"知道啊。"

…… ……

我从他喜欢的历史入手，我们的话匣子也就打开了，他是个健谈的孩子，像个小大人似的。后来高馆长回来悄悄拍了一张照片，从这张照片看，竟然感觉他像个校长，我则像个小学生了。

　　说到霍金时，我说："当上帝为我们关上一扇窗时，必然为我们打开一扇门。虽然身有残疾，但依然不影响霍金成为伟大的科学家。"我原以为哲同学会不理解这句话的意思。"校长，您说颠倒了，应该是当上帝为我们关上一扇门时，必然为我们打开一扇窗。"哲同学不愧读了不少书。"说得也对，其实有时候我们身体的不足，只是上帝关上的一扇窗，而门还是开着的，就像我们还拥有健康而智慧的大脑。"我和哲同学在闲谈着，"比如你少了上体育课的机会，可是你可以拥有更多读书的时光，你完全可以成为一个不一样的人，只要你从现在开始多读书，多跟着老师要求走。"哲同学很认真地点着头，他的目光中有着比同年级孩子更多的坚定。当我起身与哲同学说再见时，窗外的一缕阳光正柔和地打在他的身上。

　　每一位教师都是珍贵的存在，每一位学生都是美丽的不同，让教育被慈善以怀，让师生被温柔以待，我们责无旁贷，我们心有期待。

这里的老师像家人

　　新学期，总有一些新的感觉，学生也不例外。从一开始就感觉真好，六年级，作为全校的大哥哥班级，开学前学生呈现的状态真好。其他五个年级，没有因为开学的忙碌而显得仓促，反而，一切都像是周六、周日双休后的井然有序。

　　前两天，和六年级部的杜静主任一起聊天，她告诉我一个她亲身经历的有趣故事：

　　新学期开学第一天打扫卫生，正当我来回穿梭在1号、2号教学楼之间的时候，王雪冰老师笑盈盈地带着一个白白净净的男生端着一个盒子向我走来，她开心地一手搭在孩子肩膀上，一手伸向我，郑重其事地说："杜老师，这是我们班新来的学生。"看着这么清爽的孩子，我喜欢都来不及，还没等我开口，男生就落落大方地说："老师，我是六年级四班的新生，我叫朱成旭，您辛苦了，给您一根雪糕。"我见了他，忍不住问："艾瑞德的老师和你以前的老师有什么不同？"朱成旭仰着小脸，认真地说："感觉艾瑞德的老师不像老师，像家人。"我和雪冰老师还有站在一旁的文芳老师忍不住被他逗得哈哈大笑，他刚一入校，我们就成了一家人，真是个会说话的孩子。

我听了这个故事，心头一阵温暖，一个刚来几天的同学说出了他内心真实的感受，也隐约感受到我们所倡导的有温度、有故事的教育的味道。新来的插班生是在心里有直观比较的，所以他们最有发言权。

本学期，学校高年级段来了40多位插班同学，当他们本周一站在国旗台下一一自我介绍时，我总感觉他们与艾瑞德学生之间有某种不一样的东西，或许是不够舒展，或许是略带恐惧，或许是不很自信……我曾做过测试，开学初，虽然我不能叫出每一个艾瑞德学生的名字，但我能把新来的插班生从人群中辨别出来。

在校园里，只有我们是一家人时，师生才无疏离感，学生才有安全感和幸福感。朱成旭同学的"家人"的感觉，是对"亲其师，才能信其道"的儿童式表达，是对"教育＝关系＋联系"的儿童视角观察，是"基于关系的相遇与对话"的直观表达。我们一直倡导师生关系是学校最重要的关系，是教育的"生产关系"，没有良好的师生关系，就不可能有绿色的学校教育生态。

让校园成为花园、田园、乐园、家园，这是我们的期待与努力，尤其对小学生而言，至关重要。而这里，最重要的人是教师，我们应该是学生成长过程中"温暖的符号"，要对学生"温柔以待""慈善以怀"。

校长，你的字写得不好

早上来学校，按照惯例，写好板书，提着小黑板准备摆到一楼的开放区域。在二楼楼梯口遇到一个向我鞠躬问好的男生，我以鞠躬礼回之，并把手中的一小块巧克力塞到小男生的嘴里（今晨就在想，谁第一个向我鞠躬问好，这块巧克力就属于谁）。继续向楼下走去，突然身后传来了说话声：

"李校长，我觉得你的字写得不好。"

"是吗？你觉得不好在哪里呢？"我回过头，看见一个个子不高的小女生。

"没有我们班主任闫晨老师写的漂亮！"原来她是三年级闫晨老师的学生，没有比较就没有伤害。

"嗯，你们闫老师的字确实漂亮，所以我要好好写，向你们闫老师学习。"我发现这名学生身后还跟着六年级的李旗老师，她目睹了我被批评的全过程。

这是我来艾瑞德后第一次被学生批评，而且是在光天化日之下，"他目睽睽"之下。我在想是一种什么样的力量支撑着这个三年级学生的勇气啊。或许，她根本不需要勇气，或许她不以为这是批评，因为她只是一个儿童，她只是在说真话。

批评，是一种表达，是一个儿童与我相遇时瞬间建立联系的表达方式。她有别于其他孩子的问好或鞠躬，而是选择了一个基本事实串起了我和她以及她的班主任之间的联系。她批评了我，表扬了她班主任，用一个儿童的视角托起了她班主任的"珍贵存在"，也折射出"校长是师生成长的道具"的理念之光。

这位同学的批评是真实的，她的班主任闫晨老师的粉笔字确实不错，几次听闫老师的课，她的板书工整而大气，我也曾夸过闫老师的字。这次她的学生也如此夸她，这里面还饱含一个学生对一个班主任真实的爱，否则，一个小学生怎么会在一个无意的场景下，头脑中自然而然地"蹦"出她的老师呢？可见，老师的各种小美好对孩子多么重要。批评是真实的，表扬也是真实的，儿童也是真实的。

这位同学的批评是安全的。三年级的孩子也有基本的价值判断，她也知道什么是校长，批评校长意味着什么。只有关系安全了，批评才会无忧无虑，当孩子在学校被慈善以怀、温柔以待时，她感受到了周围的安全，她有足够的安全感，所以，她才可以知无不言，言无不尽。

这位同学的批评是被宽容的。一个儿童敢于评论她的校长的粉笔字，一定是基于对校长的某种认知，她不需要鼓足勇气，也不需要前思后想。国旗下讲故事、瑞德少年颁奖、校长助理午餐、校园里随时随地的爱的抱抱，让儿童与校长近了。

批评一旦被加工，就会穿上虚假的外衣，儿童如果像大人一样说话，粉饰的不仅仅是语言，还有一颗童心。宽容，让孩子敢于试错，敢于表达，敢于探索。儿童是对的，错了不要紧，学校就是允许儿童犯错误的地方，儿童不犯错才是莫大的错。宽容比自由重要，我们用宽容融解了无忌的童言。

当我把"批评"加上了引号时，我的内心有犹如被表扬后的喜悦，我愿意衬托出一个儿童的真实，也愿意衬托出一个班主任老师的厉害。

这是童年的最爱

　　周二，丁怡老师去上海学习回来后给我带了一盒"大白兔"奶糖，丁老师说这是"甜蜜的负担"。我赶紧拆开，剥了一颗放在嘴里，很甜。想起了童年时，"大白兔"是我的最爱。我谢了丁怡老师。

　　放学送校车的时候，我悄悄地揣着"大白兔"下楼。凡遇到见面鞠躬问好的学生和老师，我皆以"大白兔"赠之，老师笑了，学生跳了，我乐了。此时，天空中飘起了小雨，路面湿滑，二年级许嘉宝同学不小心滑了一跤，我赶紧走过去扶起她，并悄悄塞给她一颗"大白兔"，她笑着走开了。

　　消息传得很快，听说我有糖，鞠躬问好的孩子问好后眼巴巴地望着我不走。我一颗一颗地分发着，小手越来越多，"大白兔"越来越少。转眼间，我的手中只留下一个空空的盒子了，一个女生没有拿到糖，便将我的盒子拿走了。

　　这时，幼儿园来了两个孩子，在我的身前身后转悠着。我一摸口袋，还有两颗"大白兔"，幸亏当时留了一个心眼儿，备了两颗。我看其他同学没有注意到，借着搀他们手的机会，悄悄地将"大白兔"塞进他们的小手，看着他们喜笑颜开、蹦蹦跳跳地上了校车。

　　下午，发"大白兔"这一举动让一些孩子回家的路上多了点甜蜜。我想起王彦月园长去俄罗斯的时候给幼儿园 200 多个孩子每人都带了一颗俄罗斯紫皮糖，我们也尝到了，非常好吃。后来听说第二天有不少孩子到园长办公室要紫皮糖。行走千万里，不舍的是孩子，王园长的紫皮糖更有故事、更有温度。

在我的办公室，始终少不了图书和糖果，过生日的孩子、来串门的同学，我都会不经意地给他们签名赠书或送糖果。欢畅也好，忧伤也罢，或捧着，或接着，让校长办公室成为孩子们温暖的小天地、甜蜜的小念想。

师生关系是需要载体的，"大白兔"是，俄罗斯紫皮糖是，图书是……有形的东西化为了无形的情感，在相互的转化中，学校成了有爱的教育场。

心怀善念，众生美好，但凡经手，皆成美好。

"大白兔"，曾甜了我的童年，也甜了眼前这群孩子的童年，这是爱的接力，甜的漫延。再次感谢丁怡老师！

现在是我一生最美好的时光

　　一早在学校楼梯口遇到嘟嘟同学，他向我行了一个标准的鞠躬礼，由此开启了美好的一天。嘟嘟是我校教工子女，从他上幼儿园时我们就认识，他现在上二年级，平时见我，或无视，或目光示意而过，一般都是我主动向他问好，未曾想，今早却有了变化。有专家说，对儿童来说，有时不是礼貌问题，而是关系问题，难道，这是嘟嘟同学与我关系改善的开始？

　　早餐时，陈明宇同学坐在我对面，他是个健谈的男生。按照惯例，他向我"汇报"早上晨跑的情况，说今天有雾，他和双胞胎弟弟在小区跑了两圈，他的愿望是明年运动会上拿跑步金牌，他的梦想是长大当柯南，我为他加油，并相信他一定行。陈明宇的晨跑是我和他在 9 月运动会前约定的，要坚持 21 天，我希望他能做到，他说一定做到。他每天 6 点左右起床，每天如此，还有两天，就达到我们约定的目标了，我祝贺他，并期待他继续坚持，他点点头。

　　"李校长，我觉得现在是我一生中最美好的时光！"陈明宇同学语出惊人。

　　"你才上三年级，一生尚早，一切才是美好的开始。"我哈哈大笑，"为何觉得现在是最美好的时光？"

　　"因为我在艾瑞德读书。"陈明宇放下筷子，"我姥姥说我上的是郑州最好的学校。"

"那你自己觉得如何呢？"

"我觉得也是，这是最好的学校，不知道以后能否再遇到这样的学校了！"

"会遇到的，好学校很多。你觉得学校好在哪里？"

"学校干净、有序、读书的校风好，学校有读书广场、游泳馆、白鸽，学校的课程等也好。"陈明宇同学如数家珍。

"那老师如何呢？"

"老师好，我喜欢老师。"

"那校长呢？"

"校长，我也喜欢你，我觉得你是最好的校长。"

我又哈哈大笑起来："明宇，你觉得一个学校好，一定是因为学校的老师好，而不是建筑好。所以，将来如果你觉得哪里好，一定是那里的人好，当然我们也要做个好人，让别人因为我们的好，觉得我们在的地方也好。"

陈明宇同学认真地点了点头。

美好的校园，其实就是由一群美好的人构成的，学生好、老师好，学校一定就美好。我看到了老师们在校园中呈现的美好以及笔端流淌的美好，才有了校园中许许多多像陈明宇同学一样的学生，觉得在过着最美好的时光。

白露露老师说："上班像赴一场盛宴。"薛静娴老师说："不知不觉的加班里有一种幸福的味道。"陈琳老师说："一天的时光总觉得很短暂，日子充实而快乐。"曹敏老师说："在艾瑞德真好。"六年级才转来的妙妙同学说："艾瑞德的老师就是好。"

今天，我看到六年级老师的一股气场，我看到了幼儿园、国际班、一到五年级都在呈现着"美丽的不同"的美好样态。昨天晚上 8 点左右路过一楼，看到黄冬燕老师带着女儿在教室给时昕航同学做个别辅导，看到贾路平老师、牛云云老师都在教室里，看到闫娟老师刚刚下班。回望教学楼，许多老师办公室的灯光都在亮着，这是美好的光明，这是美好的夜晚，这是美好的校园，因为这里有一群美好的人。

今天，石鹤老师、李丹阳老师"同课异构"的课堂也同样美好，孩子们投入的学习热情、老师们付出的教学努力，自然生长的课堂样态渐成美好。最近各个学科都在进行着公开课，教师成长"五件套"之首的"研"——研究课堂的氛围十分浓郁，美好的课堂，是美好教师呈现的主阵地。

下午，一年级英语组刘美玲老师牵头组织的"梦想剧场"英语绘本展示活动在国旗广场举行，学生们流利的英文表达、精美的手工绘本作品，老师们的用心组织和指导，家长朋友的热心参与，让下午的广场暖意融融，美好流淌。芝麻街广场上三年级和二（5）班孩子的表演，同样让周末时光很美好。

下班后，和彦月、浩然、陈琳、吕静、海威去"量体裁衣"，为11月的珠海教博会和12月的蒲公英教育智库年会做准备，期待艾瑞德有一个美好的展现。

儿童的别名叫未来，教师的别名叫创造，教育的别名叫美好。教师不仅是知识的传授者，更是学生美好生活的创造者。向美而生，向美而教，向美而创，最终会走向更美好的未来。

我们都很激动

今天，升旗仪式后，我激动的心情尚未平复，推开小学部办公室的门，想和少先大队辅导员吕静老师分享一下今天升旗的心情，看见两个学生站在她身旁，我未敢吱声。这两个学生今天刚当选为第五届学生校长助理，一个是二（6）班的刘骁威，一个是四（1）班的王皓冉。

"昨天晚上，刘骁威同学都失眠了！"吕静老师似乎还沉浸在刚才升旗的氛围中。

"我昨晚睡不着，四点钟醒来后就早早地起来了。"才上二年级的刘骁威同学一脸的激动。人们都说少年不识愁滋味，可是，一个小小的学生校长助理就职仪式扰了多少孩子的梦，激发了多少孩子的梦啊！

"我们家韩昊毓同学也是一早就醒来了，不需要我们叫！"儿子刚刚当选为这届学生校长助理的国际部薛静娴主任也是激动不已。

"你们为何如此激动呢？"我问王皓冉同学。

"因为我们可以和校长近距离接触，一起吃校长午餐，一起和校长开会啊。"王皓冉同学一脸自豪。

校长就是师生成长的道具、学校温暖的符号，教育就是要温润一米之内，而非一定要千里之外。校园应该成为孩子们每天都想念和期待的地方，如果每一个上学的孩子在每一个清晨都能自己醒来，而非父母的"三请四邀"，那就证明了学校的吸引力。喜欢是要有理由的，我们要尽量为孩子的喜欢创造出千万个理由。首先，我们每一位老师、员工要尽量成为孩子们喜欢的第一条理由。

虽然突然的降温让人猝不及防，但是今天操场上的氛围却暖人心田。雄壮的国歌声中国旗冉冉升起，6 名瑞德少年和家长的颁奖环节最让人期待，44 位学生校长助理在国旗下庄严宣誓，6 名英语备课组长上台接受荣誉奖牌，11 名英语老师被隆重表彰，10 位教师代表文明办公室受奖，教师们为台上的孩子们鼓掌，同学们为他们获奖的老师欢呼，每周升旗时操场都变成了一个能量场、一个教育场。好多次这样的升旗场景，让我情不自禁、眼含热泪。

上午，一（2）班王滢钰、谢曜临、王昱翔、刘兆菡四个孩子过集体生日，让孩子们激动不已，他们簇拥着一小份蛋糕走进我的办公室。班主任贾路平老师早就让我在办公室候着，我十分"听话"地坐着，哪里也不敢去。他们送我蛋糕，我则赠之以书，激动的孩子们挑选他们心爱的书，我也激动地为他们签名祝福。

一切与孩子有关的日子，都会被他们牢牢记住、隆重期待，也应该被我们认真对待、高度重视。让孩子们的每一个瞬间都被慈善以怀，每一个片段都被温柔以待，这就是我们的儿童立场，这就是我们的教育初心。

一封让我"为难"的来信

　　周四9点，是雷打不动的"校长信箱"开箱的日子。办公室钱珂老师把信件放在我办公室，为难地说："李校长，今天有难回复的信。"校长信箱开通快两年了，她从来没有这么为难过。

　　一（3）班张若渔同学在信中说："李校长，你好！我想问你一个问题：你每天都那么早下班，为什么我妈妈不能早点下班？"估计张若渔同学也陷入了为难。

　　张若渔妈妈是学校校长助理、小学部主任刘浩然。浩然告诉我，她并不知道女儿写了这封信。

　　张若渔的信确实让我很为难，我该如何回复呢？我求助万能的朋友圈。除了点赞外，有不少神回复：

　　"问你妈去！"

　　"重要的人都很忙。"

　　"你妈妈努力工作是为了当校长，当校长就可以早下班。"

　　"你妈妈的能力强，能者多劳。"

　　"因为你妈妈姓刘（留），李校长姓李（离）啊！"

　　"校长助理＝校长＋助理，做完校长的工作后还需要完成助理的工作，所以下班会晚一点。"

"以后李校长得晚点下班。"

"因为李校长有一个好助理，所以可以早早下班。因为若渔有一个爱做梦的妈妈，常常忘了回家。其实李校长和若渔妈妈都是追梦人，只是追求的方法因责任不同而有一些变化吧。"

校长信箱开通以来，收到近千封来信，我从不敢怠慢，每一封信的背后都是儿童的一颗心。在疫情期间，我们也开通了校长云信箱，让沟通直达，让联系无阻。一楼那个墨绿色的信箱曾装下多少颗童心啊！谁都无法想象，一年级的孩子会成为写信的主力军。独立之思考，自由之精神，这是一粒种子，需要从童年开始种下。

最后我给若渔同学慎重地回信："若渔同学，你好！从信中能读出你对妈妈的关心，你是想让妈妈能早点回家，你不想妈妈太累，是吗？你妈妈对工作要求很高，很投入，我也要向她学习。也请你体谅妈妈的辛苦。同时我也会建议你妈妈以后争取早点下班多陪陪你，好吗？谢谢你！"

最后我想说明一下，其实，我每天下班也不早。张若渔同学的来信"害"得我不敢早下班了，我也"为难"了。

追我的小男孩

追我的小男孩叫高文煊，是一（2）班的，班主任是王冰老师。促使我记住了他的名字是因为昨天晚上他"追"了我。

昨天是三八节，学校组织全体教职工在公园茂看电影。电影散场后我和几位同事在公园茂闲逛，想找个地方吃晚饭。晚上的公园茂人真多，几乎有点特色的餐馆前都排着很长的队，我们不想去凑热闹，好不容易找到一家人少的餐馆。

刚走进餐馆，我们身后响起了一声"李校长好！"。转头一看，一个面熟的小男孩鞠躬向我问好，身上穿着我们学校的校服。只见他气喘吁吁的，后面跟着一个更小的女孩，女孩后面有一个大人，应该是孩子的妈妈，妈妈的手里还拎着孩子没来得及穿的外套。

"李校长好！"妈妈也笑着和我打了招呼，也有点气喘吁吁，像是一路跑过来的。原来，在我们路过一家餐馆窗外时，被正在里面吃饭的高文煊同学看见，他不管三七二十一就激动地追了出来。他妈妈也没弄清楚怎么回事，就一手拖着在上幼儿园的妹妹，一手提着外套也跟了出来，只留下孩子爸爸在餐馆留守。两家餐馆虽然在同一楼层，但要穿过连廊，拐两个弯，而且整个商场熙熙攘攘，稍不留意，孩子就会走散。

终于，高文煊同学追上了我，他如愿地和我打了招呼，看到他我也很高兴。后来还知道，高文煊同学在回家的途中又遇到了学校拓展课的老师，这让他又喜出望外，于是他兴奋地跟妈妈说："今天是我的幸运日，我遇到了李校长，又遇到了艾瑞德的老师，我太开心啦！"

一个简单的相遇，本可擦肩而过，本可默默无声，然而，因为是艾瑞德的孩子，就有了这样的故事。后来，一（2）班班主任王冰老师在公众号中这样写道："一路追赶的身影和匆匆的问候，是煊煊同学在表达爱，是他作为一名小学生对校长最大程度的尊敬和爱戴。虽然，孩子的表达方式有些直接和冲动，但是美好的问候却是孩子心中最大的祝福。愿春有百花秋有月，夏有凉风冬有雪。愿校长、老师们诸事顺遂，愿学校越来越好！"

没有温度，绝不可能产生故事。爱是可以传递的，爱是有回路的，我深深地知道，孩子们对我的爱，绝大部分源于老师们对孩子的爱，被爱的孩子是舒展的，是自由的，是活泼的。我也非常感谢我的老师们经常在孩子面前把校长挂在嘴边，把我托举着，使得我对孩子有了无限的吸引力，也让孩子对我充满了无限的想象力，不然，这些孩子可能根本不会知道校长是什么。

后来，我还知道，高文煊同学是去年年底最后一天学校年俗活动中，被我拉上花轿陪我一起坐花轿的那个男孩；是今年开学第一天过生日送蛋糕给我未果，后来被我补上生日礼物的那个男孩；今天又是为了和我打个招呼在茫茫人群中穿越追我的男孩。我记住了你的名字——高文煊，一（2）班的男孩。

用故事记住孩子的名字，用联系拉近与孩子的关系。记得，与记性无关，与情感相连，我愿意记得更多的孩子，我期待更多的孩子被我们记得。"记得"就是热爱，"记得"就是眷念，"记得"就是文化，"记得"就是校风，我们当共识而为之。

江怀元同学

　　早晨，我去餐厅吃饭，刚坐定，三（6）班江怀元也到了，坐在他固定的餐桌前。我早就认识江怀元同学，他是个不多言不多语的安静男生，吃饭也是慢慢的。据我观察判断，他在班级里应该属于不显山不露水的那种，印象中他不是学生校长助理、"瑞德少年"或大队委，但我从内心里很喜欢江怀元这样的孩子。每一位学生都是美丽的不同，这是我们教育人内心对儿童无条件的接纳和悦纳。

　　江怀元同学的餐桌和我的餐桌临近，我的校长陪餐都是在每天中午，有三位同学轮流与我一起就餐。江怀元同学的餐桌是近水楼台，每次我和陪餐同学的聊天都能共享给他。

　　因为早餐时我的餐桌周围是空着的，我就把他叫到了我对面。刚坐下，还未动筷，他就从口袋里摸出一个小包装的护手霜。

　　"李校长，给您的。"他的声音始终是那么轻微。

　　"谢谢你！真是给我的？为什么呢？"有点突然，我很好奇，因为我潜意识中的江怀元同学是内敛且不善表达的。

　　"李校长，因为我今天不是陪您吃饭的同学，而您让我坐了过来，谢谢您！"看来我的微小举动触动了江怀元同学，看来这张并没有什么两样的餐桌对孩子而言有着很大的吸引力。难怪刚才江怀元同学刚坐过来时，旁边一位女生就说他不该坐在这里。此时的餐桌就是一张教育的书桌了，餐厅也就如一个偌大的教室。

我依然会问"你喜欢这个学校吗？为什么"这样的问题。

"我喜欢这个学校，我最喜欢学校里的一个人！"江怀元同学吃饭很慢，说话也很慢。

"谁呢？"

"李校长，您！"江怀元同学的答案让我幸福也让我纳闷。我突然觉得内心有种东西在涌动，在这个感恩的早晨，确实被这个看似很平常的男生感动了，我感觉自己的眼眶中有东西在流动，我请隔桌的静娴主任给我和江怀元拍下这珍贵的瞬间。想想自己如此"活"在孩子心中，所有的付出都是值得的。

"为什么呢？我又不给你们上课，且很少见到你，为什么会喜欢我？"

"李校长，您觉得您很少见到我，可是我经常见到您啊！"江怀元一脸认真。细数一下，每天固定的餐桌、固定的"校长60秒"，每周固定的升旗仪式，还有听课、"校长8：30电话"等，我也确实经常被孩子见到。我曾问及转学来的学生他们原来学校的校长是谁，他们多数回复说不认识校长。

早餐中，我们还聊到我到他们班上课、去他们班听课、他很紧张举手回答问题、回答问题时害怕出错等话题。江怀元同学心里对什么事都很清楚，只不过更多时候需要我们给他对话的机会并愿意去倾听他的心声。我又想起李政涛教授曾说："教育，是倾听着的艺术。"

记得一次早餐时，江怀元同学红着眼睛悄悄告诉我他受到的一个小委屈，我当时抱了抱他，并告诉他我知道了，他就心安了。我很喜欢江怀元同学以及像他这样的同学，我想每个班级都会有"江怀元"。当我们每一位同人都能以"珍贵的存在"之心对待他们，他们就会呈现出"美丽的不同"。

江怀元同学只是一个三年级的学生，他又何尝不是我们的小老师呢？他今天早上给我上了生动的一课。谢谢江怀元同学和他的老师们！

让学生说了算

下午，开会商量 7 月初去北师大培训的 60 人的大名单，我想听听大家的建议。这时，后勤部宗新主任见缝插针地拎着三个不同颜色的书包，让我定夺样式。这次改变学生书包的样式也是源于日本学生书包的启发，从书包的品质、款式、功能等方面综合考虑，前期后勤部做了大量的市场调研。

我自有我的审美倾向，也私下里自以为多少有点审美品位，我只要说出我的审美取向，书包的颜色只在分秒之间就搞定了，很"省事"。但是我不说，我想"费点事"，我想倾听更多人的想法。因为书包是孩子们背的，我首先想听听最靠近学生的六个年级部主任的意见。大家七嘴八舌指点书包。黑色、红色、蓝色，每一位在座的干部都要从中做出选择和表态，不可说三个颜色都喜欢。在管理中，我需要干部们有决策与取舍的能力，不允许他们模棱两可和持中间立场。一番讨论下来，黑色与红色成了"主流"。我依然不敢贸然拍板，我请他们再倾听学生的意见。

中午时分，有心的少先大队辅导员金长老师拎着三种颜色的书包走进了班级，让学生举手表决。具体的细节我不得而知，但是下午当金长老师把一张统计表发给我的时候，我惊呆了。我本来就是想在学生中做一些了解，他竟然倾听了 22 个班级 632 名同学的意见，几乎占小学生总数的

50%。似乎，黑色成了首选，红色成了女生的最爱。为了一个小小的书包，金长老师竟然在中午如此不厌其烦，难怪一位老师感动地对我说："您看看我们干部的执行力！"

中层干部的执行力确实让我欣慰，让来过艾瑞德的人都心生敬佩。今年3月来过学校的蒲公英智库的李斌总裁就对我们中层的执行力给予很好的评价，他说这些年轻人的思维层次非常高，看见了无限可能性，人和是学校最大的优势，变革的人才基础已经具备，"土壤"很好。也因为李斌总裁的推荐，我们今天收到了蒲公英智库旗下的《新校长》杂志的约稿，主题是"中层领导力"。

他们认为："中层管理者被称为战术管理者，其主要职责就是将组织内部的资源有效结合，合理计划、协调组织、制定进度、分配权责、流程控制等，最终达到企业或机构的目标。所以，最新的领导力研究机构称：一个组织的99%的领导力来自中层而不是顶层。一个好校长成就一所好学校。一所好学校必然有一支好的中层管理队伍。"负责这次主题的执行主编刘泱先生告诉我，他们对每一期主题的封面学校选择非常慎重，是万里挑一，封面学校要能够给出经验，要能够成为样板。

金长老师把崭新的书包留在学生的眼中，把民主和自由种在了学生心中。儿童立场，首先要从倾听开始，真心去听孩子的意见和想法，听着听着，我们的心中自然就有了儿童，听多了，小孩子就会在我们心中"大"起来。

下午，我依然不敢贸然决定，又从二年级随机找来三个孩子，让他们背着书包走给我看看，三个孩子也表达了对黑色与红色的倾向。因此，我定夺：男生用黑色书包，女生用红色书包，从下学期一年级新生开始执行，老生老政策，新生新政策。之后，有干部问我喜欢哪种颜色，我悄悄告诉他，其实我喜欢蓝色。但这时候我的态度并不重要了，虽然我是校长，虽然我有表达态度的权利。

倾听，是管理者的基本素养，倾听的过程既是征求意见的过程，也是相互碰撞的过程。倾听对应的是表达，表达对应的是价值观。倾听是达成共识的前提，达成共识，其实是达成我们价值观的共识。

管理，不是"谁说了算"，而是"谁说得对"，"算"，不一定"对"，那是权力本位；"对"就应该"算"，是儿童立场。从"算"走向"对"，需要管理者俯下身子来倾听，倾听多了，我们才会说得既"算"又"对"。

我想对您说

上午9:07,四（4）班班主任项兆娴老师给我发了两张图片,上面好像是学生作文。项老师留言道:"今天早上改周末的作文,看到吕悠岚同学写给您的悄悄话,忍不住发给您了。"我认真细看,心中顿觉新的一周是如此美好。学生在周末作文中这样写道:

尊敬的李校长,我想对您说:

尊敬的李校长,谢谢您为艾瑞德全体师生付出的一切,自从您来了以后,我们学校发生了很多变化:您创设了"瑞德少年",让我们有了学习的榜样和努力的方向;您设立了校长信箱,让学生们给学校提建议,我们都成了学校的小主人;您每周国旗下的故事,鼓励我们积极向上。您说:"每个生命都是珍贵的存在,每个孩子都是美丽的不同。"每当听到这句朴实的话,我都深受感动,您是那么关心我们,爱护我们。

有一次,我们班的男生在踢足球,您看见了,放下手头繁重的工作加入足球队,踢得不亦乐乎。看到这情景,我明白了,您这样做是为了让我们爱上运动,健健康康、快快乐乐地长大,这就是您的梦想——走自然生长教育之路,办有温度有故事学校。

春雷响，万物长。去年惊蛰时节，您陪我们全班同学去农场播种希望。您和小胡同学一起种下了第一颗向日葵种子，并且许愿希望它苗壮成长、天天向上。您对向日葵的寄语就是对我们的期盼，您是希望我们能像向日葵一样健康快乐地成长。您像呵护自己的亲生孩子一样培养我们。您为我们付出的一切，我们铭记在心，定会用更优秀的成绩报答。

　　李校长，您是我的榜样。我长大以后也要像您一样做个坚强、勇敢、仁慈而善良的人。

　　短短五百字的周末日记，让我感动不已。其实，我并不熟悉吕悠岚同学，其实，我也就是做了一个校长、也是许许多多校长应该做的事情而已，而恰恰就是这些点滴被孩子们"看见了"。此前，也有老师说到学生在日记或作文中写过我，甚至还有孩子梦见过我。真的感谢这些有爱的孩子。

　　后来，项兆娴老师还告诉我，吕悠岚听说我看到了她的作文，她嫌自己当时字写得不好看，又将这篇作文誊抄了一遍。感谢这么有心有爱的孩子，感谢项老师和其他老师一起培养了这样的孩子。我知道，四（4）班也叫"向日葵班"，以向日葵精神为班级文化，项老师和孩子们一起努力在心中种下了向日葵，种下了如向日葵一般积极、向上、乐观、明亮、向阳的精神。也感谢我们的班主任老师都在用心地做着各自的班级文化，以文化人，潜移默化。

　　如我一样，很多老师也都"走进"了学生的日记。日记，是学生独有的心灵芳草地，"走进"学生的日记，就"走进"了孩子的心，这是爱的付出，也是爱的收获。顾明远先生说："没有爱就没有教育。"南京市金陵中学原校长丁强认为：教育＝爱与被爱。爱是教育的翅膀，心中满是爱的老师就是一个好老师，心中满是爱的学生就是一个好学生，校园满是爱的学校就是一个好学校。艾瑞德学生如是，力争如是；艾瑞德老师如是，力争如是；艾瑞德学校如是，力争如是。这才是教育的大道。

让我惊喜的生日墙

学校有很多墙：学生校长助理墙、大队委墙、教师墙、"瑞德教师"墙、家长墙……本周从重庆回来，我的办公室里突然多了一面生日墙，让我惊喜不已，尽管早在期待之中。

此前，办公室里挂着一幅《八骏图》，我很喜欢，这幅画是我来这个办公室前就有的，似乎有某种激励寓意，建构了这幅画和我的某种联系。前不久，我把办公室茶几上的茶具撤了，换成了乐高拼成的图案，有了这样的变化后，让我对墙"不满意"起来，我希望我眼前的这面墙能和儿童建构起某种联系。想到从 2017 年开始，学生过生日与我互赠蛋糕和书时拍的照片，三年下来，总计有了 300 多个孩子的照片，不少我都及时发了朋友圈。于是，我就想到了生日墙。

我把这样的想法和办公室钱珂老师一说，美术专业出身的她觉得很好，并立刻行动起来。她通过翻看我的朋友圈，选出了比较清晰的 102 张照片，打印、装框、上墙。给出差归来的我一个惊喜。

我惊喜这面墙呈现出大气、洋气的样子，孙银峰董事长开玩笑说："这是中国校长第一面生日墙，得劲儿！"是不是中国第一我不知道，也不是为了第一。我惊喜于每一幅照片中的儿童是那么的灵动可爱，照片中标注了时间和姓名，记录了当天生日的故事。我惊喜于自己坚持着的微不足道之举今天汇成了一面墙、一个故事的海洋。所有的小事，坚持久了就大起来了；所有的付出，日子长了就有了意义。同事都觉得这面墙有意思，我惊喜于钱珂老师把这面墙做得这么有艺术感，这样的呈现，表达着校长办公室的儿童感、教育感、故事感和镜头感。

站在生日墙前，我百感交集，儿童的珍贵存在和美丽不同从出生日那天就注定了，出生日是儿童在这个世界的注册。在昼夜的更替中，在春夏秋冬的生长中，在儿童生命特定的日子里，我曾不遗余力地与他们一起幸福地暂停片刻，祝福他们的生日，这或许会璀璨他们的记忆吧！当然，今日的努力不是为了被想起、记得，而是为了校园的每一个孩子都能被温柔以待、慈善以怀。这些幼小的心灵并不需要太多抽象的道理，而是需要具体可触摸的温暖善举。具体，具体，再具体；温暖，温暖，再温暖；实践，实践，再实践；行动，行动，再行动。

非常有意思的是，当我在用心对待每一个孩子的生日时，我的生日也被孩子用心对待了。昨天是我的生日，从早晨"校长60秒"的生日祝福中，孩子们知晓了，见到我时，他们的问候中增加了"祝您生日快乐"，还有自制的贺卡、绘画、小纸条和小礼品纷至沓来。昨天我被幸福包围，孩子们被快乐萦绕，校园中也多了一种不一样的味道。

在学校，生日不仅仅是某一个时间概念，更是重要的教育资源。

往心里甜

立冬的早餐，餐厅熬制的五谷杂粮稀饭，香喷喷的。二（5）班刘成第小朋友坐在我对面，这个位置似乎成了他的专座，从开学以来就是如此。

"不甜！"刘成第小朋友喝了一口稀饭，咂咂嘴，估计他喜欢很甜的口味。

"甜吗？"我从餐桌上的糖碗里舀了一勺糖加到他的碗里。

"甜！"刘成第又尝了一口，笑了。

"应该对我说什么？"我拿着空勺子看着他。

"谢谢校长！"刘成第又笑了，我也笑了。被刘成第感谢后，我心里是甜的，也如加了糖。

"你在学校觉得甜吗？"我逗着刘成第小朋友。

"甜啊，我很开心！"刘成第竟然明白我的意思。

刘成第是这学期新来的插班生，个头小，刚来时喜欢孤零零地坐在靠近老师餐桌的这一面，引起了我的注意。新生，尤其是插班生，关注他们的情绪是第一要素，我们要明察秋毫地"接住"孩子的忧伤，帮助他们尽快地融入新环境。于是乎，我就故意坐在了他对面。

刚开始他不认识我，我问他的名字，他也不大搭理我，一看就是个有点小特点的同学。每天吃饭时，我有一句没一句地和他"搭讪"着，渐渐地，他的话多了，声音大了，开始笑了，也穿就餐服了，直至现在，成了我的"同桌的你"。只要我在学校吃饭，几乎每餐他都和我同桌，引来了其他同学的羡慕。

后来他在投入校长信箱的信中说他太想家了，我回复了他。有一次，我帮助他协调让他妈妈周三来接他回家一次，他对我"感恩戴德"。他也会把他班主任孙超老师奖励给他的不舍得吃的山楂片带给我。后来他告诉我，有几次我没去吃饭，他没有看到我，心里还惦记我是否吃了饭。直至前天，他又说周六周日在家也会想我。

我们是小班化教学，每个班30多位学生，师生比为1：8，除去正常的教学任务外，假如每位老师平时定点关注8个孩子的情绪，能观察到每一个孩子在学校的"风吹草动"，那每一个孩子在学校就都有了一个依靠的臂弯。久而久之，学校就会成为孩子们的精神家园。让教育被慈善以怀，让师生被温柔以待。对学生而言，今天是喜欢，明天就是眷念；今天是老师，明天就是恩师；今天是学校，明天就是母校。

生活是甜的，爱就是其中的"糖"。

这是您家乡的青菜

第二节课后的大课间，传来了轻轻的敲门声。开门一看，是五（2）班的耿元昊和一个男生正站在门口，每人手里提着一个塑料袋。耿元昊是首届学生校长助理，我认识他，他每次遇见我问好都行鞠躬礼。他们每人手里提着一袋绿油油的青菜。

"李校长，这是我们班一亩地里长出的青菜，请您尝尝，菜籽是从南京买来的。"耿元昊对我不陌生，他做校长助理时，是来我们办公室最勤的一个。

"菜籽是从南京买来的？"我不禁好奇了，因为我是南京人，他们竟如此用心。

"李校长，您平时为我们操了很多心，请您尝尝我们种的蔬菜，您一定会喜欢，是您家乡的菜。"耿元昊永远都是一个善解人意的学生。

"你们的东西我都喜欢！"我从不敢怠慢学生给我的任何东西，我赶忙接过塑料袋。

"李校长，这是我们新来的同学，叫赵亦博。"耿元昊同学的过渡很自然。

"你好！"我拉着赵亦博的手，"谢谢你和耿元昊同学一起过来。"

赵亦博是个比耿元昊高一头的男孩，他的眼神和神情告诉我，他已经

○ 善者因之：做有故事的校长 ●

适应了这个学校。

"喜欢这里吗？"我面对着赵亦博。新生到新学校的情绪是我关注的重点。

"我非常喜欢这里！"初次见我的赵亦博一点都不"惧"我。

"喜欢这里什么？"我喜欢追问。

"这里的老师好！温和。"赵亦博望着我，他的眼睛里是不掺假的。后来他的班主任白露露老师告诉我，这个孩子讲了很多他以前学校的故事，而故事并不友好。

"李校长，还有一袋是给张校长的，我们去找他了。"耿元昊不想耽误我太多的时间。

说了声再见，轻轻地带上门，他们走了，留下一袋充满爱意的青菜。我平时都是在食堂吃饭，一个人几乎不做饭。我想请餐厅做一道菜，可是中午是就餐高峰，只能等到晚餐了。

晚上，餐厅班长金守财师傅亲自下厨，做了香菇炒青菜，照片发来，菜看上去十分诱人，真不愧为大厨。我想到了给我送菜的两个孩子和他们的班主任白露露老师。便专门走到四楼，找到白老师，表达我想和他们三个同学（后来给张校长送菜的又换成了耿元昊和李怡斐同学）共进晚餐的想法，白老师喜出望外。约好5:30就餐，我在餐厅门外见到了等候的白老师和三位同学，他们穿着就餐服，依然是毕恭毕敬地行鞠躬礼，我还礼，我们一起走向餐桌。

南京的菜种，学校的农场，师生的汗水，绿色的青菜，大厨的手艺，可口的美味。种子有一种神奇的力量，生在土壤中，长在阳光下，尽责履行着生长的使命，实现生命的价值。

三个孩子，每一个人都有生长的故事。耿元昊不必赘言了，第一届学生校长助理就是印证；赵亦博适应得很快，被班级悦纳，新来不久就喜欢上了学校；李怡斐同学是我去年刚来学校时认识的第一个学生，她当时因为要转学，被我挽留了下来，现在获得了"瑞德少年"称号，妈妈是学校"一亩田"种植的忠实贯彻者。他们在践行着生长的使命。白露露老师也不是我一年前时见到的模样了，她和五年级老师一道把学生就餐管理得井井有条。她也在生长着。我，也在新的环境下，为了遇见新的自己，不固守残缺，不放弃生长。

生长，是硬道理，是每一个生命的权利，也是每一个生命的价值。我只愿，学校如阳光、雨露和土壤，孩子能够喜欢这里的一切，正如我喜欢他们一样。

太 贵 了

下午，送完校车后上楼，我就被二年级学生团团围住，他们叽叽喳喳地说"太贵了""太贵了"。原来他们刚刚从今天下午试营业的"瑞德银行"和"瑞德超市"办理业务后回来。

"瑞德银行"与"瑞德超市"是数学组今年基于生活数学的理念而精心设计的项目化学习，从去年开始规划设计。银行的行长、大堂经理、柜员、保安，超市的总经理、店员等职位早就招聘到位，就等银行、超市的硬件建设到位。银行、超市建设原本计划在今年暑假完工，但是实在拗不过学生的热情，决定今天下午临时试营业。

下午 4：35 放学后，学校教学楼空无一人，唯有一楼银行、超市临时办公处人头攒动。"瑞德银行"办公区，学生们在这里排队办理存款业务。"瑞德超市"里，学生在用"瑞德币"购买学生文具（只卖小文具），一个个热情高涨。他们对"瑞德银行""瑞德超市"渴念已久了，我的办公室门槛都快被孩子们踏破了，他们经常问我银行、超市何时开业，今天他们终于如愿以偿了。

一个二年级学生拉着我的手说铅笔 5 毛钱一支太贵了，我哈哈一笑："那你们可以讨价还价啊，可以和外面超市的价格比较一下。"让孩子们知道价格的贵贱，这也是我们生活数学学习的目的。我知道数学组设计这样的生活课程时，其良苦用心不是为了真的要在学校办银行、办超市，而是想营造一种真实的生活场景，让学生在体验、经历中学习，这有点像江苏的"数学课程基地"。

其实，我懂小朋友们的心，他们嫌东西贵，是因为心疼他们的"钱"。他们手中的"瑞德币"只在学校内部流通，是学生通过自己努力挣得的积分兑换来的，钱来之不易。凡是来之不易的东西都是很金贵的，因为珍惜，所以昂贵，自然就觉得东西太贵了。

"瑞德银行""瑞德超市"的背后站着一群金贵而可爱的老师：于莉、李红燕、魏静、张文青、赵敬敬、李琳、丁怡、杨海威、赵静。无数个日日夜夜换来了"太贵了"的今天，谢谢你们！

上午行政会前杨海威主任的分享也来之不易，也很金贵。他的成长经历与他人不一样，侃侃而谈的背后都是风霜雨雪。每一个人都是一本书，海威有勇气翻开让我们共读，这是一种坦诚和胆识。打开自己方可拥抱他人，他人的成长经历都有自己的投射。海威的故事打动了很多人，也包括我。大部分人都在海威的分享后进行了微分享，我觉得这是微发言人数最多的一次。

上午第一节课听了杜静老师的课，她在为月底的"同课异构"活动做准备，这次活动很金贵，届时将有著名特级教师、大学教授、教研员与杜静老师一起同台上课，长江学者、教育专家将做现场点评。我和杜静老师说我们不是比高低，而是促成长。杜静老师，加油！

学校，应该让每一个生命都金贵起来。我曾说："生为贵，师次之，我为轻。"

我在找百慕大三角

吃完早饭上楼去办公室，路过二楼钢琴广场，瞥见二（4）班的赵柏翰正在转动地球仪模型，独自一人转得很专注。

"赵柏翰，在找什么呢？"每次见到他，我都会有意无意地和他"搭讪"。赵柏翰在一年级时我们就相识了，如果我早来几年，估计他在幼儿园我就会认识他。柏翰的妈妈曾说："这个孩子从幼儿园就在艾瑞德上，没少让老师操心！"因为老师"操心"过多，赵柏翰的名字早就飘进我的耳朵里，幼儿园老师提到赵柏翰也是往事历历在目，如数"园"珍。

在一年级时，赵柏翰根本不把我这个校长放在眼里，我却默默地把他放在心里，语文老师几次被他气哭了，我都通过不同的渠道来安慰语文老师，学校甚至还要因为他来安抚其他家长。可是，到了二年级，赵柏翰像换了一个人似的，见到我会行鞠躬礼问好，把我高兴坏了，我知道这其中一定有二（4）班所有老师和生活辅导员的不少付出。今天和他的班主任李丹阳老师交流才知老师们与赵柏翰之间不少鲜为人知而又感人的故事，老师们用汗水与泪水带出了今天的赵柏翰，难怪他妈妈上次特意写了一封情真意切的感谢信。

"校长，我在找百慕大三角。"赵柏翰没有抬头，地球仪还在转动着。

"你知道百慕大三角在哪里吗？"我惊讶于一个二年级孩子的兴趣，此前我曾看到他拿着一个望远镜在二楼向远方观望。即使一个小小的儿童，他的内心也早已不局限于这间教室、这个校园了。连我也不知道百慕大三角的具体位置，我不敢在他面前露怯，更害怕他了解的百慕大三角的知识会比我多，让我招架不住。现在的孩子真不能小看，陶行知先生早就说过："人人都说小孩小，谁知人小心不小。你若小看小孩子，便比小孩还要小。"儿童是成人之父，儿童也是这个世界上最神奇的存在。

"这个地球仪太小，不会清楚标出百慕大三角的，只会有大西洋。"其实我也只是知道一点点而已，"你了解百慕大三角吗？"

"不知道，校长。"赵柏翰是个诚实的孩子，"知之为知之，不知为不知"。听他的老师说，赵柏翰就是一个有一说一的孩子，也是敢于承担和承认的孩子。

"校长，这是中国！"地球仪停止转动，赵柏翰也抬起头正眼看着我，指着红色部分的中国版图。"校长，再见！"说完他就跑了，要上课了，他把我生生地"冷"在那里。

回到办公室，我打开电脑，百度了"百慕大"，恶补一下，防止赵柏翰杀回马枪。我给图书馆的高馆长发了一个语音，希望图书馆多一些有关"百慕大秘密"之类的书。然后，在网上下了一个订单，订了两本《百慕大神秘现象全记录》，这也就是几个瞬间的动作。我想让这种清晨的瞬间被继续，被放大；我想让这样的故事在行走，在表达。期待明天书的抵达，期待明天去见赵柏翰。

这只是清晨艾瑞德的一个瞬间，在每一个角落都可能会发生无数个类似这样的瞬间，我期待"赵柏翰们"都能被看见、被捧起、被托住。每一个小孩都是神秘的百慕大，不放过每一个瞬间，不在意种下后的收获。因材施教的潜台词就是让每一个孩子成为珍贵的存在、美丽的不同。孩子的不同并不可怕，可怕的是我们用相同的方法待之。

感谢赵柏翰的老师们，感谢"赵柏翰们"的老师们！这就是艾瑞德教育的不同，也是艾瑞德教育的力量。

我成了过生日的目的地

下午，三（1）班张姗姗老师带着两个同学走进我办公室，一看就是来送生日蛋糕的，今天是李宇宸同学的生日。

班主任徐冠杰老师告诉我："蛋糕刚打开，宇宸就说要切一块大的给李校长送过去，想第一时间与您分享！您现在就是孩子们过生日的念想啊！我们班的苑睦琪在上三年级之前不愿意在班级里过生日，后来每天听您的"60秒"，听着您给孩子们的祝福，她觉得有满满的幸福感，今年早早地就跟我说要在班里过生日！要给您送蛋糕。"徐老师说的苑睦琪同学我早就认识，是个我和她说再多话都不愿意正眼看我的人，全校也没几个同学如此"虐"我，每次见到她都是我主动和她打招呼。不过，前两天她过生日，送蛋糕给我，还真让我意外了一阵子。

因此，有同事开玩笑说我成了孩子们过生日的目的地。

记得"得到"平台的创始人罗振宇曾说过这样一个现象。在我们生活的城市里面，有很多业态正在变成"目的地"。比如北京三里屯的"话梅化妆品店"，小姑娘们每次都要排队进这家店，十一期间，居然要排一个小时。这是商店吗？不是啊。这就是旅游景点啊！在十一期间，只有旅游景点才有这个效应。就像大家去八达岭长城一样，队排得再长也会去爬。它本身就是目的地。这是你人生当中要搜集的一张邮票，要把它收集到自己的生命当中；这是一件你自己的任务，你要完成它，所以忍受排队很正常。蔡钰老师把这种地方称为"附近的远方"。有些时候，我们可以用人工的手段制造一些远方，如19世纪60年代世博会在伦敦建水晶宫，然后在巴黎修埃菲尔铁塔，还有20世纪初修建的迪斯尼乐园，以及乌镇、古北水镇等，都是"人工的远方"。没有任何历史渊源，没有任何文化传说，直接卖梦境给消费者。在这个梦境里面，你去就是目的，你不需要通过它再达成什么别的目的。而且，这种"附近的远方"正在朝小型化的方向发展，在城市的中心地带，在我们身边，遍地开花。小小美美的环境，让你感觉自己仿佛置身巴黎，置身图书馆，或者置身有机大森林。把这个环境创造出来，让你愿意泡在里面。

我很喜欢"目的地"就是"附近的远方"的说法。在学校，除了原先的"八大景观"外，我们也在创造小微环境，让孩子泡在"附近的远方"，因为"附近"而让人容易接近，因为"远方"而让人充满想象。虽然我们也需要带孩子行走千里之外，但我们依然不忘温润一米之内。附近的远方，既是孩子们触手可及的地方，也是他们喜爱做梦的地方。我们的芝麻街、钢琴广场、彩虹桥……幼儿园的乐高墙、娃娃墙、抖抖惹人爱墙、小黄书包漂流墙……后勤中心设置的食谱榜，学校的瑞瑞、德德，飞舞的白鸽，还有功夫熊猫、七个小矮人，以及我办公室的生日照片墙……都是孩子们的目的地，不为目的而来，来了就是目的。

有时候我们并不是真的爱远方，我们只是讨厌苟且；我们也不是真的爱诗歌，我们爱的是诗意，尤其是现成的诗意。如果校园里多了这种附近的"诗和远方"，那么，生活在这种校园里的师生就会少一点不堪与苟且。我想，将来学生从学校毕业后，会充满自信地走向诗和远方，他们的心中会永远珍藏着童年校园的目的地。

目的地，没有目的，因为它没有具体路标；目的地，也有目的，因为它指向儿童成长。

百 日 宴

　　百天，一定是个有纪念意义的日子。孩子出生一百天，家里都会为孩子办个百日宴，以表达庆祝和纪念，南京有这个风俗，郑州也有。但是，今天我参加的百日宴有点不一般。

　　今天上午参加幼儿园小班组为萌娃入园 100 天举行的纪念活动，我有幸走进了孩子们中间，一起见证 3 个班 72 个孩子的高光时刻。我是怀着激动的心情去的，工作 30 年，第一次参加这么小的孩子的活动。走进幼儿园音体美教室，当看到孩子们整齐地坐在桌边快乐地吃着蛋糕时，我被这些小可爱"萌化"了。很奇怪，才来了百天的孩子们竟然绝大部分认识我。因为我错过了他们的精彩节目，所以我被主持人逼着讲几句话。今天，是这些孩子的"第一次"，也是我的"第一次"。第一次给这么小的孩子讲话，讲什么呢？我只能与他们互动，问他们今天是什么日子，问他们的心情，祝他们"百天"快乐，并与他们开心合影。

　　听王彦月园长说，这个活动源于两个月前小班组组长陈晓燕老师的一篇"满月"打卡。那一天，小班的孩子们入园满 30 天，有心的晓燕老师用一份"满月记"记录了孩子们入园 30 天的成长变化，一字一句，都满溢着老师的用心，也蕴含着满满的爱心。每一个特定的日子都是生命在时间线上的标记，每一个标记不仅是在时间线上打上一个五彩的蝴蝶结，更是在儿童的心里投下一枚五彩贝。按照惯例，一个孩子的满月、百日、周岁都是"大事"。而如果将孩子们入园的满月、百日也拿来隆重纪念，不也是一件有意义的事吗？意义，是人生而为人的社会价值，也是教育之所以为教育的自然属性。于是，幼儿园百日活动成了今天的特殊记忆，记在孩子心里，记在老师心里，记在我的心里。教育的慈善、老师的温柔都在这样的百日宴里体现出来。

晚上我在小区电梯里遇到一个带着两个孩子的家长，孩子都在艾瑞德上学，一个在幼儿园小班，一个在一年级。小班的弟弟说起今天的活动，让上一年级的姐姐羡慕地问我为何一年级没有百日宴。的确，我觉得一年级也可以有，不过今年似乎错过了，明年一定有。

悄 悄 话

下班时，我遇到一群一年级小朋友回宿舍，他们包围了我，叽叽喳喳说个不停。遇到他们，我就像个小学生，唯一能做的就是弯下腰听着，不断地点着头，微笑着，附和着。

生活辅导员老师看我被围久了，就过来为我解围，说我还有事要忙，他们这才依依不舍地松开包围圈，放我一条"生路"。突然一个我非常熟悉的小男生跳着对我说："李校长，我有悄悄话对你说。"我赶忙蹲下，侧耳恭听。

"啪！"他在我脸上干净利索地亲了一口，蹦蹦跳跳地追赶队伍去了，把纳闷的我留在了原地，难道他不怕我的胡子扎他？此时，二楼空调机上的几只鸽子露出羡慕的眼神，在叽叽咕咕地议论着。校园内秋风不寒，轻尘不扬。

原来，悄悄话不是话，是一个儿童之吻，天使之吻。吻，是爱的表达式。当时间关系不允许他们和我漫谈时，一吻万言，想象无限。

此时我似乎明白了，当孩子们围在我身边和我说个不停的时候，他们是在表达一种喜欢，一种亲近，一种爱。说的事情对他们来说并不重要，和校长说话才是最重要的，那只是他们和我亲近的一种道具。正如昨天从外边回来，遇到一年级的一个女生，她告诉我明天是她爸爸的生日，她要给爸爸送个礼物，我也祝她爸爸生日快乐。今天二年级的付熠豪同学给我分享了中午学校广播中讲的泰坦尼克号的故事，条理非常清晰。还有一年级的小朋友写信祝我长生不老，我则惋惜世间没有唐僧肉。调皮的孩子总喜欢把我办公室门前的公告转盘转成"在岗"，哪怕我出差之前自己转成"公出"。过生日的孩子总记得送来蛋糕，路遇孩子要我抱一下，问候我的是标准的90度鞠躬礼……

原来这些都是儿童的"悄悄话"，悄悄话，不再是话了，而是儿童的"珍贵存在"的表达，"美丽不同"的呈现，有一千个儿童就有一千种"悄悄话"。"孩子有一百种语言，一百双手，一百种思考、游戏、说话的方式，一百种倾听、惊奇、爱的方式，一百种歌唱与了解的喜悦。"

我们要支持孩子的"一百种"，"悄悄话"只是其中一种，接住了孩子的"悄悄话"，也就接住了一个孩子那一刻的念想，让我的温暖跟随着他们的蹦蹦跳跳散开。我只愿做校园里温暖的符号、师生成长的道具。

一封检讨书

　　前天晚上，一夜之间，2020 年的初雪让校园银装素裹，分外妖娆。满眼纯白的雪，满园雀跃的孩子，整个操场，不分幼儿园小学，不分男孩女孩，不分低年级高年级，都在这雪地里奔跑，留下一串串清脆的童音，甩下一阵阵动听的笑声。童年是属于大自然的，孩子是属于雪的。雪后的操场就是一个混龄的课堂，就是一个自主的磁场。

　　利用早餐后的空当，我闲庭信步于操场，置身于沸腾之中，笑看着你来我往、又蹦又跳的孩子们在尽情撒欢。突然觉得被"袭击"了，我转身一看，身后不知何时集结了一群孩子，放眼看去，一到六年级都有，他们团着雪球，奔向我，还喊着："李校长，李校长！"

　　身上是雪团子，身后是"熊孩子"，我哈哈大笑，抽身脱逃，被孩子一路追赶，"狼狈不堪"。

　　原以为事情到此为止，未曾料到故事才刚刚开始。下午就听说，六（6）班发生了一件有趣的事情。"拿雪球砸校长"在六（6）班传开了，不等老师进教室，班级的学生校长助理和大队委的一些干部开始履职了，他们开始"批评"这些淘气的同学了，大家唇枪舌剑，似乎，他们觉得向我扔雪球的行为是错误的，其中一个学生竟然写了一封让人忍俊不禁的"检讨书"：

2020 年 1 月 3 日，星期五，天气阴。

这是 2020 年的第一场雪，今天早上吃完早饭，我跟着同班同学来到了操场，看见了李校长。不知道谁先拿了个大雪球，向校长扔了一个，我也拿了一个雪球向李校长扔了一个，扔完之后意犹未尽，于是又追着李校长，追到他之后又将一个雪球扔了过去，扔完之后再团一个雪球又扔了过去，扔完一个又一个……

李校长在我们扔完他之后，都宽容地笑一笑，每一次都笑，只是这笑中似乎也夹杂着几分无奈几分尴尬吧。

如果一群一二年级的小朋友向李校长扔雪球，那可以视为一种可爱，而像我们，已经是六年级的人了，这样做就是无知、幼稚，还有点可笑。

试想，如果李校长没有耐心，那么他一定会制止我们，但是李校长他有耐心，有知识，很成熟。同时，李校长也是度量极大的校长，俗话说"宰相肚里能撑船"，而我们没有李校长的那种度量，没有李校长知识渊博，所以我们才会一而再，再而三地向李校长扔雪球，李校长还能在被扔到之后一笑而过，他一定是大人不计小人过的君子啊。

……

他温和大度，怪不得他能管好一所学校呢。

当老师把孩子的"检讨书"发给我看时，我差点笑掉大牙，多可爱的学生，这是检讨吗？我不禁想起一年级年级主任李娜老师在公众号中写的，她刚上幼儿园的儿子被批评的故事，孩子在幼儿园因为没有得到"瑞德宝宝"奖章，告诉妈妈自己被老师批评了。他自己平静而完整了叙述了被批评的经过，"主动承认表现不好，但是表情又这么欢乐"，"平淡地讲着这件事，竟然不是生气而是兴奋不已。他竟然能够给我讲清楚被批评的这件事，而且还愿意讲下去"，"没有委屈，没有伤心，有点像说别人的故事"。

从李老师孩子叙述"批评"到这个六年级学生的"检讨"，不是他们不在意，而是他们从内心感觉到了来自校园的安全感，批评是帮助而不是打击，检讨是反思而不是批判。学校的安全工作，其实最重要的是人的心理安全，让学生在挫折时不沮丧，在犯错时不恐惧。有温度有故事的校园的底线应该是让学生没有害怕。

其实，孩子们有所不知，我走在雪地的操场上，就是准备被砸而来的。你们砸在我身上的不是雪球，而是爱与被爱。假如，我走着，无人问津，没有雪球向我飞来，那该检讨的人就是我了。

李周桐同学

2020 年 9 月 8 日，下午 5 点左右，我的办公室响起了敲门声。门开后，是四（4）班的李周桐同学，身后还跟着她的班主任李丹阳老师。不太爱说话的周桐同学把一小块蛋糕送到我面前："李校长，今天是我的生日。这是给您的！"

"李校，您知道吗？今天周桐同学一来就问您在不在学校，还把切下的第一块蛋糕给您留着。"丹阳老师补充道。

今天是李周桐的生日，我昨天晚上在录制今天的"校长 60 秒"时就知道了，我也猜想周桐同学会来和我分享她生日的快乐。因为上半年疫情严控，这也是今年我吃到的第一块学生的生日蛋糕，味道真的不错。

吃着蛋糕，让我想起李周桐的第一个生日。

那应该是 2017 年，我刚来艾瑞德，周桐同学刚上一年级。我认识周桐同学是缘于她的"特殊"，她上学到校不愿下校车，下了校车不愿进班，喜欢坐在一楼大厅大哭。她比同龄孩子高大，嗓门也大，在大厅这么一哭，"地球人"都知道了。老师们想了很多办法都哄不好她，班主任李丹阳老师为此大伤脑筋，还流了不少眼泪，但她始终没有放弃，我也投入其中。我们曾开行政会专门研究"周桐问题"，我和老师们达成共识：哪怕用两个月的"等待"，也要帮助李周桐适应学校。当然，周桐同学还没用到两个月时间就融入了小学生活。

在那段"特殊"岁月里的一天，应该是 2017 年 9 月 8 日，很有眼光的周桐同学不愿意进班，倒是很愿意进"办"——我的办公室。她一早走进我办公室，告诉我当天是她的生日。她的突然袭击，让我手足无措，办公室里没有什么生日礼物可以送给她。我随手拿起我当时最心爱的一套书《哈佛家训》，签名送给了她，尽管当时心里隐隐有点不舍，但是我想如果这个生日礼物能成为转化她的契机，那也值了。她拿着书开开心心地回班级了，估计那是她开学以来第一次主动进班吧。第二天，听周桐妈妈说，周桐晚上睡觉都把我送的书放在枕边，尽管她那时还不认识几个字。今天我问起周桐那套书，她说还放在她的枕边呢。也从那以后，我开启了给孩子们过生日送书的仪式。由此，孩子们很喜欢在学校过生日，很期待我的书，我也很期待孩子们的生日。

转眼三年过去了，周桐同学也长大了，平时在校园里相遇，都会彼此打招呼。现在四年级搬到了 2 号教学楼，见到周桐同学的次数明显减少，但我心里会惦记着她，会向丹阳老师打听她的情况。听说她一切都很好，我也就放心了。

祝李周桐同学生日快乐！

校长的背影

未曾想到，自己昨天一个微不足道的动作竟然被家长记录下来。看到一（7）班班主任李瑞老师发来一张家长"偷拍"的照片和有感而发的文字，我内心感动不已。其实，就是自己的一个无足轻重的举手之劳，被申一晴的妈妈如此有心地"看见"了。

她以《背影》为题，这样写道：

> 曾经学过朱自清笔下父亲的背影，今天看到的也是父亲的背影，是一所学校众多学生"父亲"的背影，是的，是校长的背影。
>
> 今天下午4：40，和往常一样，我如约来到校园接放学的女儿。校门打开，班级牌整齐地一字排开，6班的班级牌没拿来，就出现了这样一幕：李校长站在6班的位置上，举出6的手势，示意家长排队等候。家长陆陆续续进来，找到自己班级的队伍。就是这个姿势，校长一直举到6班的班级牌到来的那一刻，然后他满面笑容地离开了6班队伍。
>
> 也许在他看来这是举手之劳，也许在他看来这是平常小事，也许在他看来这些都微不足道。但那一刻，我的鼻子突然酸酸的，差点掉下了眼泪。有这么亲民的校长吗？有这么"接地气"的校

长吗？有这么有爱的校长吗？这样的小事彰显的是大爱。

　　作为艾瑞德的老生家长，对这样的场景已是非常熟悉。每次孩子们外出研学，校长都会目送孩子们离开，无论多晚回来，校长都会出现在迎接的人群中。还有很多日常小事，让孩子们无比爱戴这位不一样的校长，有的见面直接抱住校长，小小的人儿只管直接表达自己对校长的喜爱，他哪里知道，这么多的孩子，校长抱不过来啊！

　　无论如何，我今天还是被深深地触动了，好想跑到队伍的最前面拍下这张温暖的照片，又怕被校长发现，就偷偷拍下了他的背影，还望校长不要生气哟！

　　我内心很感激家长的有心与用心，其实，她或许不知道，这是艾瑞德每一位老师、干部、保洁师傅，甚至是教工子女都会本能做出的临时补位的动作。我记得习惯素养课程结束的第一天，放学时，我们外包公司的保洁师傅范绿梅和她的孩子都过来临时补位了。作为一个校长，我只是300多位教职工中的一员，习惯使然，与"校长"无关。不过，暑期一年级习惯课程，是我们办学8年来的第一次尝试，是学校暑期的重要工作，我们都在以自己的方式表达对这项工作的支持。

　　当我们与老师们、孩子们和家长们一起走进工作现场，建构起第一时间的"关系＋联系"时，我们的管理便有血有肉，我们的工作更有人情味了。

　　我们就是教育现场中的"一块砖"，哪里需要哪里搬，立刻需要立刻搬，而且是自动模式，我如此，大家如此。

糖和石榴

晚餐时，我急忙忙地下楼，又急忙忙地上楼，从办公室里拿了一个石榴塞在口袋里，我要赶紧去见一下刘成第同学。因为早餐时我去晚了没看到他，中餐我又没去吃，刘成第心里会纳闷：李校长看到我的糖了吗？

今天，我一早来到办公室，看到三颗糖躺在办公室的桌子上（应该是收拾办公室的老师把糖从地上捡起的），我吃了一颗巧克力味的，顿觉早晨很甜，周一很甜。

后来我才知道，糖是二（5）班刘成第同学上周五送过来的，他是我吃饭时的"同桌"，我是从高馆长的公众号中得知的。她这样写道："放学后，李校长吃饭时的'同桌'刘成第同学来读书广场还书，还拿着一个大纸包，原来是家长课堂上家长送给班里每个学生的。还完书，他跟妈妈商量要去给李校长送糖，打开纸包专门挑了三颗自己喜欢吃的糖去找李校长了。他妈妈笑着告诉我，有一次买了几块菠萝，刘成第给了爸爸一块最小的，让爸爸好心塞。现在孩子有什么东西总是想着李校长，爸爸要嫉妒啦！妈妈说爸爸要反思，哈哈！一会儿刘成第回来了，对妈妈说：'我把糖从门缝下面塞过去了，李校长回来就知道是我送的啦！''你写纸条了吗？''没有。''没有，李校长怎么知道是你送的呢？'孩子纳闷儿，想不明白，也许此刻在一个单纯的孩子心里只有两个人，一个是他自己，一个

○ 善者因之：做有故事的校长 ●

是李校长。"

　　非常感谢高馆长用心记录了这个细节，细节里有天使，"办有温度有故事学校"的过程中一定汇聚了许多爱的细节，需要我们用心去捕捉，用心去经营，用心去付出。

　　到餐厅时，刘成第同学果然坐在固定的位置上，见到我，笑着问了好，声音也比以前大多了。我谢谢他送的糖，他开始没有反应过来，后来才想起来，他说了一遍事情的经过，和高馆长记录的基本一样。我从口袋里掏出石榴给他，他还很"谦虚"地说不要。后来又说生活辅导员老师没有刀子，打不开石榴，吃不了。我想生活辅导员老师一定会有办法的，对孩子而言，这或许不是一个普通的石榴。明天我会问问刘成第同学石榴的味道。

　　三颗糖，一颗心，学生想着我，我也想着学生。念念不忘，必有回响。"念念"是爱，"回响"是被爱，教育＝爱＋被爱。

意　外

　　周一的升旗仪式依然是师生的期待，阳光打在脸上，操场酝酿沸腾。每到学期末，总结性表彰都会纷至沓来，我早早地就看见国旗台左侧的跑道上整齐地站着一大群等待领奖的孩子，主持的同学说今天一共有九项议程。

　　升旗后依然是我的"国旗下讲故事"，这已经是第54期了。自2017年9月4日的那个周一开始，我从未缺席每一周的升旗仪式，我也从不敢怠慢每一次这样的活动，1600名孩子同在一个大课堂——有的老师告诉我，每次升旗就是一堂生动的大课。

　　我非常庆幸的是，在德育处的精心组织下，升旗仪式竟然成了全校学生，乃至教师最喜欢的活动。工作近30年，也从没见过一个看似习以为常、司空见惯的升旗仪式能如此地使人动心、入心。一位来参加"瑞德少年"颁奖仪式的郑州大学教授感慨道：这样严肃的主题里面有温度、有故事，能进入孩子的心，让孩子带着爱与力量一起行走，这样的小学教育值得尊敬。

　　为了配合期末"学而时习之"的主题，今天我讲的是"孔子学琴"的故事。可就在我讲完故事准备分享并反馈"校长信箱"的学生来信时，话筒出现了意外，彻底罢工，这也是第一次发生这样的情况。不到一秒的暂停后，我灵机一动，决定用"原声"继续，立马将自己的音量提高："同学们，既然话筒冻得不想工作了，那就到了考验我们全体艾瑞德学子素养的时候了，只有当操场上安静得连一根针掉下的声音都能听到时，大家才能够听到我的讲话。同学们，能做到吗？"

"能！"齐声回答后，操场立马安静得让我能听到耳边丝丝的风声，我发现同学们站得更直了，听得更认真了。尤其让我感动的是，站在前排的一、二年级小朋友在我每分享一封信后依然给我热烈的掌声，掌声之后接着就是安静。

我一眼扫过操场中间三、四年级，后面五、六年级的学生，他们似乎觉得没有发生什么意外状况，都在专注地"听"着。升旗仪式结束后，我问六年级同学，他们对我实话实说："校长，没有了话筒的那一刻，其实我们一句话也没有听到。"多好的学生，他们懂得了这样的意外更需要他们保持一种良好的规范和状态来共同维护尚在进行的活动，我由衷地感谢所有的师生。

好在我的"原声"持续了不到一分钟，话筒在换了电池后又开始工作了，九项的议程圆满进行到最后。

话筒突然掉线，我们的师生却饱满在线。"冰冻三尺，非一日之寒，为山九仞，岂一日之功。"意外呈现的状态，来自平时品质的沉淀，这样的意外在检验着我们艾瑞德师生的素养。训练在平时，有素在此刻；教育千日，呈现一时。意外，是一次期末的"小考"，我们毫无意外地顺利通过。

校长带我去参观

吃完晚饭，我在一号楼大厅碰到陈琳老师带着女儿杨舒涵转悠。舒涵小朋友在幼儿园上大班，明年上一年级，听陈老师说，她常常问明年是何时，是不是明天，因为她非常渴望上一年级。

在幼儿园小朋友心中，上幼儿园不是上学，上小学才是真正的上学。看到我过来，舒涵小朋友提出想参观一年级，我自告奋勇地带她参观。跟着我这个校长去参观，小朋友心里会更踏实点，或是更自豪点吧。我不得而知。

于是，我拉着小姑娘的手，她蹦蹦跳跳，我像模像样，一起参观一年级。我接待过无数的参观者，但和这么小的人儿，以这样的方式参观，还是第一次。陈琳老师还不断用手机在身后拍照。

当时，一年级学生正在上晚自习，说是晚自习，其实他们是在自由读书或做自己喜欢的事儿，因为我们低年级几乎不留书面家庭作业。每到一个班级门口，舒涵小朋友都扒着门跳起来观望一年级小朋友们究竟在干什么。按照正规的接待，我带着舒涵小朋友从每个班级正门进入，让她光明正大地参观，让一年级同学也光明正大地看到我。

我的到来，让一年级同学无法安静看书，他们有大声问好的，有跑过来鞠躬行礼的，有过来围着我抱着我的。我也要让舒涵小朋友看看我在一年级学生中的"威望"，省得我平时在路上遇见她和她打招呼，她都爱理不理的。幼儿园小朋友的眼中只有王彦月园长，根本不把我这个校长放在眼里，除了毕盛等几个园长助理外。

在参观一（4）班时，竟然有个同学认识舒涵小朋友，他手指着舒涵问："你怎么来了？"他言下之意是：你是幼儿园的小朋友，怎么能来一年级？舒涵小朋友搀紧我的手，看了我一眼，又看看那个和她说话的同学，她心里或许在想：哼，我怎么不能来？我是校长带来的。每到一个班级，舒涵小朋友的脸上都挂着骄傲的笑，她不怯场，只是好奇。上一年级成为她的渴望，今日我陪着她参观应该会加重一年级在她心中的分量吧。

当这次参观的照片被陈琳老师发到朋友圈时，引来了一年级级部主任李娜老师的跟帖：哪天李校也带着一年级同学到二年级参观一下？看样子一年级同学对二年级也充满了期待与好奇。

太阳每天都是新的，孩子每天也都是新的。好奇让人走近，期待让人热爱，满足好奇心，实现期待欲，孩子在校园里就有了幸福感与存在感。如果愿意，如果可能，我可以牵着所有孩子的手走向他们所期待的地方。

我梦见你了

下午4∶30，走读生放学，是发校车的时间。最近我会尽量抽出时间来看看，一是为了在第一现场了解放学情况，二则带有送学生放学之意，就好像有的校长大清早在校门口迎接师生到校一样。

每次站在"大黄蜂"校车前，我都会被学生围住问这问那、说东说西，这次也不例外。甚至还有学生专门从校车上跑下来向我鞠躬问好后又跑回车上。

"校长，我昨晚梦见你了。"说话的是一（3）班的耿浩博同学，一个小巧玲珑的小男生，常常被我误以为是幼儿园的小朋友。

"真的？梦见我什么了？"我问。

"梦见你走上台子讲话，然后上了电视。"耿浩博说得很认真。

我估计他说的是真话，因为他见我最多的就是每周一我在国旗台子上讲故事和给"瑞德少年"颁奖，所以他的梦是有事实依据的。

"李校长，我也梦见你啦。"二（5）班的岳宸畅同学插嘴道，"我梦见你在上班。"

学校应该是孩子的梦工场，我们每一位教育人都是孩子的造梦人，梦境美了，梦才是甜的，孩子才是幸福的。难怪孩子们愿意把做梦的事与我们分享，我也不小心装饰了孩子们的梦。想起著名诗人卞之琳的《断章》：

你站在桥上看风景 / 看风景人在楼上看你 / 明月装饰了你的窗子 / 你装饰了别人的梦。教育，如一轮明月，装饰了我的窗子，我装饰了孩子们的梦。这也对应了我的校长观：校长是学校温暖的符号，是师生成长的道具。

　　下午下班，看见匆匆忙忙的孙银峰董事长，他手中拿着一本书正要送给五年级的儿子。他看到了我，就折了回来，要"借用"我一下，我又成"教具"了，他让我给书签个名，打着我的旗号给孩子送书。我很乐意做这样的事，今天下午因为三个孩子过生日，我签名送出了7本小书（陪着来送蛋糕的同学也有书）。孙董送给孩子的书是《神秘花园》，这是一本好书，我在书的扉页上题写了一句话："在神秘花园里寻找到自己成长的光明路。"孙董很开心，我也很高兴。爱一场，梦一场吧，我们有了爱，孩子就有梦。

　　有梦的还有一（1）班戚一默同学，他一大早从门缝塞进一封信，意思是他妈妈告诉他如果坚持英语录音，就可以得到"瑞德少年"奖章，他已经录音19次，写信向我求证是不是如妈妈所说的那样。他也在做着自己的梦，到校才三个月，"瑞德少年"梦就如此强烈。为此我还专门到一（1）班和班主任李娜老师做了沟通，我不敢忽视任何一个孩子的梦想。

　　日有所思，夜有所梦，梦着梦着，就好梦成真了，祝福每一个孩子有梦，帮助每一个孩子圆梦，我们责无旁贷。

新年愿望

上周下午送校车时，我被二（5）班蔡裴恩同学拦住，她说她新年的愿望是想得到一支水晶钢笔，我笑了笑。

蔡裴恩同学跟我说，她的新年愿望是有由来的。大概是在上上周，一次偶然的聊天中，二（6）班韩昊毓同学说他的新年愿望就是想得到一套《米小圈脑筋急转弯》，我默默记住，并在上周为韩昊毓同学买到了这套书，帮他实现了新年愿望。我记得当时给韩昊毓同学送书时，路过二（5）班，孩子们很惊奇，我就说出了新年愿望这件事，当时，蔡裴恩、邵意洁、杨舒涵、张雨辰等同学也都在场。

听说我能帮助同学实现愿望，邵意洁和张雨辰当天就来到我办公室，告诉我，他们2021年的愿望是想得到一本关于"校长60秒"的书。这个愿望正合我意，我也计划将一年的"校长60秒"正式结集出版。他们的新年愿望更加速了我出书的进程。在这期间，两位同学不放心，见到我后又强调过两次，我向他们做出了郑重的承诺。杨舒涵同学说她想得到一套关于蓝精灵的书，我咬咬牙，也答应了。

后来听说，韩昊毓同学激动得当晚睡不着觉，上学路上坐在车里都在看我送的《米小圈脑筋急转弯》。杨舒涵同学将那本有关蓝精灵的书放在枕边，有空就拿出来读读、摸摸，她见到我时的鞠躬礼更标准、声音更洪亮了。

蔡裴恩同学说的水晶钢笔，她没说是什么样的，我也没见过，就在购物网站搜了搜，发现了几款，觉得不错，于是下单，很快就到货了。周一下午我给二（5）班班主任毛兵老师发了信息，请她带蔡裴恩同学来我办公室。当我把水晶钢笔交到蔡裴恩同学手中时，我能感受到她的惊喜和激动，她笑了，接东西的手有点颤抖。毛兵老师也很感动，她开玩笑说："谁都不服，只服李校，鞠躬致敬！"

当时，毛兵老师就将这事发到了班级家长群，不少家长为此点赞。蔡裴恩妈妈留言说："孩子太幸福了！感谢！李校长送给孩子的不仅仅是一支钢笔，更是希望，让孩子真的体会到了'不同'，让孩子感受到了'原来校长真的在听我说'，估计妞（河南对小女孩的昵称）也没想到这意外的惊喜！真的是难得遇到这样的校长，孩子一生中能多遇到几位这样的校长，也许人生都会发生改变！"

昨天，又是下午送校车时间，又见到了蔡裴恩同学。她蹦蹦跳跳地过来塞给我一封信，不许我当场打开，让我回到办公室再看。我听话照做。送完校车，我回到办公室，掏出信，发现信封是用很精美的彩纸制作的。展开信，我看到了一个二年级学生的心：

亲爱的李校长：

谢谢您送我的礼物，我非常喜欢！听同学说您能帮我们实现新年愿望，所以我就抱着我的小小的愿望来找您。没想到真的实现了。我会好好学习，我还会好好写字。我还有一个小小的愿望，就是希望您能一直做我们的校长。

爱您的学生蔡裴恩

2021 年 1 月 18 日

未曾想到，自己一个不经意的举动会带来这样的涟漪，无心而为，本该如此，感谢可爱的孩子们和老师！

教师篇

每一位教师都是珍贵的存在。

"艾家军""艾家人",这不仅仅是一种表达。这群平均年龄只有32岁的年轻教师,个个像"超人""战士"一样,能吃苦不叫苦,能受累不喊累。他们有的以校为家,有的爱生如子,有的轻伤不下火线,有的负重没有抱怨,有的充满激情,有的怀揣理想,有的默默无闻,有的踏踏实实……从"躬身入局"到"挺膺负责",他们用行动证明着自己"珍贵的存在"和"美丽的不同"。他们在最美好的年龄,如螺丝钉、千斤顶一样扛起了责任,挑起了担子,"带着爱,发着光,踩着风火轮,自备小马达",硬是披荆斩棘开出大道,披星戴月捧出朝霞!

瑞德教师

今天是儿童节，"甜甜的童年，哒哒五重奏"在校园上演：美美哒（的）可爱服装、棒棒哒（的）棒棒糖果、么么哒（的）无作业日、萌萌哒（的）童年趣事、旺旺哒（的）醒来惊喜。虽然第五届国际文化周没有如约而至，但儿童节的快乐依然纷至沓来。

儿童节，我们学校也收到了礼物：省教育厅联合《小学生学习报》推出《别样的六一，别样的成长》8 分钟视频，我校在其中分享了 1 分多钟。

儿童节，周一，升旗仪式上，我们诞生了学校的第一位"瑞德教师"。评选"瑞德教师"是基于一个学生来信中的建议：每周在学生中评选"瑞德少年"，也应该在教师中评选"瑞德教师"。"瑞德少年"，已经成为学生的荣光与梦想，这项评选坚持快三年了，一共产生了 720 名"瑞德少年"。

在儿童节这天产生了第一位"瑞德教师"，多少也有点仪式感。六（2）班数学教师张文芳获此殊荣。张文芳老师三年来在数学教学中探索"自然生长课堂五要素"，形成了自己的教学风格，她的学生非常喜欢她的课。"停课不停学"期间，张文芳老师自主研发数学游戏课程，将数学学习与游戏相结合，既锻炼学生的思维又让课堂充满乐趣。区数学教研员称她的课堂是"思维可视化的典型做法，值得推广"。

除此之外，张文芳老师还是绘画高手，负责学校海报设计拓展课。现在她又正在加班加点为六年级208名毕业生创作石头画做毕业礼物。这不禁让我想起上一届音乐教师岳婉琪为每一个毕业生编五彩手环的故事。

张文芳老师在她的《爱与教育同在》一文中写道：

在艾瑞德和这群孩子在一起已经快四年的时间了，作为老师的我，在教学生涯中遇到了很多学生，每一个学生对我而言，或许是众多学生中的一个，可是我知道对于学生来说，我却是他们生命中遇到的有限的老师之一，所以我更加注意自己的教师身份，注重自己一言一行对他们的影响。今年带的是毕业班，我们从低学段一起走上来，本想好好珍惜这段最后的时光，然而又遭遇疫情，让我们相聚的时光骤然变短。在小学阶段的最后一段时光，我只想为这群我深情爱着的孩子做一些有意义的事情。

整个漫长假期我都在思考为孩子们准备什么样的礼物才能够体现童年的珍贵，师生相处的美好。复学之后，每天都有同学围绕在我身边"张老师！张老师！"叫个不停，让我忍不住每时每刻都在思考这个问题。

经过一番深思熟虑之后，我决定为全年级的孩子准备一份石头画。石头代表坚毅勇敢，我希望每一个从艾瑞德走出去的学生都拥有自强不息的精神。而画在石头上的画，代表艾瑞德每一位老师对同学们的爱。我找到了杜静老师，把自己的想法告诉了她。杜老师非常赞同并支持我的想法。在她的支持下，我说做就做，抓紧一切时间准备起来。

网购200多块石头，当快递送到学校的时候，我确实被震撼了，那么多石头，像三座小山，我正发愁怎么搬到画室去，幸好杨烁、晓波和云鹏三位老师鼎力相助，扛起石头噌噌噌运到五楼。看着三位男老师额头上的汗珠，我顿觉有了力量，虽然工期紧，任务重，但是有这么多老师愿意伸出援手，我不孤单！

　　选择同学们喜闻乐见的卡通形象，起形、上色、封漆，每一步我都做得乐此不疲，想象着孩子们拿到石头画后的惊喜，我就觉得自己做的事情很有意义。但是追求完美的我总是精雕细琢，一点也不愿意有瑕疵。所以，实际工作进度总赶不上计划。为此，每次下课休息时，每个周末，我总会挤出时间来画石头画，沉迷于此。不得不说，一个人心怀梦想的时候，浑身都会有使不完的劲儿。

　　看着手中的画鲜亮可爱，一点点变成心中理想的模样，我的内心由衷地开心。我相信，在艾瑞德，每一位老师都是从内心深处爱着孩子们的，关键是我们怎样很好地把自己的这份爱心传递给学生，对学生起到更大的激励作用。我之所以选择这样做，其实就是想用自己的爱来感染每一个孩子，让所有的孩子心中被这份爱滋养，并在任何时候都有力量。石头画还在继续，每天看着一幅幅画作的完成，我心中的甜蜜就多出一分，因为爱与教育同在！

　　有温度、有高度、有故事、有本事，这是"瑞德教师"的标准。张文芳是这样的老师，祝福她获得了第一个"瑞德教师"的光荣称号，也期待更多的"瑞德教师"涌现出来。

教工俱乐部

　　所有的梦想都是从假如开始的。两年前刚来艾瑞德时，我在想，假如我们的教师有一个健身中心该多好啊，尽管我深知学校的多功能用房非常紧张。这样的"假如"在心里慢慢膨胀，就成了自己心中的一个梦想了，尤其当明确我们的教师观是"每一位教师都是珍贵的存在"后，这样的愿望就更加强烈了。

　　今年暑假，幼儿园、篮球场等大型工程敲定后，在董事会的支持下，我们将五楼300多平方米的阳光房改成了教工健身中心，并在昨天中午举行了简单的揭幕仪式。揭幕仪式的场景让我感动，老师们的开心与感恩之心自然可见，大家为有这样一个地方而感到幸福。我们将健身中心命名为"教工俱乐部"，希望这里成为给大家带来快乐的地方。

　　我们微不足道的努力都被可爱的老师们看见并铭记，又化作他们努力工作的力量，在大家匆忙的身影中，我看见他们的脸上都挂着笑容。

　　三年级工会代表李慧婷老师在揭幕式中这样表达道：

　　　　大家好，我是三年级的工会代表。非常荣幸能够在这么重要的时刻做分享。今天属于咱们艾瑞德人的健身房正式启用了，这是一个值得庆贺的日子，作为其中的直接受益者，感慨颇多。暑假，我在群里看到李校长巡查健身房施工情况的照片时，就已经在期待了。开学初，听到李校长很坚定地说这个学期健身房要正式投入使用，我的心情非常激动。今天作为参与者，见证这个时刻，很感动。作为艾瑞德人，我觉得很幸福。

其实不仅仅是健身房，这个学期学校还为所有的教职工子女量身定制了延时班，让上晚自习的老师无后顾之忧。学校一直在体察老师的需要，想老师所想，做老师所愿，真正把每一位老师视为最珍贵的存在。

我一直觉得艾瑞德是一个神奇的、有魔力的地方。在这里，师生友爱，家校信任，老师与老师之间和谐相处，老师与领导之间相互尊重。走进这个能量场中的每一个人都会被影响，会心甘情愿地付出；都会被滋养，不断地成长，突破自己。这种能量场就是爱的流动。如果把艾瑞德比作一棵大树，那么学校的理念和领导的决策就是这棵树的根，老师是枝干，学生是树叶。因为有根部源源不断的供给，才让这股能量流动起来，也才会有枝繁叶茂。非常感谢学校如此贴心、用心的人文关怀，让老师们心中有爱、手中有力地去谱写一篇篇充满温度的故事。

慧婷老师讲话时泪光盈盈，我的内心也微起波澜，当我们的点点滴滴被老师们"看见"时，和谐而自然的关系就慢慢建立了，积极而阳光的教育场就渐渐形成了。

当艾瑞德令外界好奇、惊奇，甚至被模仿时，有一种东西是无法被带走和超越的，那就是我们这群人在一起形成的能量场。人是关键，一群志同道合的人更关键。

长长的路慢慢地走，我们艾瑞德的一群人，一起慢慢变好，一起把学校变好。

过程就是奖赏

今天是开心的一天，温暖的一天，注定值得被铭记。

忙碌了一天，本想早点休息，微信中跳出李春晓老师的信息。这是惯例，凡是老师带学生在外活动，活动结束后都会给我发一个活动结果和报平安的信息。这次春晓老师发来的是报喜的信息：

> 李校晚上好！给您报喜！河南省第十届青少年模拟联合国峰会圆满结束！艾瑞德国际学校参赛14人，与来自全省各地35所小学的400余名学生代表共同参加了此次峰会。我校模联社团12人顺利进入复赛（一位同学因为高烧而弃赛），并全部取得奖项！
>
> 复赛刚刚结束，所获奖项如下：
>
> 林锦峰，获一等奖学金2000元；李昊聪，获一等奖学金1000元；陈家明，获一等奖学金1000元；卢鹤天，获一等奖；李元赫，获一等奖；王元昊，获二等奖；杨乐瑶，获二等奖；白溪澈，获二等奖；李嘉和，获二等奖；邓大为，获二等奖；田一雯，获二等奖。

这确实是一天即将结束时的好消息。我知道今天"模联"的孩子们有比赛任务，所以一大早就和春晓老师有微信互动。

我："春晓，辛苦了！为你和孩子们加油！"

春晓："感谢李校！我们已做好能做好的所有准备！无论结果如何，这个过程让我觉得很痛快！"

我："过程最重要！"

春晓："嗯，我跟孩子们也是这么说的！和'独立、自信、思辨、进取、合作、包容、责任'的良好品格的打磨相比，比赛结果真的是微不足道。过程就是奖赏。"

我："明亮的教师带出明亮的学生。"

春晓老师对比赛的认识非常好，她的心里是明亮的。记得叶澜教授曾说过，基础教育要给孩子留下一颗明亮的心。而老师的"明亮"至关重要，有时候为了成绩和分数，很多老师常常忘记了作为主体的"人"，孩子成了成绩的工具。

晚间，当最后比赛成绩揭晓时，春晓老师非常激动："您知道吗？我们第一次参加辩论赛省赛的时候，组委会和其他学校还不太认识我们，但因为我们孩子的表现太突出太优秀，所有人都知道了艾瑞德，组委会还说我们是一匹黑马！""这次模联峰会分组，我听到有的学校学生和老师说，害怕和艾瑞德分到一起！""家长们在我们社团群里很激动！大家没想到成绩这么好！"

我是不愿意给比赛师生施加任何压力的，更何况春晓老师对比赛的价值观和我是一致的，中途我没有发信息给春晓老师。晚间，我真为他们取得优异成绩而高兴，400多人有253人进入复赛，入围率为63%，而我们进入复赛的入围率为85%，成绩确实优异，更是来之不易。

春晓老师依然强调说："和'独立、自信、思辨、进取、合作、包容、责任'的良好品格的打磨相比，比赛结果真的微不足道。和孩子一生中要面对的风风雨雨、跌宕起伏相比，老师们的这点付出、这点折腾也真的微不足道。过程就是奖赏！希望所有孩子永远热爱、永远赤诚、好好长大！我太激动了，值得！"

肯定值得，尤其是过程。过程才是货真价实的奖赏，结果都是水到渠成的意外。同样，因为我们在这八年中始终坚持自然生长教育，面对外界的浮躁，我们没有乱半点方寸，所以，这样的结果也是意料之中。

近两年来，语数外学科的优异成绩，体育、音乐全区比赛的冠军等不期而至，都是我们对"过程"的独有坚守。只追求结果，则常常没有结果，甚至会得到恶果。

王老师调走后

  王倩老师之前是我们幼儿园总园的老师，现在调到艾瑞德澜庭叙幼儿园工作。因为幼儿园工作主要由王彦月园长负责，我对王倩老师了解不多。我知道她虽然很年轻，但却是艾瑞德的"元老"，她像彦月园长一样，会每天坚持写作打卡，我常在开会时听到幼儿园干部提及她。

  因为不是很了解，也从没想过要专门为她写一篇文章，怕写不准确。可是今天我却又不得不为她写一篇，一切都是因为她以前的学生。

  她有一个学生叫石昕航，是从幼儿园升入小学部的，今年 9 月 29 日上午，学校正在开运动会，而石昕航却悄悄来到教师照片墙下取出王倩老师的照片，对着它哭泣。他告诉恰巧路过这里的翁文千老师，说他太想王倩老师了！几次到幼儿园去找都未看见，听说王老师调走了，只能看看照片了。翁老师用手机拍下了这个美丽的瞬间，并把照片和见闻发给了王倩老师。听说王老师当时就哭了，后来王倩老师在周六专门带着石昕航同学玩了半天。一个幼儿园的孩子对老师的情感这么深，可见王老师付出了很多。这件事给我留下了深深的印象，后来在教师中间也传开了。

  我还认识一个叫连泽润的一年级学生，他也曾是王倩老师当时带幼儿园大班时的学生。他性格非常开朗，见到我时喜欢和我聊天，而最近每次聊得最多的是他幼儿园的王倩老师，他希望我能把王倩老师调回来，这样他就可以经常见到王老师了。昨天我去澜庭叙幼儿园，恰巧在校门口遇到连泽润，他要我拍张他的照片给王老师，我照办了。

我到了澜庭叙幼儿园后专门找到王倩老师，把故事和照片的事都告诉了她，她当时感动得快哭了。我回来时又专门拍了王倩老师的照片，准备带给连泽润同学看看。我也可以想象到连泽润同学和王老师之间的情感，不然怎会彼此念念不忘呢。

这两个故事，恰恰可见王倩老师对幼儿心灵的滋养与呵护。真心爱学生才是爱学校，亲爱的老师们，你们对学生的态度，在一定意义上就决定了学校对你们的态度，孩子在老师心中的位置与老师在学校的位置是成正向关联的。

每一位教师都是珍贵的存在，这是我们的教师观，教师的珍贵，也是因为教师把学生视为珍贵。王倩老师就是这样的珍贵，她是艾瑞德国际幼儿园老师的一个杰出代表，也是艾瑞德幼教集团老师的缩影。今天来澜庭叙幼儿园，我也听到同样从总园调过来的王惠影老师与孩子之间的类似故事，在小学部上一年级的姚思远同学因为太想王惠影老师了，昨天专门请假一天，形影不离地跟着王惠影老师。

老师有了温度，教育就有了故事，我知道像王倩、王惠影这样的老师，在我们学校还有很多很多，这正是我们艾瑞德教育之所以如此美好的核心竞争力。再漂亮的建筑，再超前的理念，都不及"有温度、有高度、有故事、有本事"的老师重要，而"有温度"是一个老师首要的职业素养。

第一次挑战

挑战无处不在，哪怕是一个小小的团建活动。

今天，小学部处室邀我参加团建活动，恰逢本周六难得有空闲，我欣然同往。早上7:30，我们一行14人在学校集合，驱车前往新密市的助泉寺附近登山探洞，这也是我来中原一年多第一次如此闲暇地外出。

早晨大雾，高速封路，依然没有阻挡我们出发的脚步，我们开着导航，小心翼翼地驾着车，向目的地进发。走着走着，雾散去，太阳出来了，非常应景的一个好天气。大约10点钟，三辆车前后到达助泉寺的山脚下。北方的山与南方的山大不相同，北方的山显得特别硬朗挺拔，南方的山则特别清秀明丽。

这次的团建活动，老师们是有备而来的，刘浩然主任以组织能力见长，早有明确分工。"大山"（金长老师）和"洋葱"（杨海威老师）两位老师是受过专业训练的户外运动人员，他们将我们的一切行头和准备工作做足，从头到脚，安全帽、冲锋衣、登山鞋、电筒、绳索等一应俱全。刘海涛、孙中凯、王贯朝三位小伙伴的"小工"也打得特别好，一路上忙前忙后，听从大山的调遣。整个活动基本是大山开路，洋葱殿后。这次团建要求每一个人都要起一个与大自然有关的名字，我的名字叫石头，还有的叫企鹅、蒲公英、草莓、黑土、老虎、小草、红叶、黄莺、核桃……不再叫什么校长、主任了。

这次团建有两项任务，一是登山，二是探洞。眼前的山并不高，山上还有积雪，我并不太在意。简短的仪式后开始登山，我们没有寻找捷径，直接跟在大山老师的后面从一片碎石杂草中攀登的，基本没有路。我处在队伍中间，一开始很轻松，等攀登到半山腰时觉得呼吸乱了，脚步也不实了，汗水也打湿衣服了。

前面的人蹦蹦跳跳地向我们招手，后面的人气喘吁吁地跟随，没有人掉队，我们也不允许有掉队者。有几次大家都是等一等、拉一拉，唯有所有人都抵达山顶才是我们的目的。一个小时左右，我们14人都站在了山顶。

山用它的脊梁证明了自己，也托举了我们，我们眼前一片开阔。我们看到了当年皮定均将军的指挥所和藏身处，还路过了一所一度只有1位老师7个学生的小学旧址，山上仅剩1户人家了，我们专程去拜见了一位101岁的老人。

下山后我们要穿过一个叫"千米一观"的山洞，洞中没有通电，我们靠自备的照明用具前行，走到一半时，才看见前面洞口处有微光，浩然提议体会一下关灯后在黑暗中行走的感觉。于是，我们手拉手，在完全黑暗的山洞中摸索，向着光明走去。如果是一个人，我们是绝没有勇气走下去的。

探洞是在午饭后，我是第一次体验这样的活动。这里的洞多是采玉后留下的，据说这里产玉，于是遭到了乱开滥采，环境遭到了极大破坏，让人心痛。洞是大山他们早就踩好点的，我们在穿戴上专门的设备后，拽着一根绳子攀登到半山腰，然后再用绳索从洞口坠下，停留后再让人用绳索把我们从洞中吊出来，洞深约12米。

探洞的专业性非常强，看到大山、洋葱他们胸有成竹地组织，我很佩服。我们此行的任务是探洞，虽然这是我第一次探洞，但我只有好奇，一点儿也不觉得恐惧，因为有一群人为探洞而来，还有专业人员的支撑。这个洞中确实有玉矿，而且还在被开采着。我们在洞中举行了一个小小的仪式，大家都表达着探洞的感受。

一天的活动，对我而言是个小小的挑战。大雾中的出发让我心里多少有点安全之忧，登山时走到半山腰的不适让我曾想退缩，探洞时对前方的未知也曾让我紧张过，但是我们都成功地走过来了。

所谓的极限，有时候是人的内心假设，挑战极限其实是挑战内心的自我，我们有时候认为的极限并不是真正的生命极限，而是我们自我保护的一个假定，唯有不断挑战，我们生命的极限才会被无限地放大，人生才有无限的可能。

除了有雪花还有小百花

　　每年冬天，艾瑞德除了有雪花，还有"小百花"。此时，不少地方飘雪花了，我们的校园里却飘起了"小百花"。北京这两天下雪了，朋友圈里有人说，"下雪了，冬天便温柔了"。而近日的艾瑞德校园，"小百花"开了，冬天也便温柔了。

　　小百花戏剧社是学校老牌的社团之一，也是学生喜欢的社团之一，组建于 2015 年 3 月，从开始的 34 名学生、1 名老师发展到今天的 187 名学生、4 名老师。这两年，学校也正式开设了教育戏剧课，更加助力于"小百花"的发展。因为得益于翁老师、贾老师、万老师、王老师、白老师等几位老师的热爱与努力，学校的教育戏剧曾参加省里的演出并获奖。现在，戏剧课程已成为学校的九大课程之一。

　　教育戏剧是把戏剧方法应用在教学活动中，让学生在戏剧实践中达到学习目标。把课堂上的主动权交给每一个孩子，在教室里进行戏剧的创作、编排、展示等教学活动。在这个过程中培养孩子的高感性思维能力，延展其多项基本素质，如合作力、想象力、创造力、表现力和感受力。"戏剧"是"全人教育"中不可取代的一种方式，适合让孩子在课堂中触碰，使其懂得真善美。

　　12 月是学校的教育戏剧月，校园里明显不同以往，从 11 月起师生们就

○　善者因之：做有故事的校长　●

开始晨练了，这成了艾瑞德校园清晨亮丽的风景；中午，戏剧教室里，师生忙碌不停；晚上也时常是灯火通明的，孩子们基本都是利用课余时间见缝插针地排练着。台上一分钟，台下十年功，我常常佩服这些孩子的毅力，不少同学来自一年级。

随着日子的迫近，气氛也越来越浓。前天，近百张定妆照展板一下子惊艳了校园，《红楼梦》《武林外传》的剧目也勾起了师生的兴趣，冬天的校园明显多了些热气腾腾的感觉。今天的校园有点像大观园，我在走廊里不小心就会遇到"贾宝玉""薛宝钗""刘姥姥"，我与他们一起合影，也"蹭个热度"。

负责教育戏剧的翁老师两个礼拜前就对我说，今年的"小百花"汇报演出会让我惊喜。上午遇到已经化了装的"戏精"——三（1）班的王梦菲同学，她是《武林外传》的主要演员，我让她把台词先说给我听，她笑着拒绝了，说中午舞台上会让我惊喜的。

中午的演出确实让我惊喜。师生们原汁原味地将《红楼梦》的"刘姥姥二进大观园""探春理家"片段和《武林外传》片段搬上了舞台，60人的豪华阵容，两个小时的演出，让人大开眼界，小演员们的演出有板有眼、有招有式，他们用教育戏剧的方式在舞台上诠释着"每一个孩子都是美丽的不同"。由此也可见老师们台前幕后的辛勤付出，他们用教育的匠心托起每一位学生。

曾有个家长问我，学校能还给她什么样的孩子，我一时语塞。当家长看了这样的演出与汇报后，或许能找到答案吧。

教育戏剧，不是培养"角"，而是培养"人"。艾瑞德尽量给孩子提供一张"有人有当下、有诗有远方"的宁静而温暖的书桌。

别样的雨伞

今天，一张打伞的照片刷爆了校内外的朋友圈，温暖了众多人的心，湿润了众多人的眼睛，让这样的秋天多了一抹别样的色彩。

淅淅沥沥的雨中，在艾瑞德校园门前的广场上，有一把张开的大伞。伞下是四个幼儿园的孩子，伞外是一位男老师，他的手有力地握住伞的顶端。他用我生平第一次见的打伞方式为四个孩子撑起了无雨天空，而他自己则完全置身于雨中，任凭秋雨打湿他的衣衫，"他无视秋雨，只见儿童"。撑伞的老师叫帖凯，不经意间，他用自己的方式演绎了一场"秋雨里的童话"。孩子的天空无雨了，艾瑞德的教育有爱了，大家的心温暖起来了。

"最美的不是下雨天，而是老师为我们撑起的一片天。"

"温暖艾瑞德，一伞拨千金。一伞千言，展示着艾瑞德的教师精神。"

"这里，与众不同！在这里，你将遇见童年的所有美好！在这里，你将与爱相伴。"

"每个故事都让人感动，感动让这场秋雨有了温度。"

"点滴关爱，尽在艾瑞德有温度有故事的校园中。"

"爱，流淌在每一位艾瑞德人心间。"

"若干年后，这几个孩子再看到这张照片，将是多么美好的回忆！这就是艾瑞德的老师！此情此景，唯有感动。"

○ 善者因之：做有故事的校长 ●

"只有感动！其余还是感动！"

"如果你是这所学校的学生，你会发现校园的每一寸土地，你会与'懂得'邂逅，与爱相伴。你在这里遇见的童年的所有美好，都是这所校园里每一个教育人爱的汇聚。"

这就是艾瑞德的教师精神：让教育被慈善以怀，让师生被温柔以待。

事后，我专门就此事向帖凯老师了解情况，他有点不好意思地说："这很正常，我们艾瑞德的每一个教师都会这么做。"的确如此，也是那时，一位赤双脚打伞，抱着学生，只留下背影的女老师，她的名字叫田甜。还有一位裤管湿透，依然身体前倾为学生打伞的男老师刘海涛……

下雨天的艾瑞德，没有成为"事故多发"地，而是成了"温度"和"故事"的交会地。

孙 师 傅

孙师傅叫孙彦福，是学校后勤中心的维修工，主要负责水电维修工作。2015 年入校的他已经在艾瑞德工作了 5 年。每天早上，他都会挎着工具包在校园里巡查。如果清晨在校园里看到一个"东张西望、左顾右盼"的身影，那便是他了。

对于学校的水电维修工作，孙师傅认为有三个要点，可以总结为三个"一"：

第一时间。学校是老师们教书、孩子们念书的地方，如果因为水电故障影响了正常的教学秩序，那么耽误的可能就是孩子们注意力最集中的那几分钟，错过了就很难再补回来。所以，任何水电故障都要在第一时间解决。他有一个本子，专门用来记录巡查过程中发现的那些无法马上解决、需要特殊工具才能处理的问题，待巡查结束后会专门对应记录找到合适的工具，然后再返回问题发生的地点进行处理。

日复一日。学校的日常维修重在反复检查，并坚持日日如此。不能觉得今天看起来没事，就认为明天也没事，特别是容易出现安全隐患的地方，要做到每天关注，所以这项工作很需要耐心。他每天从一号教学楼开始检查，每上半层是 13 个台阶，数着踏 26 下就上了一层，然后开始进班巡查，一天下来的步数在 1.5 万～2 万步。别人问他怎么下班了不出去转转、玩玩。他笑着说他在学校里就把一天的步数走完了。说实话走完这么多步确实很累，但他自己感到踏实、放心。

提前一步。水电故障有时候不出现在明处，而发生在暗处，所以平时巡查的时候一定要有敏感度，提前多想一步。现在看着没出问题，但还要想想以后，想想再过几天会不会有问题，这时候就需要"懂行"才行，需要日积月累的经验。能早一点把"根"上的问题解决了，老师们就不用总是提交维修申请了，既给老师们省下时间安心教学，也给他自己省了麻烦。

在艾瑞德的5年中，孙师傅渐渐对这所有温度有故事的学校产生了感情，对这里的师生有了打心眼儿里的喜欢和关心。他说，每天晚上一定要等到9点以后才走，因为要保证住校的孩子们洗完澡，万一孩子们洗澡的时候热水出现了问题，他就能马上处理，保证不让孩子们冻着。

他说，有一次一个老师的电动车钥匙掉进下水道了，他去帮着打捞，结果不知什么时候那个老师拍了照片发到了学校群里，他自己觉得很不好意思，因为这是一件很小的事。

他说，看到学校这么多老师写文章，很感动，特别是我每天都写的"日记"。他很想对老师们说一声"你们辛苦了"。虽然他自己不太会写东西，但是老师们写的文章他都会看，并且一一转发。每天看看、读读大家的文章，就觉得学校变得越来越好！

孙师傅有一件藏蓝色工装外套，左胸前缝有一枚布制的艾瑞德校徽。有一天，他发现校徽脱线了，就赶快找来针线，在上面紧紧缝了几针。当被问到为什么这样做时，他说："校徽牢牢别在身上，就代表我是艾瑞德人，那是非常光荣的事！是咱学校的人，就得好好干活儿！"

2017年10月，孙师傅被评为"大美艾瑞德人"，他是当时仅有的两名获奖人之一。颁奖词是这样写的："孙彦福师傅负责学校水电维修工作，踏实肯干，随叫随到，处处为老师和学生着想，及时为师生排忧解难，为学校水电的正常运转做出了巨大贡献，他晚上为老师打捞电动车钥匙，感动了老师，温暖了校园。被评选为'大美艾瑞德人'，他当之无愧！"

2019年1月，孙师傅荣获艾瑞德国际学校"教育保障奖"先进个人。"用心把活儿干好，保证水电畅通，努力关心师生。"孙师傅说，这是他对自己的要求。他希望用这样的自我要求，表达内心对学校"一种说不出的好"的珍惜和喜爱。

艾瑞德校园里，有很多像孙师傅一样的"师傅"，他们兢兢业业、默默无闻，校园因为有了他们而多了平安，师生因为有了他们而多了幸福，教育因为有了他们而多了味道。谢谢可爱的师傅们。

学生需要我

　　3月22日回家待产，4月3日诞下可爱的宝宝，今天归队报到，前后不到一个半月时间，六年级的毛兵老师放不下她六年级的学生，今天正式上班了。

　　一早，我在楼梯口碰到了毛兵老师，她笑吟吟地和我打招呼，我则对她的归来心存感激。我也知道六年级正是用人之际、关键时期，但是我更希望毛老师能养好身体，带好宝宝。听其他老师说，毛老师生第一个宝宝的时候也是休假一个多月就返岗的。毛老师心系学生、热爱学校之心让我感动与敬佩，她开玩笑说是"艾瑞德的吸引力太强了"。

　　中午学生集会时，六年级全体师生为毛兵老师举行了一个简短而隆重的欢迎仪式，"小别离带来暖相聚"（浩然主任语），我和小学部浩然主任、赵静主任、海威主任一起见证了这一时刻。"毛兵老师一个月前离开是因为腹中的小孩，今天的归来是因为教室里的少年。"（陈琳主任语）。

　　师生向毛兵老师致敬，不是因为她的辛苦，而是因为她的情怀，她爱着她的学生，她放不下六年级剩下的这段不长的曼妙时光。毛兵老师归队，是因为她爱着她的学生，这是一个老师的境界与站位。在个人与集体难以协调时，在休假与工作之间，老师的选择可以看出其行为背后的价值观。学生需要我——这是毛兵老师此时的价值观。

当一个人把自己认为重要的东西放在重要的位置时，所有的困难、理由和借口都会让路。只有没有任何借口，我们才会义无反顾。尽管我并不主张这样，但毛老师这样的行为是值得点赞与致敬的。

毛兵老师归队，还是因为她被她的学生爱着，这样的爱在呼唤着、吸引着毛兵老师，她辛辛苦苦带了六年的学生眼看就要毕业了，她的学生一定想和班主任老师一起度过最后一个多月的毕业时光，否则多少会有点缺憾。毛兵老师是懂学生的，她选择了提前归来，用大爱弥补缺憾，用陪伴共度时光。她既是一个毕业班的老师，又是一位新生儿的母亲，在今天的艾瑞德校园里，生命顿时变得柔软而温暖。

心归来，人归队，把儿童放在心上，把事业捧在手中，这是我们唯一的理由。学生安好，便是晴天，你若盛开，清风自来。

欢迎毛兵老师归队！

儿童是这个世界最美的存在

前天下午快下班时，四年级年级部主任王顺平老师给我发来消息："李校，我给您说一下一个三年级孩子的故事。昨天晚自习上课之前，我在从篮球运动场带学生回班的路上，看到一个小姑娘低头在捡玻璃碎片，然后捧在手里。我问她是不是自己的水杯打碎了，她说不是，她是在运动场跑步的时候看到地上有玻璃碎片，害怕扎到别人，就把这些碎片一片一片地捡起来，然后扔进垃圾桶。经过询问之后得知她是三（3）班的田嘉懿，她的班主任是闫晨老师。"

昨天，我又收到一位家长给我发来的消息："尊敬的李校长，您好！我是五（4）班何鑫育的妈妈，给您写这封信，是想夸一夸何鑫育的男子汉精神。上周何鑫育在踢球时，由于用力过猛导致大脚趾指甲盖儿全掉下来了。他的手在上拓展课的时候，被胶枪烫伤，出现大面积的红肿起泡。3月12日，学校安排五年级学生去艾瑞德田园校区植树，回程需要徒步3.5公里，作为妈妈，我心疼儿子的脚和手，怕他坚持不下来，可他坚持要去，并再三保证一定会坚持下来。他用创可贴将翘起来的指甲盖压住，将袖子捋高，以免蹭着手上的泡，就这样，他出发了。中午12点，他一进学校就兴奋地告诉我：'妈妈，我坚持走回来了。'看到儿子兴奋的神情，我由衷地感叹：儿子真的长大了，成为一个坚强的男子汉了！作为妈妈，我想请您夸一夸孩子，毕竟作为何鑫育的偶像，您的话一定会对孩子有更大的激励作用！由衷地祝您工作愉快！"后来，我还了解到，在去年"艾运会"结束后，全校的孩子都走了，何鑫育同学自己默默地在操场上自觉地帮老师收拾会场。

王顺平，一位四年级的老师，本来他的眼里或许只有四年级的学生，可是，一个他并不熟悉的三年级学生的美好行为被他发现了，他用心记下，并把美好传递给我。我因有这样的学生和老师而自豪。一位母亲，因为儿子的一次勇敢的举动，她看到了儿子的成长，并把这样的美好传递给我，我为有这样的学生和母亲而感动。

我感谢这样的老师、这样的母亲、这样的美好，我也会把这样的美好传递给更多的人。

今天晚间，听到孙董讲述他儿子孙一铭的一个小故事，让我感动。孙一铭在五（6）班，他回去竟然郑重其事地对他爸爸说，要关心李校长，因为他无意中看到我拿下眼镜在擦眼睛，他以为我流泪了，遇到不开心的事了。其实，他并不知道我的左眼最近一直不舒服，但是，我被孙一铭的爱心所感动。正如孙董所说，教育就是一种唤醒，唤醒孩子内心对他人的一种善、一种好。老师用发现托起了学生的善行，妈妈用发现托起了孩子的勇敢，爸爸用发现托起了孩子的美德。

艾瑞德的校园里，故事在传递，温暖在流淌，相信教育，相信孩子，相信老师，相信家长。我们不是缺少美好，而是缺少发现美好的心。每一次发现都是新感觉，每一次发现都是骄傲，我为这样的孩子、这样的老师、这样的家长骄傲，他们身上有着艾瑞德教育的影子，这些也彰显了我们的教育质量。

美好是孩子的行为之花，发现是教师的儿童立场，当我们心里有了孩子，我们就会发现他们、尊重他们、相信他们、敬爱他们。儿童，是这个世界最美丽的存在。

周一升旗仪式上，我将用我的校长提名权，郑重提名田嘉懿、何鑫育为"瑞德少年"。

○ 善者因之：做有故事的校长 ●

毕业时的五彩环

　　一早，六年级音乐老师岳婉琪在六年级老师的朋友圈中被刷屏了，因为她用了一年多的时间亲手为六年级 231 名同学编织了五彩手环，并在今天上午的课间，到班上给每一个学生戴上。

　　岳老师是来艾瑞德工作才两年的新老师，也是大学毕业后就来艾瑞德的，这是她第一次带六年级。她这样做，我很好奇，我把她请到了办公室。

　　岳老师告诉我，从去年 6 月开始她就萌生给今年的毕业生亲手编织五彩环的想法。当时刚了解到五彩环，想想时间还早、寓意很好，来得及准备，于是就开始这样的"预谋"了，想在学生毕业时给他们一点儿惊喜和念想。

　　"孩子毕业了，我无法跟随在每一个孩子左右，但可以让这个五彩环跟随着孩子，护佑着他们。作为老师，我想给孩子们的童年留下最美的记忆。"于是，她就开始行动了，忙里偷闲，见缝插针，在宿舍里、火车上、地铁上、办公室休息时，甚至在逛公园逛累了的时候，她都在用心编织着。

　　岳老师细算过，大概 15 ～ 20 分钟可以编织一根完整的五彩环，几个月的时间完全可以编完 231 根。但是她又不想太早地编完，因为它就像念想一样，好像 231 根编织完了，孩子们就会毕业，每天抽空编上一两根，好似学生就在身边一样。所以，她就慢慢地编，把一个老师对学生的看不见的爱编进了这根看得见的五彩环里。

在这一年中，她编得很用心，保密工作也做得很好，她不想让学生们提前知晓。这是岳老师的第一届小学毕业生，她是一位音乐老师，如果说语数外老师是把孩子们带进了自然生长的"栖息地"，那么音体美老师就是把孩子带向了"诗和远方"，她希望孩子们戴上这根五彩环，有好运，走向五彩的未来和远方。岳老师说今天去六年级每个班里送手环时，她的内心是难受的，不忍别离。

岳老师的五彩环，编着编着，就把老师"编成"了恩师，把学校"编成"了母校。其实，岳老师为每位学生准备了三件毕业小礼物，除了五彩环外，她还为每一个学生写了一封信，为每一个学生打印了一张有学生本人的照片，真够用心的了。

六年级年级主任陈琳老师说："岳老师，把自己定义为学生心中的重要他人，她用自己的实际行动，也变成了我们珍贵的心里人。"

六年级有许许多多的"岳老师"，艾瑞德有许许多多的"岳老师"。有温度有故事的学校都是老师们"一针一线""一手一脚"做出来的，我们的点点滴滴汇聚了艾瑞德教育的"爱与被爱"。

小小五彩环，殷殷师生情。毕业季可以挥手，师生情永不褪色。感谢岳婉琪老师！感谢所有六年级的老师！感谢所有艾瑞德的老师！

学期末的精彩

　　临近期末，事务繁多，区里放假时间的临时变动，多少也有点让我们措手不及，原定今天、明天的期末考试推迟了，学期末铺排好的工作也做了应急调整，幸好这些变化对人已定、票已出的八条国内外研学路线没有多大影响。

　　行政会依旧，采访依旧。刘泱主编要旁听我们的行政会，他说李斌总裁曾点赞我们的行政会，表扬我们干部的思维。我们的行政会其实也没有什么创新，我最喜欢的是每次开会前的干部分享以及分享后的微分享，这可能也是区别于其他学校行政会的地方。分享有时间要求，用沙漏计时。分享时大家心底坦荡、灵光闪现，各种思维相互碰撞，常常有"金句"蹦出，常常有泪光跳跃。

　　今天，王顺平、王彦月、马竞、李娜四位同人的分享也同样精彩。王顺平主任分享的主题为"致敬艾瑞德的八年之'养'"；王彦月园长分享的主题是"幸福了孩子、温暖了老师，甘守一方土"；马竞主任谈的是"在最美的年华，和一群可爱的人，一起遇到更好的自己，不期而遇更美的未来"；李娜主任的主题是"坚持，是生命的一种毅力，执行，是努力的一种坚持"。

　　听完他们的分享，我开玩笑说现在的艾瑞德已经不需要我这个校长了，每一位中层都如此优秀，做得踏实，讲得精彩。刘泱主编问："艾瑞德是如何把这些优秀的年轻人聚集在一起的？"彼此打开心扉、彼此信任、彼此激发、彼此支持，或许就是我们取得今天的小精彩的秘诀吧。

下午，三位中层干部继续汇报交流。毋志玉主任的"大事小事心中有数，难事易事一起参与"，赵宗新主任的"中层——把学校教育愿望解码成可操作的细节"，龚涛校长助理的"举起一面旗帜，成立一个组织，担当一份责任，做好一件事情，分享一份成果"等，都在延续着精彩。所有的中层干部全部在刘泱主编面前亮相、交底。

晚间我陪着刘主编在郑州大学的校园里散步，他说我们的中层都是阳光、积极、正向的，即使在一对一的交流中都没有抱怨，没有吐槽，这是他走过的许多学校，乃至名校中都不多见的。苦过、哭过、累过，但是我们都是笑着、爱着、走着，这是我们年轻而富有活力的团队的样态。

然而精彩依然不断——

顺平给每一个行政会成员发了班级"一亩地"里生长加工出来的一袋小麦仁，说可以用来煮稀饭，很香。这是他今天作为分享者给大家的小礼物，我十分喜欢。班级一亩地是我和老师们的心心念念之地，是我们自然生长教育的又一块天地，今年各班种得尤其努力。师生汗水的结晶、劳动的成果弥足珍贵，我请刘主编也带上一袋，这是艾瑞德教育之果实。

顺平兴奋地讲述着："'谁知盘中餐，粒粒皆辛苦。'艾瑞德田园校区年级'一亩田'，历时 9 个月，四年级师生和家长全程自主打理，历经整地、浇地、追肥、收割、轧麦、扬场等一系列过程，纯手工打造，是真正自然生长的，再打成粒粒金黄饱满的麦仁。明天早晨请全校师生喝麦仁麦片粥，没办法，就是这样任性。"

刘泱主编在访谈学生后盛赞我们学生的侃侃而谈、自然大气，他尤其提到了二年级学生赵柏翰。我听后哈哈大笑，赵柏翰一年级时就在全校鼎鼎有名，不知多少次气哭了他的老师，事态都"升级"到我的办公室了。

○ 善者因之：做有故事的校长 ●

如果不是在艾瑞德，他或许会被开除无数次。

赵柏翰的妈妈去年 12 月 20 日的那封长长的感谢信中，有些话令我记忆犹新："除去工作的身份，他们也是有家人需要陪伴的，可他们大部分时间都给了艾瑞德的这帮孩子，回到家有时候还有放不下的人和事，偶尔还会有住宿孩子生病和突发状况，一个电话就又从家里奔赴学校这个'战场'。多少次，亲眼看着严寒的冬天背着小娃步履匆匆的老师，有熟悉名字的，有熟悉面孔却叫不上名字的，那一幅幅画面，深深地刻在我脑海里。是什么让他们为了艾瑞德的这些孩子而牺牲自己陪伴年幼孩子入眠的时间？这难道仅仅是为了每个月的工资吗？不是，这都是因为对教育对孩子真诚的爱啊！"

今天，赵柏翰作为学生中的一员，绽放出自己的精彩。我期待明天的麦成粥，我更期待着明日的人成才。

婆家、娘家

今天一上午都在参加体育组老师的述职，大家准备得很充分，我看见了他们一学期的努力，每一个人的努力让体育组在本学期绽放出不一样的风采，学生运动会和教工运动会等活动的成功举办，让体育的学科自信明显提升。

在述职中，游泳教师扈文静的一句话让我至今难忘，她在谈到体育组被分到年级组办公后的体会时说："年级组就像婆家，体育组就像娘家，在婆家就得好好干活儿，力争把活儿干得漂亮；在娘家可以说说心里话，感到亲切温暖。"

扈老师的话引起了我的思考，她的话应该能准确地传递并概括出这学期体育老师的心理感受。本学期开学初，在管理上我们尝试了两项变革，一是推行扁平化的年级组管理，二是音、体、美教师的办公地点由以前的学科组变到年级组。尝试扁平化的年级组管理，我是有充分的心理准备的，因为我们和年级主任经过充分的酝酿，他们的能力我们是心中有数的。而改变音、体、美老师的办公场所，当时只是凭感觉，多少有点一厢情愿。

慢慢地，我发现一切都在静静地变化着，年级部的节目排练中音乐老师在忙碌着，各年级的展示区美术老师在较着劲，年级吉尼斯挑战赛体育老师在变换着花样。音、体、美老师在悄悄地融进年级组，他们除了完成

○ 善者因之：做有故事的校长 ●

自身的教学任务外，也在年级组实现着自身的附加值，他们看到了语、数、外老师的更多侧面，我也经常听到年级部主任在表扬音、体、美老师。语数外、音体美教师之间的围墙被推倒了，年级组的力量被壮大了，基于了解与理解，各学科地位平等了。

我从体育组老师的表达中也得到了验证，尤其是扈老师的经典话语："语数外，音体美，大家一起才更美；婆家娘家都是家，用爱连接是一家。婆家娘家，既有自己的柴米油盐，也有不同的锅碗瓢盆。婆家'看见了模样'，是撸起袖子加油干的地方；娘家'接住了忧伤'，是抱团取暖的避风港。音体美是好样的，语数外也不简单。"

在今天召开的 2019 全国教育工作会议上，陈宝生部长指出："从薄弱处着手落实立德树人根本任务。德育要朝着体系化努力，教育教学改革要深下去，体育美育要有刚性要求，劳动教育要有效开展起来，家庭教育要高度重视起来，以新的方式推进立德树人工作。"由此可见，音、体、美、劳动教育大有可为，我们更能有所作为。

团 拜 会

今天校园里有着藏不住的喜庆与喜悦。上午老师们排练的排练、化妆的化妆，每一个人都打扮得漂漂亮亮，都在为下午的团拜会而准备着。团拜会，是一年一度的盛会，部门述职、表彰颁奖、节目演出是其中的主题。

幼儿园的王彦月园长、小学部的刘浩然主任、行政部的龚涛主任、后勤部的赵宗新主任分别向全体教职员工汇报一学期工作，赢得了阵阵掌声。平时的忙碌让我们脚步匆匆，今日的盘点让大家自信满满。述职是汇报，更是沟通，用事实说话，让彼此看见。

看着30岁刚出头的他们在台上的精彩呈现，我为他们高兴，也为艾瑞德自豪，年轻而充满活力，这是事业的基本保证，刚刚过去的这一年被董事会称为建校以来最好的一年，这也是因为我们充满朝气。想到今天被刷屏的新东方年会上员工吐槽的节目，一个再优秀的集体，如果暮气沉沉、故步自封，那都将是没落的开始。成也文化，败也文化，我们必须时刻保持清醒。

表彰颁奖，激动人心。团拜会以团队表彰为主，13个奖项、32个团队、50人次获奖，每一个上台领奖的代表背后都站着一群人，"军功章上有你的一半，也有我的一半"，台上领奖，台下鼓掌。表彰奖励，是一种评价，激励的是现在，导向的是未来，奖的是牌子，放的是样子，学习优秀的他人，

○ 善者因之：做有故事的校长 ●

方可成就更好的自己。我们都在努力奔跑，我们都是追梦人。

节目演出更是精彩纷呈，忙里偷闲的准备，见缝插针的排练，丝毫没有影响节目的质量，以年级部和处室为单位推出的节目，都独放光芒，大家都在想方设法地放大招。

教师吉他社的《我们都是追梦人》，六年级教师的《说唱中国红》，中层以上干部的《时代中的青春》，一年级教师的《瑞德TV致经典》，二年级与国际部教师的《归家》，行政服务部的《西游歪传》，五年级教师的《扇舞诗韵》，幼儿园教师的《瑞德风云之终曲篇》《人生若只如初见》，三年级教师的《女人花之情深深意绵绵》，后勤保卫服务部的《吉祥中国年》，四年级教师的《艾上运动》。12个节目，打造了"艾之光·梦生长"的精彩晚会，激动人心的抽奖渲染着现场的气氛。

我内心敬佩着老师们的才华，也惊讶于自己的改变。所有的节目生成时间都非常短，但效果出奇地好，我自己工作近30年，登台讲话无数次，但是上台表演是在来艾瑞德之后发生的，第一次是在去年的团拜会上，这是我第二次了。我人生的第一次登台表演大概是在1988年吧，那还是我读师范时，表演的是一个相声节目。

今天，同样令人惊喜的还有给老师们备的年货，以前的年货都是从市场上采购的，尽管我们很用心，但总觉得缺少点什么。我想，今年置备年货时能否多点"瑞德味道"，提前和后勤部商量，后勤部和生活辅导员老师迅速行动起来，为老师们准备了"六六大顺"：牛肉丸子，寓意事事完美；酱瓜花生仁，寓意事业顶呱呱，一生有钱花；莲棒，寓意连年安康，身体倍棒；秘制焖子，寓意家庭子孝父慈，亲邻门门（家家）友爱；黄金发糕，寓意日进斗金，兴旺发达；大笼包，寓意包您一年四季幸福美满。老师们感慨道："这是真正的Made in AiRuiDe！"中午，这浓浓的带着年味的年货被"刷屏"了。

一年到头，这就是好的盼头，更是好的兆头。我们把爱打进年货，我们兴高采烈地准备着"校本化""纯手工"的"六六大顺",我们不厌其烦精挑细选地准备着"四四(事事)如意"(铁棍山药、橙子、油、中国结),我们用心地为每一个艾瑞德人送上回家过年的味道。在日益货币化的今天,所有实物都可以被折换成货币,但年货不可以。把年货带回家,把爱带回家。

分　书

　　这样分发新书的方式是我工作 30 年来的第一次，也是因为这个特别的春天，丰富了这个春天的特别。

　　这两天，我们大部分干部都在学校忙活一件事，就是把下学期的新书分拣、分发，这个工作量确实不小，小学部 1330 名同学的 6550 多册书需要分给每一个人。当下的疫情又不允许人群大规模集结，在充分调研后，我们决定在全市范围内设立 6 个分发点，同时辅之以快递。我们制订了详细的工作方案，并以此推进，周三下午分拣，周五下午分装，准备周六上午分发，大家都忙得直不起腰来。

　　然而这样的工作却汇成了我们对这个春天的特别记忆。

　　李娜主任写道："今天下午如约来到了学校，我们要一起整理教材到各个发放点的校车上，大家又一次见面了，感到异常兴奋。彼此亲切地打招呼，忙工作，一切井然有序地进行着。今天恰巧是赵宗新主任的生日，大家碰巧能在一起给他过个生日，一起唱生日歌。大家戴着的口罩仿佛提醒我们从来没有分开这么久似的，这样的小插曲让我们觉得非常开心。李校长还请大家喝了奶茶，时隔那么久又喝到了奶茶，感觉生活中这样的小美好弥足珍贵。能看到想见的人，能吃到想吃的东西，能喝到想喝的奶茶，抬头看天，还有那蓝蓝的明媚在陪我们成长，活着多么美好啊！"

李丹阳主任感慨道："从两点整理到五点多，一千多个手提袋几乎铺满了一楼大厅。大家分散地坐在大厅里休息，薛老师连上大厅里的蓝牙音箱，给大家放了一首《无问》。董馨听到后很开心地回头问薛老师：'是《无问》吗？'俩人默契地点点头。与这样一群人在一起工作总是愉快的，虽然很多时候我们也非常辛苦。当有工作来临时，大家总是会忽略自己的部门、职位，先看到在这件事情里我能做什么。"

薛静娴主任更是一箭双雕："这是寒假后第四次来到学校，安静的操场、宁静的校园。就像李校长在'校长60秒'中说的，白鸽都快成了校园的主人了。因为跟同伴们一起整理书籍，所以来到了学校。下午4:00是雷打不动的线上分享时刻，看到闫娟老师和张文丹老师发的视频邀请，我先后进入了高阶和中阶班进行分享。但这次，我分享的不是今天大家都学习了什么，有何疑问，我想跟孩子们分享一下他们的校园。在校园里听着孩子们在视频那头叽叽喳喳的声音时才发现，有了孩子那才是欢腾的校园。待到开学时，我们要在一起好好分享，互相述说我们的感受、成长和收获。晚上回来的时候跟孟少丹老师、闫娟老师聊了一路，我告诉她们，路上开始堵车了，我因此而兴奋了起来，因为一切都越来越好了……"

亲爱的各位同人，当我们在一起时，我们不是在做着枯燥无聊的事，而是在完成"爱与被爱"的表达。亲爱的同学们，当你们拿到新书时，它已经不仅仅是一本书了，它是爱的抵达。

送 书

　　今天上午，学校里一片忙碌。当我看着"大黄蜂"校车载着新书和老师出了校门，驶向不同的地点时，我内心感动不已。"大黄蜂"在这个春天里第一次启动，带着同学们心爱的书，也带着我们对同学们的爱，出发了！

　　从 2018 年 11 月开始，每天下午 4∶30 发校车，我和在校的干部们都会来送校车。与坐校车的学生互行鞠躬礼，然后看着他们蹦蹦跳跳地上车，开开心心地放学。当校车开出校园的瞬间，车窗上映满了摇动的小手，我们向他们挥手，目送他们从校园奔向家庭。

　　而今天，校车里坐的不是满满当当的孩子，而是隔排就座、"全副武装"的三位老师，他们要带着孩子们的新书，乘坐"大黄蜂"校车给孩子们送书了。五辆校车，驶向五个分发点，每个分发点的新书从一年级到六年级的都有。为了做到精准配送，中层干部们周三上午来到学校分拣，周五下午到学校分装，按照年级和班级将书摆好码齐。五个校车点的负责老师拿着后台统计的名单，走到各个年级取书、装车，校车师傅们也积极加入这场行动中来。

　　我们的袋子里装的不仅是书，更是我们满满的爱，还有我们的工作品质。

8：10五辆校车全部发车，学校分发点也启动领书流程。9：00～10：00是一、二年级书籍分发时间段，10：00～11：00是三、四年级书籍分发时间段，11：00～12：00是五、六年级书籍分发时间段。每个年级的图书分发工作由三位老师负责，一位老师接待，一位老师核对，还有一位老师分发，平均每位家长只需要20秒就能完成领书。在发书环节，还看见了几位离得近的老师都过来帮忙了，这种"你有需要，我搭把手"的感觉真好。

今天太阳真好，晒得人心里暖洋洋、亮堂堂的，仿佛预示着疫情即将过去，我们可以倾情相拥的春天马上就能到来。突然，一声声奶声奶气的"李校长"，打断了我在阳光下的遐想。定睛一看，是二年级的小朋友，哎呀，还有站得远远的踮着脚尖巴望着的一年级小朋友，我激动得有点不知所措，真想像往常一样接住扑过来的孩子们，听他们在耳边叽叽喳喳，但我还是把举起的手放下了，为了安全，我拼命用眼神拥抱着多日不见的孩子们，他们毕恭毕敬地行鞠躬礼，还有的原地蹦跳，表达着看见校长和老师的兴奋。家长们也一个个如往常一般优雅亲切，他们见面就问："何时能开学啊？"我知道，这个问句包含了无尽的思念与期待，大家都盼望着，盼望着早日校园再成"笑园"，校长成为"笑长"。在彼此问候后，家长们拿着新书离开了。

中午12点，五个分发点的校车陆陆续续回来，大家的任务都完成得很圆满，绝大多数家长都已经领到了书。校园分发点的工作也陆陆续续结束，只是还有部分快递还静静地在一楼广场等待发送。

紧张有序的半天，大家精诚团结的半天。我知道许多老师都很辛苦，但是大家心里都有希望孩子们尽快拿到书的信念，所以烦琐的工作织成了爱的千千结，以校车配送、亲手奉上、快递配发的形式，在学生和家长心里完成了爱的抵达。

配发工作结束，我和校车师傅挥手告别，和老师们挥手告别。挥手之间，有我对他们深深的感谢与爱意。谢谢！

事情 = 事 + 情

本周因为"家长课程"的线上直播，我每天都会来学校陪伴大家。下午在"会客厅"时，很多人都来了，没有人通知，也没有人要求大家来，大家心里就是觉得应该来。

前天的浩然、昨天的陈琳、今天的宗新、明天的符君、后天的我，担任着这几天家长线上课程的主播。每一个人的用心与认真是毋庸多言的，这已经是我们做事的一贯风格。然而每一个人的背后都分别站着一群人，所以"你"不是一个人，而是一群人，这是艾瑞德的文化。

第一次做这样的线上尝试，我们心里是没底的，唯一有的是我们眼前的这帮人，只要你敢画圈，他们就敢动工。从PPT的架构到会场的准备，从一词一句的斟酌到衣着表情的设计，从"为你紧张"到"为你高兴"，在我们这个集体里，常常"无我"，只为"利他"，我们只求把这件事做得漂亮。

当浩然、陈琳、宗新从直播间走出时，大家击掌相庆，然后窝在一起吃着早就订好的外卖，说着，笑着，如家人一般。一个多月未见，让这样的相见弥足珍贵。

听完直播课程后，家长纷纷感慨：

"本次的直播课程，刘浩然老师讲得非常好，让大家对艾瑞德学校有了更详细的了解，印象比较深的是课程的安排，这让大家对进入艾瑞德有了更多的信任和赞许。田园课程、拓展课程、研学课程、演讲课程，从多方面培养和挖掘孩子无限的可能性以及看到孩子的不同面，对孩子了解得越多就越容易与其交流沟通，对其正向引导，同时也能更进一步地减少家长和孩子的代沟和差距。网课给了我们彼此成长、交流和高效陪伴的机会，疫情让我们看到了生活教育的不同面。疫情面前学校做出的积极反应也是非常好的，走进艾瑞德，相信艾瑞德，爱上艾瑞德，小学不小，为爱出发。"

"这几天的直播课程虽然是让家长看的，但是看到今天直播的题目：拿什么献给你，亲爱的小孩！我特地邀请孩子一起参与了这次直播课程，陈琳老师讲得很生动，孩子全程听得很认真。当听到班主任躺在地上给孩子拍照片，蹲在地上给孩子递话筒，为了更好地和孩子沟通跪在地上这一系列的故事时，我就给孩子讲，等你上小学了，如果有这样的班主任和老师陪伴你，你将会多么幸福，当孩子听完这些话时，我看到了孩子满足的笑容和眼神。特别听到一个小朋友在学校上了半年学后回家主动给父母铺床单，孩子的爸爸拉着妈妈的手说，谢谢你给孩子找了这么好的学校，这时候孩子的眼睛湿润了。让我没有想到的是，隔着屏幕，一个小故事竟然能有这么大的感染力！听完直播以后，我的孩子跑到屋里专门给我们铺了铺床单，这让我很感动并感到幸福。隔着屏幕都对孩子有这么大的感染力，我想如果是现场教学，对孩子的影响会更大。"

"细节决定成败，感谢艾瑞德对孩子们的尊重，在我看到'刘一墨线'的时候真的被感动到了。孩子们有心，老师们有爱，谢谢赵主任的分享，每一种食物、每一份饭菜，都流露出您和您的团队对孩子们的爱。寄宿制的饮食一直都牵动着家长的心，在这里，孩子们的意见可以得到充分的理解与肯定，谢谢你们，特别有启发，特别感动的一节课！我们和孩子们一起成长！"

"今天收听了赵宗新主任讲的《后勤服务让学校更美好》，听赵老师讲'香樟树'一事时，他说只要是孩子用汗水浇灌的地方，他都比较留恋，真的感觉艾瑞德学校是一个有温度的学校，孩子的任务不只是学习，更要懂得做人的道理。学校里设有棋盘，五子棋、象棋，孩子们学累了的时候可以适当休息娱乐，真的很好。看到学校的厨师手艺比赛，他们做的菜很好看，犹如一道风景。赵主任说，后勤人员都会站在孩子的角度思考问题，解决问题，相信选择艾瑞德是明智的，儿子会喜欢这个大家庭！期待与你们相见！"

　　教育是个动词，做才是答案。当一件件事情在我们手中经过而变得美好时，"事"似乎成了努力的副产品，会随风而散；"情"成了合作的主旋律，会沉淀心底。多少年后，我们或许会忘记我们当初做了什么，但一定会记得一起加班喝过的奶茶、扒过的烩面。

　　共事、共情，留下一路走来的友谊与歌声。不在一起做事，就不会有同甘共苦、哭过笑过的情感；没有情感地做事，只是机械应付的劳役。

　　事情＝事＋情，事是故事，情是温度。走自然生长教育之路，办有温度有故事学校，需要的是我们彼此都有共事共情能力。

一天三讲

　　一个多月前我们还在为云中的教学而手忙脚乱，而今天，我们的线上分享已游刃有余了。未曾想到，今天一天，有三场讲座。一场是小学部教学指导中心赵静主任为准家长分享艾瑞德的自然生长课堂，一场是四年级级部马竞主任给学校后勤厨师分享的舌尖上的艾瑞德，还有一场就是我给教育圈内校长、老师们分享的艾瑞德办学点滴。

　　赵静主任的讲座是源于责任。"温度与故事隔着屏幕与您握手，诗和远方在耳边对孩子说'您好'。您朝着学校的方向一步步走近，我依着儿童的所在一寸寸聚拢。您以看向孩子一辈子的眼光丈量了学校的课程、德育、后勤、儿童、教师等校园生活，我们以一辈子的童心去勾画金色童年里的山山水水。经过第一周的云端初见，愿您在更近的空间里、更小的视角下，清晰地看见每一滴汗水背后的情感泉眼，以及小小的成长背后的击掌相庆。"

　　本周已经是家长线上课程的第二期了，我们基于"教育 = 关系 + 联系"的宗旨，建构起疫情之下的艾瑞德教育与家庭教育的联系，从上周的"面"到本周的"点"，教学板块自然成为重中之重。赵静主任从艾瑞德自然生长课堂五要素进行分享：基于关系的相遇与对话，基于自主的探索与发现，基于合作的互动与体验，基于理解的分享与表达，基于发展的激励与评价。

我们的课堂，不再仅仅指教室课堂，还包括大自然课堂、社会课堂、校外研学课堂、田园课堂、德育活动等孩子不可缺少的课堂。

马竞主任的讲座是源于兴趣。她是英语老师、年级部主任，今天竟然受邀在学校大厨面前"班门弄斧"，属于典型的跨界。马竞主任讲了95分钟，我认真回看，没有落下一句话。马竞主任指出："食物是有灵魂的，做饭是有立场的。"她做饭的出发点就是用自己的喜欢赢得他人的喜欢。看着她展示的出色的厨艺，真的很难将她和一个英语专业全日制研究生毕业的优秀老师联系起来，而她却结合得如此和谐。马竞主任的做事态度更让我刮目相看，本是一个内部的、仅有30人左右的小交流会，她却准备了7000多字的文稿，而且全程脱稿，讲述得十分自然流畅。或许，这并不是一个专业为王的新时代，而是一个爱好逆袭的竞技场，不要沾沾自喜你会了什么，而要前思后想你爱上了什么。

我的讲座是源于感恩。江苏教科院赵国忠主任此前让我给全国的一些校长和老师做点线上分享，一开始，我有点犹豫，一则因为近期太忙，二则因为担心自己不能胜任。后来一想到自己当初在江苏工作时，曾得到国忠主任的很多关爱和支持。相知无远近，万里也为邻，我也就答应下来。我从学生观、教师观、家长观、干部观和校长观角度，分享了我们这所学校"端正的五观"。

一天"三讲"，纯属巧遇。"三讲"的背后，我看到了分享的力量，看到了个人的成长，看到了技术的现场。

家长 60 秒

昨天行政会，董晓主任有关"家长 60 秒"的分享依然在耳畔回响。他的分享真实感人，金句迭出，让我很震动，让在座其他同人也深受启发。为此，我根据她的即席脱稿讲话整理成文字，原汁原味地呈现出来，让自己再次感悟。

以下是董晓主任分享的内容：

做了"家长 60 秒"，我体会到生命中最大的遗憾是：我本可以，而我以前放弃了，没有逼自己一把。当逼自己一把时发现，原来我也可以。

之所以能够一如既往地做"家长 60 秒"，原因何在？首先是为了脸面，我跟李校长承诺过了，怎么能不做下去呢？于是把自己的后路切断，咬牙坚持做下去。其次，作为家长的责任感和使命感促使我坚持下去。最开始是逼自己做，渐渐地，是自己要做下去，因为它太有意义和价值了。这也是对我过往的梳理，梳理近 40 年的积累，梳理看过的书和走过的路，留下有价值的东西。

做"家长 60 秒"，给我带来了什么？每天的"家长 60 秒"需要耗费两三个小时，如果坚持 365 天，就是将近 1000 个小时。其

○ 善者因之：做有故事的校长 ●

实，录制背后花费的思考时间更多。我在做饭时思考、上厕所时思考、睡觉前思考、睁开眼还是思考，思考每天的选材。从搜集素材到编写下来、录好音，再通过公众号发送出去，前后需要2.5～3个小时。我想，如果坚持下去，一年来我的成长一定是突飞猛进的，以前的厚积终于可以薄发出来了。

"家长60秒"对我女儿产生了积极的影响。我是学教育的，大家都知道有名的罗森塔尔效应，只要你相信，孩子会朝我说的那个方向越来越好。我说她是个"小书虫"，她就真是个"小书虫"。一个六七岁的孩子，不管在哪里都能看书一两个小时，不用家长监督。爱读书的孩子，不说她将来一定会出类拔萃，但肯定不是平庸之辈。

"家长60秒"为我的家庭燃起了希望的明灯。有段时间我的家庭是灰暗的，老人生病住院，我婆婆和我妈妈患有一样的病症，而妈妈在十年前离开了人世。我老公高血压，年纪轻轻已经吃了两年降压药，我自己的身体也不太好，整天胡思乱想。死亡和疾病，我们早晚都会面对，"家长60秒"让我燃起了对生活的希望。生活的勇者就是你认清了生活的所有真相，但依然热爱它，依然心存希望。看到孩子爆发生命力的时候，我知道作为家长，我有责任、有使命让孩子变得更好，争取让他们"青出于蓝而胜于蓝"。我不能辜负孩子，不能辜负自己，要做最好的自己。

我从小就是一个疯丫头，虽然父母很重视对我的教育，但那个时候的我没有多少书看，也没有太多的见识。现在我和爱人给女儿的平台比我们那个时候要好，没有理由不相信孩子会有一个更好的未来。她是一个善良的人、一个上进的人、一个爱读书的人、一个爱分享的人、一个有怜悯心的人、一个会疼惜别人的人。

家里唱歌的设备，我经常用来录博文，找疫情防控期间比较好的文章来读，把自己感动得泪流满面。孩子是爱我的，是爱家的，是疾恶如仇的，是爱憎分明的，是有担当的。我希望能够引导孩子不断地向上、向善、向美。不说影响别人，如果能把自己这一个孩子影响好，就不枉此生。

非常感谢李校长给了我这样一个平台和机会，让我分享"家长60秒"。有时候真觉得自己很渺小，人如其名——董晓。不被人了解的人最可悲，我不可悲，我能有这样的机会被大家所了解，有这么多人了解我、关心我，我觉得很幸福。尤其是这段时间，孙董一直非常关心我们一家人的身体状况。如此关注员工以及家人生命健康的董事长，太难找了。

我希望能通过"家长60秒"，教育好自己的孩子，做好自己的本职工作。虽然我现在已经40岁了，但我要活得像14岁一样，把马尾辫扎到50岁。

真心感谢李校长，他比董晓还关注董晓。我是学体育专业的，不太会算账，写了多少篇文章也记不准，但是李校长记得一清二楚。有一回我在医院陪护，医院没有无线网，我跑到卫生间里录音，传给新闻中心的刘森，学校帮忙把录音推送了出来。有一回晚上11点多，我急急忙忙在自己的公众号上写了点文章，以为没人关注，因为很少有人会关注我的公众号。只有关注你的人，才能发现并指出你的错误，文中的错别字，被李校发现了，他都给我指出来了。

大恩不言谢，这种感觉不知道怎么说，非常感谢大家！

○ 善者因之：做有故事的校长 ●

再说董晓老师

周四行政会董晓主任有关"家长 60 秒"的分享，依然让我禁不住再想啰唆几句。

我每天打卡，很多时候是在为工作做铺垫。20 号我打卡的内容是"家长 60 秒"，是为这次行政会董晓的分享"吹风"的。董晓做"家长 60 秒"的时候，我既担心又高兴。担心的是，60 秒不容易做；高兴的是，董晓在做这样的事。

每天早上我都会听三个"60 秒"。第一个是"罗胖 60 秒"，我坚持听了很长时间。第二个是我自己的"校长 60 秒"，不知听了多少遍，每次学校发出来我还要听。目的是通过回看再积蓄一些力量。当一个东西不断反复的时候就会产生力量。第三个是董晓的"家长 60 秒"，我每次比听自己的"校长 60 秒"都仔细，它里面的每一个词、每句话的停顿，我都会认真地听。如果发现用词或者标点不太合适的地方，就会及时给她指出来。

当一个人指出你错误的时候，表明他在关注你。我不仅针对董晓的"家长 60 秒"指出小错误，还有好多老师的博文，我发现错误都会给大家纠正。大家千万不要以为我在挑刺，这说明我在关注你们，而不是转发一下就结束了。

董晓的"家长 60 秒"刚推送出来时，我就联系了《小学生学习报》，他们会不定期地转发，《小学生学习报》是面向全国发行的。当别人帮我们做推送的时候，其实是在推动我们成长。我知道一个人战斗不容易，需要一群人共同努力。董晓的"家长60秒"刚推送出来时，我跟招生办薛静娴主任和王园长分别打过招呼，我希望幼儿园像支持"艾果亲亲电台"一样，要倾幼儿园之力支持它。非常庆幸董晓老师已经坚持到第38天了，我一篇一篇翻看她的公众号，把每天的标题都摘录了出来。

董晓的分享让我感到非常欣慰，她这次发言和上次不一样。现在有很多年轻人都心比天高，不做实事，但今天董晓说出来的都是小事，是做事背后的过程。成长就是这样，我们会面临各种困难，包括做事的困难，家庭的困难，很不容易。但这都不是最难的，还有更难的，我们可以想想疫情时的武汉，想想武汉风中的窗帘。

只要希望在，只要心中有光，哪怕是烛光、萤火虫一样的微光，我们就有信心穿过黑暗的隧道，就有信心走向我们未来要抵达的地方。当然，我不是要求所有人都去做"60秒"，是希望通过这件事让我们每个人有所触动，让大家明白，什么叫小事，什么叫努力，什么叫坚持。

我们管理中提倡的"暗物质"是什么？是看见、信任、托举、影响。一个人进一个单位，一般都会先看到"明物质"，像薪资、待遇、职位。进入单位后，一定是"暗物质"让人成长。我们认为的促进个人成长的"暗物质"是什么？是真实、善良、谦卑、坚持。这是一种理想的状态，不是说每个人都能全部做到，只要坚持其中一点，人生就会从此与众不同。

第一，是真实。董晓今天的分享非常好，她就是讲自己"做60秒"时的真实故事，真实地坦露自己的内心。真实才能动人，真实就是力量。

第二，是善良。没有善良是做不成事的。何为善良？就是我们做一件事的出发点是希望对方好，希望事情好，希望自己好。我们向别人传递信息的时候，一定要传递善良，而不是传递幸灾乐祸。希望"善良地对待每一个人"能成为大家的共识。一个单位不可能永远都是阳光灿烂的，一定

○ 善者因之：做有故事的校长 ●

会有阴郁的时候。风雨来临的时候，我们是为别人打一把伞，还是希望风雨来得更大一些，把别人都淋成落汤鸡？对和自己有血缘关系的人好是人的天性、本能，对和自己没有血缘关系的人好才是善良。"老吾老以及人之老，幼吾幼以及人之幼"，"老吾老""幼吾幼"是本能，"以及人之老""以及人之幼"是善良。

第三，是谦卑。我们30多岁就走到艾瑞德的管理岗位上，我们没有资格骄傲，一定要把它归结为幸运和意外，世界上凡是趾高气扬的人最终的结局都是倒下。曾国藩曾说，越高的人往往越低，越低的人往往越高。董晓做"家长60秒"，很了不起，是让人骄傲的，但是她反而很谦卑，从她的分享中可以看出来。

第四，是坚持。董晓的坚持很值得学习，不是每个人都能做到这样。曾国藩说做事要"勤"和"诚"，"勤"是在时间的维度上天天如此，"诚"是在态度的维度上天天如此。"诚者不弃也，诚者如一也"，不可三天打鱼两天晒网、一曝十寒。如果董晓老师的"家长60秒"一直坚持，我的"校长60秒"怎么敢停呢？希望这件事对每个人都能产生一些影响，不一定都要在做法上下功夫，而是希望大家学习她的方法，选择一个有一点点意义的事情天天做下去，以后你的人生一定会从此与众不同。我们要把自己活成一棵树，不管是大树还是小树。

我之前去英国到过威斯敏斯特教堂，里面有一块闻名世界的墓碑，墓碑上刻着这样的话："当我年少时，我的想象力从没有受到过限制，我梦想着改变这个世界。当我成熟以后，我发现我不能改变这个世界。我将目光缩短了些，决定只改变我的国家。当我进入暮年，我发现我也不能改变我的国家，我仅仅希望改变一下我的家庭。但是，这也不可能。当我躺在床上，行将就木时，我突然意识到：如果一开始我仅仅去改变我自己，然后作为一个榜样，我可能改变我的家庭；在家人的帮助和鼓励下，我也可能为国家做一些事情。然后谁知道呢？我甚至可能改变这个世界。"

改变世界，从改变自己开始。话说得再漂亮，都会消散在空气中，要把事做漂亮，在事中改变自己。事在人为，人因事美，大家在一起共事，共的是做事。

董晓老师在分享中一再谢谢我们，其实，我们要谢谢她，因为她让我们看到真实的无限可能性。如果大家在坚持过程中遇到困难的话，是很正常的，请说出来，我们一起来克服。谢谢！

特别的礼物

今天，注定是个不平凡的日子。春夏之交的阳光打在脸上，国旗高高地飘扬，《小学生学习报》的总编吕萌和副总编杜慧君来到学校，他们提着大包小包的奖品来给孩子们颁奖。

六（1）班宁思颖同学、李思琦同学分获 2019 年度 CCTV 中学生频道"希望之星"英语风采盛典郑州市决赛小高组冠军和特等奖，还有 70 多位同学分获其他奖项；三（6）班蓝敬程同学因出版了自己的处女作《我的世界之误入游戏》被学校授予"小作家"称号，他的爸爸妈妈也来参加这个仪式，我看到九岁的他在国旗台下流泪了；一批读书小状元及其家庭受到了《小学生学习报》报社的表彰，这是对我们"干净、有序、读书"校风的首肯。

宁思颖同学告诉我："三年前，刚来到艾瑞德国际学校的时候，老师拉着我的手走进我的新班级，这里的老师很和蔼，总是跟学生们玩成一片，同学也很友好。当我融入不了这个陌生环境的时候，同学们都会主动来和我玩，我心情不好时，同学们也会安慰我。我的英语老师陈琳在英语方面给了我很多帮助，刚开始学习英语时，老师一点一点教给我们正确的发音，给我们买英语绘本，让我们去阅读，去逐句跟读。四年级的时候老师开始让我们做各种各样的材料阅读，那时我也参加了我人生中的第一场英语演讲比赛。老师给我们讲了演讲的技巧，帮我们攻克难关，同学们也给了我很多帮助，并在我想放弃时安慰我，在我上场时鼓励我。可是那一次，我只获得了二等奖，从舞台上下来时，我泪流满面，觉得很愧疚。这次我拿到了郑州市第一名的成绩，我的内心感觉棒极了，感谢我的老师！我没有上过一天英语补习班，没有奔波在题海中，我明白，我们班很多同学和我一样能拿到PET（相当于高中水平）的英语国际证书，这都是我们老师日复一日的汗水浇灌的结果。临近毕业，我把荣誉送给母校，在这里，不仅有我对母校的留恋，还有更多我对它的感激，感激可亲可敬的老师，感激天真的同学们。"

宁思颖的爸爸说："四年前的一个偶然机会，我带着思颖来到艾瑞德准备体验一周，没想到在陈琳老师的班级里只待了一天，孩子就跟我说，她今天晚上就要住在学校，不回家了。看着孩子脸上绽放的笑容，看着同学们围着她问长问短，看着陈老师蹲在她面前和她亲切地交谈。我当即决定：转学到艾瑞德。在艾瑞德的四年里，思颖的进步有目共睹……未来，我坚信我的孩子会越来越好，我也相信我们这所学校会凭借它自由、博爱的氛围为孩子们创造一片新的天地。"

蓝敬程的爸爸妈妈说："孩子刚三岁的时候，从电视上看到神舟五号飞船的转播，就开始走进科学探索的世界，开始痴迷于行星、黑洞和宇宙。几年间，他阅读了大量的科学图画书，还偶然间发现了Brainpop网站，这又为他打开了一扇通往更广阔的奇妙科学世界的窗户。他看着这些科学书和短视频，都会思考着，并用孩子擅长的表达方式——图画的形式记录着他对科学的所思所想。到目前为止，已经有上千幅手绘作品，记录了他从三岁到九岁对科学和世界的认知。很感激学校老师营造的宽松氛围和对读书、思考的倡导，有力地保护了孩子的热情。老师曾专门请蓝敬程在班级里利用手绘图画，给同学们分享他的科学世界，引起不小的轰动，在激发所有孩子科学思维的同时，也让孩子自信满满。

今天的升旗仪式充满了仪式感，孩子的自信又一次被刷新，我看到孩子眼中的光彩。目前蓝敬程同学已经在创作自己的第二部小说，已经完成了三十多章。孩子的思路很清晰，他还根据第二部小说录制了音频发布在喜马拉雅平台上，每一章节的录制都很顺利，没有卡壳，思路、语言也在积累中越来越清晰、有条理。在写书之前蓝敬程已经列好四部小说的提纲，写好了序言，每一个章节似乎都在脑海中。孩子的潜力是无限的，我很佩服孩子的毅力和耐心。"

每一个获奖孩子的背后都站着一个或几个辛勤的老师，感激这些可爱的老师。宁思颖同学说自己不善言谈，打算把自己赢来的这枚冠军奖牌作为毕业礼物送给母校。一个学生为学校赢得荣誉是在学生阶段达到的较高境界，她当时去比赛时就挺起胸脯说"我是艾瑞德的学生"。低年级孩子用胖乎乎的小手拥抱我，高年级少年戴着闪亮的奖牌走近我，这些都是他们送给我的礼物。虽然，高年级的学生有的已经到了不善表达爱的年龄，但他们也到了想用行动来说"我爱你，母校"的时刻，他们努力了，他们做到了。我听说这次学校篮球队打入郑州市"八强"，不少队员都是六年级的。

礼物，是师生用汗水换来的见证；礼物，是学生表达出的看得见的敬意；礼物，是学生与母校之间永久的联系与念想；礼物，是教学相长留下的深深浅浅的脚印。

赵师傅的口袋

　　我和后勤中心大厨赵金遂师傅在说下周餐厅吃包子的事。膳食中心用心的师傅们陆续推出汉堡日、素食日，让膳食有了灵魂，让孩子有了期盼。我希望膳食中心能把每一天都能过成"日子"，像包子日、骨头汤日、茄汁面日……当"日子"多了以后，膳食的温度与故事自然也就多了起来。

　　谈话期间，一只小手伸了过来，赵师傅很自然地从前兜里摸出一颗枣儿放到了小手心里，小手拿到枣后缩了回去。

　　伸来小手的孩子叫武榆棋，一（2）班的，一个很机灵可爱的小男生，每顿饭吃得最慢、走得最迟，因此我认识了他，估计赵师傅也是因为这些才对他有印象的。有几次，我在武榆棋耳旁提醒他稍微吃快一点，他十分"听话"地点点头，可是，你讲你的道理，他有他的节奏，每次依然是"最后一名"，他的生活老师每次都耐心地等着他。

　　"你怎么知道赵师傅要给你枣子呢？"我好奇了，移身过去问武榆棋。

　　"我以前就要过，知道他口袋里有，上次给我的是葡萄干。"武榆棋一脸自豪，但是依然在慢慢地吃着早饭，手里攥着赵师傅给他的那颗枣儿。

　　"赵师傅，您的口袋里为何会备着枣儿？"我又好奇地去问赵师傅。在我很长时间的观察中，我发现赵师傅十分喜欢小孩，他的脸上经常挂着微笑，他经常在就餐时穿梭在孩子中间，有一搭没一搭地与孩子们"搭讪"，孩子们也很喜欢他，我发现很多孩子向他行鞠躬礼。"备着点东西逗小孩，让他们对餐厅有个念想。"赵师傅轻描淡写地回应着我。"逗""念想"，一个做饭的师傅，用自己最朴素的表达说出了小学教育的真谛。

赵师傅用自己随时备着的枣儿、葡萄干做着教育的事儿。其实，在学校，每一个人都是教育人，餐厅的师傅、保安保洁师傅、开校车的师傅，人人都是孩子的老师。在学校把孩子"逗"好，让孩子对学校有"念想"，这不就是很伟大的教育吗？

我在悄悄观察中发现，我们的保安师傅、校车师傅的举手投足之间有了很多教育感。保安师傅在校门口对孩子轻声细语，帮孩子拿放东西，像老师一样，不，他们就是老师！雨天，每一位校车师傅都撑着伞下车接孩子，其实，他们撑起的不仅仅是一片无雨的天空，更是自己作为艾瑞德教育人的一块小天地，"伞"成了他们的教具，在那一时刻，他们由师傅变成了教师。

教育，就是一群人带着孩子快乐地玩耍，温暖对待孩子，彼此成全。我私下以为，幼儿园老师是"哄"孩子，小学老师是"带"孩子，中学老师是"教"孩子。

在学校，我们或许有着自己不同的岗位与职业，但是我们都有着一个共同的称谓：教育人、艾瑞德人。让教育被慈善以怀，让师生被温柔以待，这是我们每一个人的事，这也是我们区别其他学校的"美丽的不同"和"珍贵的存在"。致敬赵金遂师傅！也致敬像赵师傅这样的所有师傅！谢谢你们！

我 们 班

　　一花一春秋，一班一世界。每一个班级都是一群孩子的世界，那里有儿童生长的小气候。今天上午快下班时，三（2）班班主任王冰老师和刘一涵、胡雅心、李昕宇三位同学走进我的办公室。

　　"李校长，这是我们班出的新书，想邀请您出席我们的新书发布会，时间是明天下午3点。"胡雅心同学代表发言。我认识她，她前两天刚刚过了生日。

　　一个手绘的邀请函和一本崭新的图书呈现在我面前，邀请函很朴素，书很漂亮，我都很喜欢。书的名字叫《我们班》，我大致看了一下，设计、装帧、排版、用纸等都很用心、有品质，孩子们和王冰的文字也很优美。二年级刚开始，王冰老师就对这本书进行了规划，7月让我写了个小序。王老师告诉我，出这本书的目的就是能给孩子们一些看得见的记忆，让珍贵与难忘留痕。这本书中不少文章都是王老师从自己的写作打卡中精选出来的，她的打卡内容绝大部分是写儿童、写班级、写教育，背后的付出可想而知。书中也汇集了二年级每一个孩子以及家长的文章。"班级故事""童言童语""一张一封信""学生成长日记""2020年的春天"等栏目设计也很精彩。

　　透过摆在我面前的这本《我们班》，我看到了王冰老师班级的生态。认识了一年级时就梦想长大后当艾瑞德国际学校一（2）班老师的张溢琳、刘一涵同学，还有在一年级时不适应，前两个月一直像考拉一样挂在王冰老师身上的金颐然同学；知道了为了增加孩子课前三分钟演讲的仪式感，王冰老师专门添置了话筒……

班级的模样应该是什么样子呢？三（6）班班主任张明老师认为，一个班级，最美的物品是书，书能创造一种文化气息，能使人摆脱平庸，寻找自己；最有意义的物品是照片，班级是平凡生活的缩影，通过每一个重要时刻的记录，去完成一次成为英雄的旅程；最有价值的物品是孩子的作品，班级是文化的中心，它需要汇聚成就，形成梦想，以作品证明价值，以榜样指引方向。书中的真理给孩子指明方向，照片的故事记录着孩子的成长，作品的成就让孩子获得极大的满足感，而这些都是一个人自我意识形成的条件，这就是孩子们的栖息家园，这才是班级该有的模样。

《我们班》，今天看来，它是一本书，里面收集的是文章，若干年后再看，就是一小段历史，记录那时那校那人的变化与成长。非常感谢有心的王冰老师用文字和图片留下了这些珍贵的瞬间。

因为时间冲突，我非常遗憾不能参加明天下午的新书发布会，只能通过视频祝福新书发布会圆满成功。

矩　阵

　　最近校门口醒目处突然张贴了许多微信公众号矩阵，这是学校里 25 个老师和学科组非常活跃的微信号的一次集结。当 177 位老师开通公众号，在两年写出 13 000 篇教育随笔，累计 1300 多万字时，这样的矩阵已经形成了。两人成行，三人成伍，多人成阵，当大家方向一致、步调一致时，这样的矩阵就演化为文化，席卷着在场的每一个人向前。

　　"矩阵"原本是一个数学概念。数学中，矩阵（Matrix）是一个按照长方阵列排列的复数或实数集合，最早来自方程组的系数及常数所构成的方阵。这一概念由 19 世纪英国数学家凯利首先提出。后来，随着新媒体平台越来越多，如微信、微博、抖音等，一个新概念——新媒体矩阵便开始被频繁提及。新媒体矩阵就是针对用户的附加需要，提供更多的服务，多元化媒体渠道运营是能够触达目标群体的多种新媒体渠道组合。我更想说，矩阵，是一支训练有素队伍的代名词。

　　纵横矩阵：在学校中，我们一直在最大限度地达成学校和教师、学校和家长的共识，即学校的文化是发展的基石，而搭建文化共识就是稳固发展的基石。因此学校的媒体矩阵应运而生。从纵向矩阵来说，学校内部班级钉钉群、学校部门小群和工作大群，在钉钉软件里形成了可下拉菜单，实现了沟通的纵矩阵。同时，为了让温度与故事抵达更多的家庭，让"自

　　○　善者因之：做有故事的校长　●

然生长"的教育种子播撒得更远，让孩子的诗和远方多一些共建人，学校将各教研组公众号、老师自媒体公众号聚拢在一起，张贴在围墙外，让在等候区的家长"扫一扫"就可以阅读孩子们与老师们的教育故事，形成了"横矩阵"。矩阵还不仅仅是微信公众号的集结，它有更多的人文样态，每个"号"后面都有一个人或一群人，一起摆下我们的"人文矩阵"。

雁行矩阵：上周，11位中层管理干部和我一起为校长团做了"雁行中层，创变赋能"的主题分享。站在台上，看到他们自信、自如的模样，想起他们弯腰滴汗的情景，知道这是一帮吃苦不叫苦、用功不邀功的年轻人，他们在各自的工作领域里得体领衔，他们可以在任何一个项目里飞成头雁。我们一起以矩阵的雁行姿态，努力在做"坚守办学价值观的那个人，与师生保持最近的那个人，让学校保持沸腾的那个人，把学校带向未来的那个人"。我们是飞行的雁群，彼此呼唤、互相协助、共同向前。"雁行中层，彼此赋能"，这似乎是我们中层管理干部的真实写照了。

年级矩阵：学校实行年级部管理体制，管理下沉，底盘降低，以年级部为主导，六个年级部齐头并进，形成了连舟出海的动人气势。六个年级部踏一个步调，落实学校鞠躬礼、光盘行动、一条线等，这是年级部的矩阵。

教研矩阵：语、数、英、综合各教研组长组成的教研团队，也是一个强大的矩阵。他们面对课堂做深入研究，年级组教研、教研组教研态势迅猛，今年更是拿出大力气打磨"代表课"，让孩子们生长的课堂成为学校发展的厚重底盘。

矩阵，是一个个有梦想、有理想的教育人带着责任感集结而成的。微信矩阵打通了沟通渠道，中层、年级部和教研矩阵拉动了学校的发展，而在"双节"来临之际，我又看到了别致的假期作业矩阵组合。

矩阵，是工作的逻辑；矩阵，是智慧的组合。矩阵，是一种管理的样态；矩阵，是一个单位的气象。

抬头遇见的皆是柔情

这是来自会客厅的两个故事。

上周，杨泞汐老师带家长参观校园，一边礼貌引路，一边详细讲述着有关学校的故事。她聚精会神地讲解着，生怕哪里讲得不够到位，家长会对学校了解得不够透彻。家长认真地听着，为了孩子能上一个好学校，他们要把好第一关。

路过操场的时候正好碰到学生要回教学楼，与参观校园的家长擦肩而过，好像是二三年级的学生。突然，一个可爱的小女生跑到杨老师面前，很自然地弯腰鞠躬，说了声："老师好！"一连串的动作熟练自然，杨老师顺势弯腰回礼，说了声："同学好！"

学生去上课了，杨老师带着家长继续向前参观。这时有位家长用纯正的河南口音说道："咦！你看看人家这个学校的学生就是不一样。"紧接着其他家长纷纷点头，他们满意地笑着。我想，此刻为孩子选择学校的家长得到了某种确认，确认为孩子找到了一所好学校。

杨泞汐老师由此感悟到，一个偶然——她并不是小女孩的任课老师，仅仅是因为她戴着工牌。一个瞬间——弯腰鞠躬，顺势回礼，一个很连贯的动作，一个很自然的瞬间。一种文化——在艾瑞德，我们每一位师生的鞠躬礼由心而发，一种随处可见的习惯，在我们校园里随时发生着。

上周小学拓展课时间，张秋英老师敲门进入会客厅。她进来的时候手里拿着一个塑料瓶子，问会客厅有没有玻璃瓶子。当时会客厅的赵思园老师不太了解她想找的是什么样的瓶子，做什么用，以为秋英老师是找教学用具，便给她拿了一个茶叶过滤杯。但是秋英老师看了看说这个杯子有点小，并且很容易损坏。后来通过聊天才得知这个瓶子背后的故事。

秋英老师之前带的幼儿园大大班孩子王佳怡，现在刚升上小学两周。虽说在一个校园内，但是不能时时刻刻看到幼儿园老师了，孩子有点焦虑。佳怡在两周的时间内多次去幼儿园找秋英老师未果，便给校长写了一封思念老师的信。

秋英老师知道后内心有些自责。自从带新小班之后，工作时基本上没有自己的私人时间，都是"长"在教室里，围着娃娃转，也忘了去关心一下已毕业的孩子们。秋英老师当时就决定去看孩子，就当朋友见面聊聊天吧！

秋英老师拿了从家里带的一瓶酸奶和一盒零食，趁着下午不上课，出门赴约了。走出门几步，觉得礼物还不够，得给孩子留个念想，好让她感受到老师一直很想她，也希望她以后每一天都能好好的。带个许愿瓶吧，这个想法蹦了出来。把不能当面说的话记下来，写在小纸条上，让想念的人看到，分享自己当时的喜怒哀乐。就这样，秋英老师开始翻箱倒柜地找瓶子、借瓶子。找了一大圈，从园长那里找来一个装茶叶的塑料瓶。瓶子里有些污渍，拿开水烫了一下，结果，瓶子又被烫得变形了。马上又快到送校车的时间了，秋英老师跑到一（1）班教室门口，果然看见佳怡已经去上拓展课了。晚了就晚了，还是得借个瓶子，于是，就有了秋英老师来借瓶子的那一幕。

对于佳怡而言，由于她刚刚升入小学，离开了熟悉的幼儿园，对于新环境和新同学多少都会有些不适应，缺少在幼儿园的那种安全感。而她的秋英老师就是她安全感最好的寄托。秋英老师送给佳怡许愿瓶让孩子记录喜乐，在一定程度上，这个瓶子能代替秋英老师陪伴在佳怡身边，帮助佳怡更好地适应一年级的新生活。

赵思园老师认为，安全感对于每个不同年龄段的人来说所代表的东西都不一样。学校、老师、学生这三者间存在着互为安全感的链接。在这样一个有温度有故事的学校里，足够的安全感才能使彼此更加快速地成长。

一个鞠躬礼，一个许愿瓶，似乎都是我们校园中司空见惯、微不足道的小事，但它们都是教育，都在确认着艾瑞德教育的品质。眼神确认，你就是对的那个人；品质确认，你就是对的那所学校。

愿我们每一位艾瑞德人，首先确认好自己，然后再努力去做被人"确认"的那个人。

你在这里有安全感

行政会如常，干部分享如常。本学期分享主题源于蒲公英智库"重建生态——价值与系统的力量"第七届中国教育创新年会中我 18 分钟的演讲主题——"寻找安全感，促进人类文明进步的人生奋斗的最基础动力"。同一个命题，不同的思考，从去年开始，我们就将年会的主题确定为我们行政会的学期分享主题，一则碰撞团队的思维，希望擦出美丽的火花；二则我也想从他们的分享中汲取营养，为自己的年会分享提供帮助；三则让行政会的分享走向专题化、品质化。

抽到 1 号分享的是陈琳主任，她为这样高难度的分享开了一个好头，尤其是为安全感画上了三笔：第一笔，安全感是自然地和你挥别过去；第二笔，安全感是自在地和你安于现在；第三笔，安全感是自信地陪你走向未来。

她说："只有人才能搭建出安全的校园，只有人才能生发出一段安全的关系，只有人才能培养出一个个自信的学生。在校园里面，能够让儿童感到安全的，就是和他朝夕相伴的教师。在艾瑞德，每一位教师都是珍贵的存在，每一位教师都被温度灌溉，每一位教师都在这里感觉到了脚下生根的感觉。当一位成年人在一所校园里没有了飘零感，当一个成年人在一所校园里有了归属感，他就会把这种满满当当的安全感灌溉给身边的儿童。

没有爱就没有安全感，没有人就没有真正的爱，我想这是人类文明中存在的逻辑。"

说到安全感，其实这一直就是人类永恒的追求，也是人类生存的重大命题。人类发展的出发点就是为了追求安全感。直立行走、学会制造工具、钻木取火、穿衣造窝、群聚部落、形成国家，都是出于对安全感的需要，乃至社会飞速发展的今天，人类向月球、火星的探索，都是在寻找自身的安全感。安全感首先要基于外部环境，其次是基于内心。安全的外部环境会给予人安全感，不安全的地方一定没有安全感，但是安全的地方不一定都具有安全感。红绿灯、斑马线、减速带，都是在创造有安全感的外部环境。马斯洛的需求层次理论，其实也是论述人的安全感的不同层次。

校园，应该是让儿童具有安全感的地方。雷夫说他的教室里不是有了什么，而是没有什么，即没有恐惧。恐惧感是安全感的天敌。艾瑞德，这所并不大的校园，很多孩子只要来一次就会深深地爱上这里。孩子们说，喜欢这里的鸽子，喜欢这里的校车，喜欢这里的游泳池，还喜欢这里的老师说话时的样子……这样的"喜欢"源于这所学校给予孩子的安全感。看见学生的模样，捧起学生的欢畅，接住学生的忧伤，这样才能让学生有安全感。

智者不惑，仁者不忧，勇者不惧。人在生长中需要让安全感长进血液和骨骼，最终成为内心具有安全感的人。一个具有安全感的教师无论在哪里都是带着爱、发着光、踩着风火轮、自备小马达的；一个具有安全感的儿童一定是眼中有光、脸上有笑、心中有爱、脚下有力的；一个具有安全感的校园一定是儿童自然生长的栖息地，是充满温度与故事的地方。学校，就是要让生活在这里的师生收获满满当当的安全感，因为他们之间的关系就如一首诗所说："根，紧握在地下；叶，相触在云里；每一阵风过，我们都互相致意。"他们互相牵绊，相互搀扶，成为彼此安全感里的重要他人。

也如《人民教育》纪念创刊70周年合订本中的一篇文章——《当教师

迷恋上自己耕耘的一方田地时》里面的一段话："'如果你在地里挖一方池塘，很快就会有水鸟、两栖动物及各种鱼类，还有常见的水生植物，如百合等。'在梭罗的笔下，池塘就是种子诞生信仰的地方。学校要为师生创造一个可以自由呼吸、自在生长的文化生态环境，像一方蓄满了爱与美、尊重与自由之水的池塘，把生命带向辽阔与高远。"如此，人在校园中就有了安全感、高级感、价值感和归属感。

家长篇

每一位家长都是重要的链接。

　　成长不仅仅是孩子的事，也是家长的事，更是每个人一生的事。在艾瑞德，我们与家长一起共识、共情、共商、共生。越来越多的家长志愿岗呈现出来，从观察者到参与者，从合伙人到共育人，家长用自己的"校园身影"，表达了教育之"我在"，让自己的孩子和班级、学校有了更深的"链接"，让自己与老师、学校有了更近的"关系＋联系"。艾瑞德的家长正在成为一股重要力量，共同促进校园教育生态更加健康、向上。

"四有"家长

艾瑞德的三观即为教师观、学生观和家长观，每一位教师都是珍贵的存在，每一位学生都是美丽的不同，每一位家长都是重要的链接。教师的"四有"为：有温度、有高度、有故事、有本事。学生的"四有"为：眼中有光、脸上有笑、心中有爱、脚下有力。但一直没有四有家长的表达。

1月16日，首届智慧父母大讲堂活动过后，促使我对"四有"家长进行思考。私下以为，艾瑞德家长的"四有"为：有共识、有格局、有奉献、有智慧。

有共识。一切合作都源于共识，共识是价值观的趋同，是一致性的聚焦。当家长千挑万选最终把孩子送进艾瑞德，潜在的共识已经具备，我们的责任就在肩上。走自然生长教育之路，办有温度有故事学校，艾瑞德就是一所与众不同的学校。因为不同，所以有了选择；因为不同，所以更需要共识。基于艾瑞德办学理念的基本共识不是选择时的决定，而是六年乃至更长时间的坚守。六年决定一生，这是我们基于儿童成长的基本判断，也是对于我们办学价值的基本自信。给学生一张宁静而温暖的书桌，给孩子一个滋润而饱满的童年。因为相信而看见，你相信，我相信，我们一起相信。

有格局。把自己的孩子当作孩子的是人，把别人的孩子也当作孩子的是神。家长把孩子送到学校来，不仅仅是让他们接受文化知识的教育，更是让他们来过积极而有意义的童年生活。每一位家长都希望自己的孩子能成为一个有点格局、有点气象的人，而我们家长的格局常常影响着孩子的格局。学校是一群孩子的集合，也是一群家长的集合。如果我们心中只有自己孩子的阴晴冷暖，又怎会培养出胸怀春夏秋冬的孩子呢？"幼吾幼以及人之幼"，这就是格局。当每一位家长心中都装着其他孩子，那他们心中装着的就是全班的孩子，同样，他们的孩子也将被全班的家长装在心里。家长的格局有了，给孩子的爱自然就多了。格局，还体现在事情上，尤其体现在一些关键、重大的事情上，面对事情能换位思考，共同面对，从长计议。家长能把事情都看成孩子成长的踏板和阶梯，在共识的基础上，与学校一起面对，形成合力。在孩子成长的大事上，家长要心中有定力，眼中有远方。

有奉献。奉献是一种精神，也是一种行动。班级的事、学校的事，都能当作分内的事，无私奉献。奉献就是利他心。家长的奉献也是对孩子的一种教育，奉献是为学校付出的一份力量，也是给孩子成长的一个模样，当每一位家长都乐意为一群孩子去奉献时，那他们就会成为一群孩子，而不只是一个孩子的家长。多做志愿者，少做旁观者，只讲奉献，不求回报，守住边界，量力而行。带着我们的"食材"，同熬一锅"石头汤"。都说好的教育是森林的样子，那就需要我们每一位家长成为一棵树，站在集体中间，这样，我们的家校工作才会郁郁葱葱，我们的孩子才能茁壮成长。

有智慧。智慧不等于知识，智慧应该是在具体问题与场景中对知识的运用与把握，用得好，就是智慧，用得不好，就是愚昧。有智慧就等于有好的想法、好的做法。在面对孩子成长过程中遇到的问题时，家长要有灵活应对的智慧；在家校沟通时，家长要有与老师交流合作的智慧；家长要不断学习、成长，成为有智慧的父母。和善而坚定、足智而多谋、开放而通达、谦逊而包容，这些都是智慧的画像，也是有智慧家长的样子。

"四有"家长，不是要求，是期待，是愿景。"四有"家长和"四有"教师，一起培养出"四有"儿童。

○ 善者因之：做有故事的校长 ●

家长志愿者

《中小学德育工作指南》中指出："要积极争取家庭、社会共同参与和支持学校德育工作，引导家长注重家庭、注重家教、注重家风，营造积极向上的良好社会氛围。"中共中央、国务院印发的《关于深化教育教学改革，全面提高义务教育质量的意见》也指出："家长要树立科学育儿观念，切实履行家庭教育职责。"

在艾瑞德，每一位学生都是美丽的不同，每一位老师都是珍贵的存在，每一位家长都是重要的链接。从开学前的"新生智慧父母课堂"到每周五各班家长面向学生的"家长课堂"，从家委会到家长志愿岗，从40亩的校园到300亩的田园，艾瑞德的家长呈现出越来越好的教育高级感。

一段时间以前，因为教育生态的窄化，社会上不少家长是抱着一种"消费者"心态进入校园的，甚至会用"挑剔"的眼光看学校。我们也发现，其实家长的"挑剔"也是出于想让孩子们更好、学校更好，只是他们的表达中多了一些"家长立场"，少了点"学校立场"和"儿童立场"。以至于得到最多"挑剔眼光"的是自己的孩子，最终削减了学生对教育的敬畏感。有人说，家长如果赢了老师、学校，很可能就输了孩子。如果输了孩子，那就没有赢家了。我们更希望家长能赢得老师，赢得学校。

近年来，艾瑞德的教育事业蓬勃发展，家长们也随着教育生态的变化，尤其是国家几个大型教育会议、教育文件重磅来袭之后，从眼睛只看学校拓展到了也检视家庭教育，越来越多的父母开始自我学习，并把"参与学校志愿者工作"当作自己功课的一部分。我们会看到，家委会成了班级、年级乃至学校的重要组成部分，班主任有了家委会，就有了推动班级积极进步的坚实臂膀。各项活动现场也出现了越来越多的家长身影，这种参与是主动、积极的，是眼中有全体孩子的，是和老师、学校站在一起的。甚至在运动会的前几天，许多家长都进入学校来帮助老师分项目指导学生。

在艾瑞德，越来越多的家长志愿岗呈现出来，家长们已经转身变为"共育人"，用自己的"校园身影"，表达了对教育的重视，让自己的孩子和班级、和学校有了更深层次的"链接"，让自己与老师、学校有了走得更近的"关系＋联系"。就比如艾瑞德第九届学生运动会，我们的开幕式专门有一个方阵，就是家长志愿者方阵。在两天的运动会当中，他们有的做安全员，有的做运动项目裁判员，尽职尽力，让今年的运动会也开成了艾瑞德建校史上最精彩、最有高级感的运动会。闭幕式上，当家长在国旗台下接受学校表彰时，孩子们、老师们爆发出了热烈的掌声。

艾瑞德的家长，呈现出教育的新一股力量，共同促进了校园里的教育生态更加健康和向上。我们期待，当孩子毕业了，我们的家长也一起从艾瑞德学校"毕业"，因为我们的《家长手册》中对家长每学期的学分也有明确要求。成长不仅仅是孩子的事，也是家长的事，更是每个人一生的事。在艾瑞德学校，亲爱的家长朋友们，让我们一起与孩子共舞，一起与成长共舞。每一位家长都是重要的链接，家长和老师在艾瑞德相遇，是一场爱与信任的邂逅。

深情的告白

今天在回来的路上，金长主任给我发来一封家长竞选学校家长委员时的演讲稿，读完令我感动。上周五的学校家长委员会竞选大会开得非常用心，也非常成功，德育处设计的邀请函和聘书非常有仪式感。

听说，这次会议都快成家长的深情告白会了，虽然当时我没有在会场，但我从二（7）班李佳迅的妈妈白静女士的演讲稿中可以感受到，家长对老师、对学校的倾心与满意历历可见。她这样"告白"道：

尊敬的校领导、老师及家长朋友们：

大家好！

在正式介绍自己之前，我一定要先大声说一声"我爱你——艾瑞德"！

我是二（7）班李佳迅同学的妈妈，我叫白静，非常感谢学校给我们提供了一个交流的机会，也很荣幸能成为家长委员会的候选人，在这里我特别要感谢二（7）班班主任黄俊老师的推荐。

孩子是家庭的希望，是祖国的未来，为了孩子美好的明天，今天我们聚集在了一起。首先请允许我代表各位家长朋友，向悉心教导和关心我们孩子成长的辛勤的老师们表示崇高的敬意和衷心的感谢!

提起艾瑞德，不夸张地说，我真的是两眼放光！最初是孩子还在上幼儿园的时候，一个朋友微信圈里的几张照片吸引了我，到后来上网查看、来校参观，更加坚定了我们送孩子来艾瑞德上学的心愿。"走自然生长教育之路，办有温度有故事学校"的理念更是深深地打动了我……

我最崇拜的就是咱们学校的明星人物——李建华校长。李校是我的偶像，他那平易近人、真诚有力的爱无时无刻不在影响着我们，他是一位德高望重、与众不同的好校长。每当来学校接孩子的时候，总会看到李校亲切的身影。他有时在操场上陪同学们一起踢球，有时在班级走廊里被撒娇的孩子们围起来，有时在学校大门口挥手微笑着送孩子们放学。最令我感动的是一次下着大雨，李校亲自撑起雨伞和其他老师一个个地把孩子们送上校车……在艾瑞德校园里，有太多太多这种不经意的温暖瞬间了，我看在眼里，温暖在心里，每每跟亲朋好友说起孩子在学校的故事，他们都羡慕得不得了，并且说也要让孩子来上咱们的艾瑞德！

"笑"是这里每个老师的招牌，任何时候，艾瑞德的老师们都是精神饱满、充满力量地带领孩子们学习。我相信在李校的领导下，在全体老师的努力下，我们的孩子一定会好好学习，天天向上！

教育是一份责任，也是一门艺术，孩子成长的每一个阶段都离不开老师的教导，也不能缺少家长的关爱。学校的教育离不开社会和家长的支持、关心和理解，今天学校为我们家长搭建了一个与老师、与学校相互交流、相互沟通的平台，让我们有机会和学校共同担负起孩子健康成长的重任，这是学校对我们的信任，同时也是我们应该承担的一份责任。作为家委会的候选人，我清楚地认识到自己即将承担的职责。如果我有幸被评选为校级委员会成员，我将尽我所能认真做好我的工作，发挥好桥梁和纽带的作用。我有做好家委会工作的信心和决心！自从孩子入学以来，我一直积极参加学校及班级组织的各项活动，全心全意履行家委会的各项职责。

其实，这是我第一次参加校级委员会的竞选，我不自信，甚至很紧张，是班主任黄俊老师的一通电话鼓励了我，她说："佳迅妈妈，不要紧张，这也是一次学习的机会，而且你也很优秀啊，你身上也有很多别人没有的闪光点。你性格开朗、热情有活力、亲和力强、办事认真细心又有人缘，班里的孩子们和家长都很喜欢你。"听完黄老师的鼓励，我开始重拾自信。作为一名普通的家长，每次我一来学校接孩子，班级里的同学们都喊着："哇！佳迅妈妈来了！"然后一拥而上跑过来抱我，我抚摸着他们的小脑袋，点点他们的小鼻子，听他们热情澎湃地给我讲一些有趣的事情，还有对我的想念……甚至还有孩子大声叫我"干妈"，大家一听都笑了，说每次看到我就会很开心。

在这里，我很感谢老师和同学们对我的喜爱，也希望能一直跟随李校的脚步，把爱表达出来。我真心希望学校领导和在座的各位家长给我一个机会，让我能把这份热情和爱传递给艾瑞德更多的人。因为一个组织团队，不光要有知识渊博、资源丰富的人，我的加入可能也会让这个家委会更丰富、更多彩呢！

不过，即使这次没有竞选成功，我也不会气馁，还会元气满满地为艾瑞德贡献自己的绵薄之力！不忘初心，不辱使命，共识而为，携手而为，努力而为，坚持而为。

波澜壮阔的新时代已经到来，生机勃发的艾瑞德正在路上，希望在学校和家长们的共同呵护下，每一个孩子都能像小树一样自由、阳光、舒展地生长！

　　每一位老师都是珍贵的存在，他们有温度、有高度、有故事、有本事。每一位学生都是美丽的不同，他们真实、可爱、情感自然流露。每一位家长都是重要的链接，我们理应全力以赴！

　　教育，既要看到人与当下，又要看到诗和远方；让我们跟孩子们一起，做眼中有光、脸上有笑、心中有爱、脚下有力的人。加油吧，亲爱的艾瑞德家人们！

二（7）班李佳迅家长：白静

　　没有无缘无故的告白，老师们日复一日的点点滴滴汇成了清清溪流，流向孩子，流向家长，流向远方。当家长和我们一起构成教育的共同体时，我们的教育就变得简单了、纯粹了。有温度有故事的教育才会有彼此深情的告白。

谢谢这束有爱的鲜花

因为下周要出差半个月，二、三年级的"校长8：30表扬电话"本周必须完成。上午几乎是在打电话中度过的，尽管讲得有点口干，但是心里是甜的。每一个电话都是故事的交流，都是温度的传递，都是家校良好关系的建构，家长感动着，我也感动着。教育 = 联系 + 关系，联系保持在平时，关系体现在用时，一年半中，一共拨打了200多个这样的电话，其影响可能不是这个数字所能言尽的，我相信这样做是对的，也就坚持了将近10年。

打电话的空隙，9：30左右，保安师傅送来了一束鲜花，花上没有留言卡片，我问是谁送的，师傅也不知道，只说好像是位家长。我有点纳闷了，似乎今天也不是什么节日。

10：09，二（5）班班主任孙超老师发来的微信揭开了谜底，原来是她班上的家长。孙超老师转来了家长发给她的信息：

> 想给李校长送束花！这个念头在我脑海中浮现不少于三次，终于在这美好的春日实现了！能让我一而再，再而三地萌生给李校长送花的念头源于我的女儿，一个脸上泛起过希望、无畏和虔诚的小丫头。"妈妈我想好好学游泳！"放学回家后，女儿掷地有声的话让我有些惊讶，能让怕水的女儿说出这样无畏的话很难得。

"好呀！宝贝儿，你可以的。可妈妈想问你，你这次怎么不怕水了呢？"女儿兴奋地说道："因为我只有好好游泳才能得到李校长亲笔签名的泳帽！"看着女儿眼睛里的憧憬，我内心给李校长点了个大大的赞！能将让我棘手的问题这么轻易地化解，这个校长值得我给他送花。周末带女儿去书店看书，女儿忽然激动地说："妈妈，你看我们李校长！"我能听出小丫头因激动而有些语无伦次的表达。还没等我反应过来，她已经从座位上站起来毕恭毕敬地向刚进书店的李校长鞠了个躬。接着，我看到李校长很郑重地给女儿回礼了。我从中看到了一个校长对孩子的尊重，也看到了女儿脸上不曾见过的虔诚。当我微笑地看着李校长时，我内心是激动的。当时我就问女儿："小美，妈妈想给你们李校长送束花，你敢送吗？"她兴奋地说好呀！

　　昨天和女儿在小区里散步，女儿兴奋地和我聊着学校的各种见闻，她一本正经地和我说："妈妈，你知道吗？宋思彤做学生校长助理了！我好羡慕她呀，她有机会和李校长坐在一起吃饭了！"我不禁有些好笑，这就是孩子，他们的想法如此单纯，能和校长一起吃顿饭都是一件幸福的事儿，我要给这个能让我女儿崇拜、喜欢、尊敬的李校长送束花！然后我就给小天儿发了个微信："用向日葵做主花儿给我包束花，我要送给艾瑞德的校长。因为他值得，一个有爱的校长就如同这向日葵！"

　　我想起来了，这位家长是二（5）班郝帧美同学的妈妈，上次在公园茂的"我在"书店确实遇见过，但都已经过去十多天了，未曾想还被家长记在心里。一个签名，一次鞠躬，一次校长助理午餐……都是我作为校长为孩子做的微不足道的小事，却被孩子们津津乐道、耿耿于怀，装饰了他们的童年梦，温润了家长的育儿心。我如此，我们可爱的老师们也是如此，在拨打"8∶30电话"与家长交流中，我获悉了许多我不曾知晓的老师爱学生的故事。今天一位家长说，艾瑞德最大的不同就是把孩子都当作"美丽的不同"，老师爱孩子，有责任心，能蹲下来和孩子说话，孩子是自由的，有安全感。

谢谢这束有爱的鲜花，室外是春天，室内也是春天，每一所学校都有自己的春天，孩子是这个春天里的主角。

家长沙龙

从 11 月 27 日开始，我们的家长沙龙诞生了，到今天已经是第五期了，满月了。之前因为时间冲突，我没有参加。今天，牛云云老师讲得非常好，王子悠然的家长主持得非常好，陈琳主任总结得非常好，招生发展中心组织得非常好。

一项工作因为量的积累一定会带来质的变化，借着让我抽奖的机会，我谈了一些想法和思考：每一位家长都是重要的链接，这是我们的家长观。我们要链接什么？因为孩子，我们要和家长链接教育孩子的共同价值追求，我们要寻找一种共识，学校作为一只手，家长作为一只手，我们一起带着孩子向前走。这是我们做家长沙龙的初心。

家长沙龙的主讲嘉宾是我们优秀的教师，教师长期习惯于面向孩子，今天来面向家长，这是一个小小的转变。当教师们把身份转化为家长的时候，似乎会发现我们和在座的家长成了一个共同体。我们同时也邀约并期待亲爱的各位家长，你们也来一个小小的转变，把身份变为教师，用正确的方法来教育孩子，我希望家长沙龙能对大家有帮助。我对家长沙龙的讲师有一个基本要求，必须要成为父母，否则，不能到这个台子上来分享。

我们在这样一个只能坐 70 人左右的地方做了五期家长沙龙，这是小的出发，我们希望通过小小的量变来引发质变。"得到"的罗振宇在疫情中做的"启发俱乐部"给我启发很大，他的"罗胖60秒"坚持了八年多，共2921天，了不起。我的"校长60秒"就是跟他学的，到今天也坚持了320天了，从2月10号开始的，很快就要满一年了。罗振宇在疫情期间做启发俱乐部时没人来，只有他公司的人，后来阿里巴巴北大区的管理层都来听，有几百人。他想要将其做成在北京的打卡地。我也有这个野心，我要把艾瑞德的家长沙龙做成郑州家长的打卡地。我们的广告词是"周六家长哪里去，郑州艾瑞德听讲座"！现在是在这个小会场，将来就在我们的大报告厅，我们现在已经在谋划了。我们决心改变教育中的"家长"变量，影响家长，改变教育，回归教育原生态。所以说每一个微小的变量，都可能在预示着一个大的可能，长期，也是从小开始的，长期主义是时间的朋友。长期主义，一定会有一个巨大的改变作为回报。

今天主讲的牛云云老师是一个三十岁左右、刚刚做母亲的老师，她的演讲一定还有不成熟的地方，但是我想用包容、发展的眼光来看她，将来她会讲得更好。所以我要感谢我们前五期的家长来参加这样的家长沙龙，我们现在正在赶制一个有编号的纪念徽章。这个徽章有用吗？我不知道，五年以后，十年以后，五十年以后，这枚徽章或许就有了点意义和价值，它在记录着某年某月某一天的温暖午后的温度与故事。所以有些事需要"物化""人化"，这个世界就是因为"人化"和"物化"的转换，所以就产生了人物。

家长沙龙是我们长期主义的体现，也是我们时间朋友的抓手和见证。我也不知道未来会做得怎样，未来会是什么样，但是我们必须从现在的样子出发，用现在的样子长成未来的样子。这一点信心我是有的，因为这来源于我们的教师、我们的家长和我们的努力。祝愿家长沙龙越来越好！

江怀元火了

今天，在师生如潮的"生日快乐"祝福中，我收到了一封家长来信——《江怀元"火"了》，这也是一份生日礼物。信是三（6）班江怀元同学送来的，写信人是江怀元的妈妈，起因是我在此前写了一篇《江怀元》的打卡。江怀元妈妈在信中这样写道：

11月26日，虽然是感恩节，但这天和往常并无更多不同，依然是紧张而忙碌的。大概下午三点半左右，我收到孩子的班主任张明老师的一条微信："昏昏欲睡"还加了一个捂脸的表情小图，我第一反应就是小江同学又在学校搞事情了……不过这也正常，不搞事情不是正常的小江。还没等我回复，张老师又发过来了一段语音："江怀元同学火了！在艾瑞德彻底火了！今天他跟李校长有了一次深度沟通，而且李校长还表扬了他！"言语间有抑制不住的激动与兴奋。虽然我还没完全明白是怎么回事，但是小江同学确实又搞事情了，并且还搞了一件大事。

当天李校长又专门以"江怀元"之名，在自己专栏写了一篇关于一位校长与小学三年级一名普通学生共进早餐的故事。孩子的每一句话每一个表情都被他详细记录了下来，尤其是对孩子内心世界的发掘与捕捉。看完这篇文章，我数度落泪……一个普普

○ 善者因之：做有故事的校长 ●

通通的小学生能被一个在校师生数千名的学校校长关注到，并且还专门为他写了文章，这是该有多幸运！

文中说"教育的美丽，是因为我们遇见的每一个孩子都是美丽的不同"。是的，江怀元就是那个"最美丽的不同"，从一年级入学以来就各种不同：不是在课堂捣乱，就是影响同学，学科老师、同学以及同学家长，我几乎被动地得罪光了……尤其进入三年级以来，"三年级现象"在他身上体现得淋漓尽致：听课不专心、作业拖沓、学习一落千丈，除此之外，还与老师对着干，与同学也不能很好相处。

每次在他捅娄子后班主任张老师总是默默地在后面替他"擦屁股"，但无论如何还坚信他是一个单纯善良的孩子，想尽一切办法来改变他，其他学科老师也是以"珍贵的存在"之心来耐心地教育着、包容着孩子，这不正是李校长以身作则、言传身教的最真实的体现吗？！

文中李校长还说"江怀元同学只是一个三年级的学生，他又何尝不是我们的小老师？他给我上了生动的一课"。不不不，李校长，我想说的是，您可知道这一顿简单的早餐给江怀元带来了多大的影响和改变？因为您的鼓励，加上张老师在班里"推波助澜"，他内心变得明朗，课堂上坐得端正，发言积极，一改往夕老师同学对他的印象，作业虽然写得慢但坚持要写好。周五晚上我回到家，孩子抱着我哭了起来，我想一定是因为您赋予他的力量，让他自己也感受到前所未有的不同。

您可知道这一篇故事带给作为家长的我有多大影响吗？这篇文章我看了又看，每看一次感动一次，每看一次体会更深，孩子那么多的闪光点，居然是李校长发掘的。我是不是更应该从多个角度去看待孩子，接纳孩子的不完美，把期望简单化？

江怀元"火"了，由火生光，燃出希望。就像艾瑞德、李校长以及张老师，你们温暖的付出、永恒的亮光指引着孩子们向着爱与光的方向坚定前行，肆意奔跑。

　　家长来信，也如火般地温暖了我，我们都以小微之举做温暖人心的教育，"办有温度有故事学校"，需要家长、老师和校长一起都能够"有温度"，这样，教育的故事才会源源不断、动人心魄。

一面锦旗

　　一早，孙董约好和卫利园长碰头，借着孙董未到的空隙，我到六年级转转，被六（5）班班主任毛兵老师截住。她让我第一节课下课后再上来一下，六年级级部主任陈琳也在旁边"附和"着，我没多想就答应了。下楼后一想，觉得好像不对劲，又折了回去问毛兵老师何事，她不说，陈琳主任也抿嘴笑而不语。

　　"如果是要送什么锦旗之类的，一定不可以！"我预感到她们有事瞒着我，我给她们"打个预防针"。我不太赞成家长给学校送锦旗，因为我们所做的一切都是一个教育人的本分和天职，不需要任何感激。

　　"李校长，家长有这样的心意，我们也挡不住。"毛兵老师感觉被我"揭穿"了，只好如实相告，"一位学生的奶奶腿脚不好，但非要坚持送一面锦旗给您。因为她也接到过您的校长 8：30 表扬电话。"看到毛兵老师似乎很为难，我也就不再坚持，姑且就做一次"教具"吧，我不想让我的老师们受委屈，哪怕我委屈自己。

　　我十分能够理解六年级的毛兵老师和陈琳主任，辛辛苦苦拉扯这些学生六年，其间一定有许多倾情的付出和让家长难以忘怀的故事。作为家长，在孩子毕业之际对教师的感激难以言表，就会想通过他们最质朴的方式来表达，送个锦旗、写个感谢信什么的。听说了这个消息，我为老师高兴、骄傲，"临近毕业的锦旗，写的不是称赞，而是对老师几年如一日付出的回应"（陈琳老师语）。

孩子的奶奶我曾见过，腿脚不太好，有一次我打表扬电话时，孩子的奶奶在电话那头哽咽了，因为家庭的特殊原因，说六（5）班所有老师都对孩子有着非同寻常的关爱，尤其是毛兵老师更是接住了这个家庭的忧伤，对孩子而言，艾瑞德老师是老师还是亲人的边界已经模糊了。

我感谢我的老师们，是他们默默无闻的付出才让孩子"被爱"，才让家长动情。学校像毛兵这样的老师不止一个，而是一大批。没有这些老师，我们的学校不可能呈现出今天的模样。

下课后，我和孙董在谈事，办公室的门被推开了，毛兵老师和陈琳主任把孙董和我半拉半拽出去了，说只占用我们两分钟时间。我看见六（5）班师生聚集在二楼，热烈的掌声响起来了，孩子和奶奶给我递上了锦旗，并连声说谢谢。我连忙接过锦旗，对孩子奶奶鞠躬致谢。

"那一刻，二楼广场的感动在蔓延，那已经不是一面锦旗，而是沉甸甸的心意。你驮我离开一场生活的风雪，你及时出手阻止了梦的断裂，这面锦旗，写出了说不出的感激，且化作一面旗，让感激留在这里吧。"（摘自陈琳老师公众号）我感激老师、感激学生、感激家长，是我们彼此用爱在传递着教育的温度，书写着家校的故事。

锦旗是"重要的链接"，是"爱与被爱"，是"关系＋联系"。透过家长的谢意，我看到了老师们六年如一日对学生的爱意。锦旗的背后是"让教育被慈善以怀，让师生被温柔以待"的价值坚守。我不期待锦旗，但我期待爱意，更期待价值的坚守。

独特的优秀

　　上午升旗仪式后，收到了一（7）班张泽华的家长在刚刚参加完孩子"瑞德少年"颁奖仪式后发来的微信，"感叹艾瑞德的独特优秀，感谢老师们的敬业负责"！

　　我想，这应该是荣获"瑞德少年"称号的孩子的父亲在参加完颁奖仪式后内心最真实、最感性的表达吧。"独特优秀"，这从家长心中发出的赞赏，对接着我们的内心。我也常常在想，艾瑞德不敢说、也从未说自己是最优秀的学校，但是我们要做最独特、最不同的教育。这样的独特体现在"走自然生长教育之路，办有温度有故事学校""干净、有序、读书""每一位教师都是珍贵的存在，每一个学生都是美丽的不同""让教育被慈善以怀，让师生被温柔以待"等学校文化上。而且，老师们将这样的文化深深地根植于日常的教育教学行为中，师生的行为就是学校文化最直观的表现，就是教育质量最有力的表达。因为这样的"独特"，我们才被家长看见、认可、选择和传播。

　　同样在今天一早，二（5）班韩老师转来了一封家长来信，写信人是二（5）班刘成第同学的妈妈，她在信中这样写道：

　　　　我的儿子刘成第，是艾瑞德二（5）班的一名插班生，转入艾瑞德学校已经一学期了，这一学期对我和他爸爸来说感触是很深的，孩子的收获也是满满的，他不仅学习上有进步，而且也比以前懂事多了。今年春节带他去姥姥家，中午吃饭时人多凳子不够，当我最后一个走到桌子旁边时，儿子说："妈妈，你坐凳子。"我说妈妈蹲着就可以，可孩子态度十分坚决地说："妈妈你坐，我站着吃。"我明显感到孩子的一颗真心，同一桌中有高中生、初中生，还有比儿子大的小学生，那一刻我的心情无法形容……

当我说累的时候刘成第会主动给我捶背，当我感冒去接他回家时，他知道我身体不舒服后会立刻帮我拿包。学校的李校长和孩子发生了那么多故事，他会去关心孩子成长中的一点一滴。有一次孩子病好后我送他去上学，一大早刚到教学楼的一楼，刘成第一看到李校长，就非常高兴地告诉我说："妈妈快看，是李校长！"还没等我反应过来，刘成第已经冲上去和李校长打招呼了，他说要告诉李校长自己的病好了，不让李校长担心。他在日记中还感谢李校长对他的关心。还有一次在家长讲堂上，孩子得到了一包糖，刘成第说他要把最大的留给李校长……此外，还挑了小一点的留给姐姐和班主任孙超老师。

有一次，孩子突然告诉我："妈妈，我想做孙老师的儿子。"听到这句话我首先感到诧异，等自己缓过神来才明白孩子是多么爱自己的班主任呀。短短几个月，孙老师要对孩子付出多少才能换来孩子这句话？每个周末回家孩子都会念叨孙老师怎样怎样，孙老师怎么怎么说，教会我们什么……

一天早上送孩子上学时，在食堂遇到教英语的韩老师，她说："成第妈妈咱们聊聊吧！"我们聊了很多，从那次后孩子在英语学习上有所进步。一次，一道题特别难，孩子居然会做了，韩老师就非常激动地亲了孩子六七下，那一刻我的心里又是说不出的感觉，激动、感激、幸福……我对刘成第说："韩老师也不嫌你脸脏？"刘成第说："谁说的，我的脸洗得可干净了！"说完我们都开心地笑了。后来，刘成第问我："妈妈，你说我们韩老师美不美？"我知道孩子的意思，他是想夸韩老师但不好意思直接说出来。

教数学的张老师，把李校长奖励给孩子的石榴，一个一个剥给他吃，两人在一起的那个画面是那么真实，那么美……

艾瑞德，到处都是爱，我深刻体会到"办有温度有故事学校"的用心，孩子刚转入学校时成绩跟不上，三位老师抽空给孩子补课，孩子对我说，"妈妈，我今天又补课到了几点几点"。我告诉孩子一定要好好学习，要对得起老师，"这要是在外边，妈妈是要给老师付学费的，这可是老师利用自己的业余时间给你补课"。孩子期末考试，三科成绩都有进步，我看到孩子的进步和努力，也看到了老师的付出。有一次孩子问我："妈妈，你知道我心中谁是第一吗？"我问："谁呀？"他说："妈妈第一，孙老师、张老师、韩老师第二，爸爸第三，姐姐第四。"我问："那李校长呢？"成第说："0。"我说："0是在1的前边还是在4的后边？"成第毫不犹豫地说："当然是在1的前边了。"感谢李校长及各位老师的爱，这份爱就是父母对孩子的爱，相信在小学剩余的四年半时间里，这份爱会陪伴孩子茁壮成长。正如孩子爸爸所说："在艾瑞德当一位校长、一位班主任、一位老师不易，因为他们对每一位孩子付出的都是真爱。"

这些就是我们的"独特优秀"。我们就是要让每一个孩子看得见分数，想得起童年，记得起恩师，忆得起母校。在校时，留下的是热爱；离开后，留下的是眷念。

忐　忑

上午 9：40，招生办王老师转来一封家长来信，我忙得没来得及看。下午，她来办公室签字，又叮嘱我看一下。于是我打开了信，这是下学期想来我校入学的一年级学生的父母写来的，题目是《择校之路——爱的教育》，除了孩子和其父母姓名被我隐去外，其他都是原文：

> 尊敬的李校长：
>
> 　　您好！
>
> 　　本周我们的儿子就要进行一年级入学测试了，为什么写信呢？我们是想表达自己的心声和择校之路的感悟总结。我们做父母的不是高学历，文采也一般，只是普普通通的家长，但是在择校过程中确实花了不少心思。从思考到行动，到目前首选艾瑞德国际学校，我们用了将近两年时间。我们找相关教育专家咨询，请教有教育经验的家长，我们到几个学校门口请教、咨询对比（每个学校请教不下十位家长），我们整整行动了两年。我们关注艾瑞德公众号一年多了，大概有 7 篇文章留言被通过。
>
> 　　在择校过程中，我们关注的学校有五六所，除了艾瑞德国际学校，我们在其他学校附近都有房子。

有句话是这么说的，没有调查就没有发言权。我们自2018年3月开始，分别来到艾瑞德学校8次（2018年3月、5月、8月、9月11日、9月12日，2019年3月8日、3月10日、3月20日），通过我们对学校及周边的了解，我们得出的结论是：艾瑞德国际学校是一所有温度、有爱的学校！

学校人文环境：学校内部的建筑错落有致，干净有序。学校是2011年创办的，从时间上来说不算悠久，但是正值阳光奋进的阶段。我们的老师和蔼可亲，谦卑有礼，细心有爱，和学生家长都很聊得来，有的还给我们留了联系方式。

学校食堂：通过参观、咨询以及看公众号里的食谱，我们对学校的饮食非常认可，觉得真正实现了干净、丰富、有营养，真正做到让孩子们吃得开心，家长放心。

学生成绩：作为家长来说，这也是非常值得肯定的，2018年小升初的成绩让学校师生和家长们备受鼓舞。

与时俱进：这个方面我要多说点，郑州艾瑞德国际学校目前在我印象当中是与时俱进的，这个印象太深刻了，李建华校长和老师们的一举一动，每周都在创新且是有意义的。我关注艾瑞德公众号也有一年半之久了，每周一到周五看艾瑞德公众号内容已经变成自己必不可少的"晚饭"了。通过公众号了解到我们优秀的学生、积极的团队，与时俱进和爱无处不在。我和身边的朋友都说：如果建华校长是在经营一家公司的话，我相信这个公司也是最棒的。我自己这些年一直在开几个小公司和连锁店，有时也学习艾瑞德的公众号内容。比如说有一期是《年终述职，领导也要期末考》的文章，通过学习，我们也要求公司管理层每个季度也要有一次述职报告，反过来想想，如果家长或者家庭在每个季度也做一次述职报告，效果会不错。

今年9月学校将迎来一批新一年级的孩子，作为一名普普通通的家长，我们希望寻找一个适合孩子的、有爱的学校，我们认可贵校干净、有序、读书的校风。虽然我们的孩子不是最优秀的，在父母心中却是最好的。他自信、活泼、阳光、乐观、善良、有爱，希望他能成为艾瑞德这个有爱的团体中的一员。德国作家伊曼努尔·康德曾经说过，世界上最高级的智慧只有两个，一是管理智慧，二是爱的智慧。管理别人与被他人管理，爱别人与被别人爱是需要大智慧的。我们相信爱是最好的教育智慧，让孩子自然成长，呈现出独一无二的精彩。

如果孩子最后通过测试，我相信我们的选择是无悔的，也相信在"走自然生长教育之路，办有温度有故事学校"的办学理念的指引下，孩子定是有快乐的六年，努力的六年，精彩的六年！

读完家长的来信，我心里久久不能平静。可怜天下父母心，为了孩子能上一所心仪的学校，如此用心，也是如此忐忑。其实，我的内心多少也有点忐忑，我们有家长说得这么好吗？我们能完全匹配家长的期待吗？外界的赞誉，让我们很自豪，也要让我们更清醒，我们需要更笃定，需要内观我们可能存在的问题。外界的"叫好"和内在的"清醒"要达成一种动态的平衡，处高念下，居安思危。我感谢家长对学校的认可，更感受到肩上的担子沉甸甸的，每一个孩子都是家庭的全部，容不得我们有半点懈怠。

我把这封信分享到老师群里，我想与我的老师们一起来托起每一个家庭的希望，老师们纷纷响应。

陈琳老师说："也许我们自己都不知道，我们所工作的地方，是他人心心念念想来的地方。读了这封信，你我都会感动，感恩我们能有这么好的'他人眼里的形象'，大家珍惜，并为之努力。这是一个冷静的观察者，一年来学校八次，关注学校六所，偏偏对我们情有独钟，我想，一定是某种东西打动了这个家庭。看到这份沉甸甸的托付，我感觉到，精进手里现在的工作，就是对未来的祝贺。现在努力，才能更好欢迎孩子的到来。努力做到让自己的进步，跟得上学校的优秀速度。"

龚涛老师说："家长的谦卑是对学校的尊敬，对艾瑞德人的尊重！'艾家军'应不遗余力，携手前行，众志成城，推动学校发展，也推动自己提升，加油！"

牛云云老师说："这封信情真意切！孩子能有这样的家长是多么幸运的一件事！可怜天下父母心，家长为孩子择校操碎了心，最终选择把孩子交到我们的手中，这是一份信任和沉甸甸的责任！同时也证明了我们艾瑞德的实力。我们要不忘初心，不忘进步！"

黄冬燕老师说："父母之爱子，则为之计深远。从孩子出生到为孩子择校，做家长的总是希望把最好的给孩子。我觉得，最好的不是外在的条件，而是艾瑞德国际学校的人文关怀，关爱每一个孩子。上一次和李校长一块儿去听语文课，李校长兴奋地告诉我们，这个班一个孩子的理想是当军长，了不起！我听后特别感动，试想我们小学部有 1400 多名学生，李校长不仅能准确认出不少孩子，还知道孩子的理想是什么，李校长真的把根扎在了孩子中间。艾瑞德有这样的校长，有这么一群爱着孩子的老师，当然会成为家长们的首选！"

刘磊老师说："家长的观察是细致的，也说明了我们的工作是细致的。能得到家长的认可，对老师，对学校是多么重要！我们会更有动力，做好每一件小事，加油。"

毛兵老师说："读完家长的这封信，一股自豪感涌进心田，为艾瑞德自豪，为自己是艾瑞德人自豪，家长字里行间处处都在表达着对艾瑞德的肯定，择校对每个家庭来说都很重要，因为每个孩子都是家庭的整个世界，家长愿意把自己的整个世界交给我们，这就是对我们、对艾瑞德最大的认可，我们也会更加努力，让我们的优秀跟上学校的好！"

陈娇娇老师说："这位家长用八次到访见证了艾瑞德人的付出都是值得的。从六所学校中胜出也说明了艾瑞德的口碑。归根结底一句话：事实胜于雄辩！"

......

忐忑，源于不安，更源于信任；忐忑，源于紧张，更源于责任。信任为责任赋能，责任为信任加分。祈愿每一个孩子在学校都能被善待，祈愿每一个家庭都能如愿为孩子择校。

满满的幸福

我 来 搬

记录者：翁老师

    会客厅要增设一面乐高墙，上周乐高墙的零件都寄到学校了，装满了好几个大箱子。两位女老师一起去学校门口搬箱子。

    那一天下着小雨，由于箱子比较重，一位女老师是搬不动的，于是两位老师决定不再打伞，直接先将箱子搬回去。这时，保安队长刘再安师傅看到了，主动来问："你们是否需要帮忙？"

    两位老师连忙摇头，说："不用啦，您忙吧，我们两个可以的！"

    刘师傅继续站在那里没有动，说："下着雨呢，你们两位女老师穿着高跟鞋，不方便，我来搬吧！"正当两位老师还在谢绝时，刘师傅已经把箱子扛到了肩膀上，并快步走到前面，将乐高零件搬进了会客厅。

    学校是孩子们的家，也是老师们的家，温度与故事让全体师生在校园里充满安全感。

幸　福

记录者：杨泞汐

说到幸福，既通俗又陌生。陌生到我们讲不出它是什么，摸不到它在哪里。

前几天接待一组幼儿园的家长，我和往常一样带着家长和学生参观校园、讲解学校的基本情况，不过这组家庭不同的是，每当我讲到一个地方时，家长都会再给孩子重复一遍。

当说到这里是我们的图书馆时，孩子的妈妈说："以后来这里上学，你就可以在这里看书了，这里面的书比我们家的书多太多了，一定有许多你特别喜欢的书。"

当我们来到幼儿园说到我们的恐龙主题课程时，爸爸说："等你来这儿上学的时候可以把你的恐龙带到学校和同学分享，你看这么多同学都有恐龙玩具呢！"孩子急切地说："还有我的恐龙睡衣、恐龙发卡，我都要带来。"

当我说到园长助理时，孩子爸爸笑着说："就像我们在家你当小班长的时候一样，不过到学校之后你要做得更好才可以！"孩子哈哈大笑。

每每说到一个地方，爸爸妈妈都会想象他的孩子来这里上学的场景，并且一一和孩子分享。整个参观过程，父母的关注点一直都在设想孩子以后在这里的一切。父母慈爱的眼神里都是对孩子的期待。

参观结束，目送这组家庭离校，三个人的背影让我想到了一个词——幸福。

一个幸福的家庭让每个人都可以从中获得慰藉，让妈妈获得宠爱，让爸爸获得尊重，让孩子获得接纳。在这个尊重、宠爱、理解都可以相互给予的家庭里，孩子的眼中是有光的，我想这也是艾瑞德为什么要培养眼中有光的孩子，因为幸福的孩子眼中才有光，幸福的童年才能慰藉一生。艾

○　善者因之：做有故事的校长　●

瑞德，给孩子一阵子的童年、一辈子的童心。

成为这样的孩子

记录者：赵思园

周四临近午餐时，我们接到一通电话，一位孩子的外婆来给外孙女考察学校。约定时间后，孩子的外婆如约到达学校。我去校门口接外婆进来，第一眼看到这位外婆的时候觉得她真有气质。卷曲的头发打理得一丝不苟，中长的褂衫和阔腿裤熨烫得板板正正，面部虽有细纹，但是精致得体的妆容给她增添了几分岁月留下的韵味。内心不由得觉得这位外婆在她风华正茂的时候一定是位大家闺秀。

在和外婆的沟通中了解到，孩子的祖籍在上海，由于父母工作调动来到了郑州。外婆很早就从微信公众号上了解了学校，她关注学校已经近半年的时间了。她说学校"走自然生长教育之路，办有温度有故事学校"的核心理念吸引了他们的家庭。

在外婆了解学校的过程中发生了一个小插曲。

有个孩子敲门后，进到会客厅，他进来后，先到我身边问好，然后告诉我说他今天忘了带水杯，想找我拿一个一次性水杯喝水。我起身给孩子拿了个水杯，他道谢后离开。

其实这是再平常不过的事情了，可就是这样一个很平常的小插曲引起了外婆的兴趣。因为孩子和我的对话很亲切，似乎平时非常熟悉，于是她问我是孩子的"直接"老师吗？我说不是，我和孩子并不熟悉，孩子知道我，是因为我带着工作牌。

这时，孩子的外婆告诉我，她的外孙女是一个比较内向的女孩，平常不喜欢主动沟通，这点让家长很头疼，在她了解到我是心理专业的老师后，我们又聊了一些家庭教养方式的问题，我也给她提出一些建议。

○ 家长篇 ●

她听后希望自己的外孙女也可以像刚刚来拿水杯的那个孩子一样，能遇到满足孩子内心需求的老师。

外婆参观学校的时候，看到学校的孩子们见到老师都会主动问好，她说希望自己的孩子也能来我们学校，希望这种校风能够让孩子变得更好，成为拥有艾瑞德气质的孩子。

刚好我需要，恰恰你就在。艾瑞德的气质、教师的品质、学生的素质，吸引着同样优秀的家长。

"中国温暖校长"奖杯

　　寒假刚开始，总会想起学校的一些事。今天打开手机，看到了二（4）班赵柏翰给我录的一段小视频，是他的班主任李丹阳老师转发给我的，他在视频中说自己和妈妈有事回家了，不能参加今天给我颁发奖杯的活动了，他提前祝我新年快乐，并向我鞠躬致敬。我也给赵柏翰同学回复了一个祝福的小视频。

　　赵柏翰说的"今天"是指1月25日。

　　这是临近放假的日子，一早到学校，大家都在为下午的团拜会忙碌着，我也在准备相关的讲话和节目。8：30左右，二年级的年级主任——二（4）班的班主任李丹阳老师给我发来微信，说待会儿他们班学生、家长要到我办公室来，要给我一个惊喜，我有点纳闷了。9：30，丹阳主任带着班上的5位学生与5位家长，还有语文老师赵亚琼，十分庄重地走进了我的办公室，走在前面的是王宥涵和张绍洋两位同学，一个手里捧着一个盒子，一个手里托着一个红红的中国结，几位同学不像平时那样叽叽喳喳、蹦蹦跳跳的，很是庄重，几位家长尽管面带微笑，但也很郑重。五位同学我基本认识，有的得过"瑞德少年"奖章，有的是"校长助理"。

　　丹阳老师等他们站定后，俨然成了一个主持人。她说："敬爱的李校长，您托起孩子们的梦想，您也关注着老师的成长，感谢您一年多来对我们二（4）班四叶草中队每一个孩子、每一位老师倾注的爱与关怀。我们很小，我们只是一个班级，只能给您颁一个小小的奖杯。我们也很大，因为这座小小的奖杯是来自四叶草中队4位老师、33名孩子以及更多的学生家长心里最炙热最真诚的尊敬与感谢。在这里我们郑重地为您颁奖，我代表艾瑞德国际学校四叶草班级的全体家人，授予李建华先生'中国温暖校长奖'，有请四叶草中队优秀学生、家长代表为李校长颁奖！"

"中国温暖校长奖"，我的天哪！原来是给我颁奖的！在短暂的意外与惊喜后，我十分郑重地从王宥涵同学手中接过奖杯，张绍洋同学把印有"福"字的中国结递给了我，并祝我新年快乐。

捧着精致而沉甸甸的奖杯，我也十分认真地发表了简短的讲话："我十分感谢二（4）班师生与家长的有心与用心，生平也曾被颁过不少奖，但是学生给我颁奖还是第一次，我非常高兴，也非常珍惜你们给我的荣誉。关心大家，办好学校，是校长应该做的事，我会一直努力，力争做师生和家长心中的温暖校长。十分感谢大家！"我鞠躬致谢，并给5位同学赠送书。

参加颁奖的是范育菡和她的妈妈、师钰涵和她的妈妈、王宥涵和他的爸爸、张绍洋和他的妈妈、陈怡月和她的妈妈、赵亚琼老师、李丹阳老师。赵柏翰同学因为家里有事，不能前来，只能发来视频祝贺，录视频时赵柏翰激动得哭了。

冰冷的教育只会教出冰冷的学生，温暖的教育定会培养出温暖的孩子，让教育被慈善以怀，让师生被温柔以待，用爱滋养孩子饱满而滋润的童年，这事关人的一辈子，这也是我们对"走自然生长教育之路，办有温度有故事学校"核心价值观的坚守。

活动篇

生命在于运动，成长在于活动。

这里，是一所学校。一所可以安放宁静书桌，编织金色童年的学校；一所带儿童弯下腰滴下汗，耕种"一亩田"的学校；一所领儿童观日月星辰，采摘瓜果桃李的学校；一所布置体育家庭作业，践行光盘行动的学校；一所陪着儿童行走世界，去看诗和远方的学校。顾明远先生说，没有爱就没有教育，没有兴趣就没有学习，教书育人在细微处，学生成长在活动中。用活动铺展教育，就是以花的念想来培土、以孩子的念想来教书。在一个个鲜活的活动中，温度爬满了教育枝头，故事别上了童年衣襟。活动，让学生个性飞扬、老师精神昂扬、校园活力激扬。

童话与诗意

　　孩子是天使，应该生活在童话里，应该沐浴在诗意中。童年得到的爱，就是长大后的光。

　　今天，幼儿园举办第三届童话故事节。对于幼儿园的孩子们来说，童话故事节是一年中最值得期待的节日之一。活动前一周，班级漂流的小黄书包里就装上了与本次主题有关的故事书，通过一周的预热，孩子们对故事内容已经相当熟悉了。今天，所有的孩子、老师、家长都会装扮成故事中的角色，校园则被布置成一个个童话场景……

　　今年童话故事节以"梦幻成真，玩酷童年"为主题，通过前期老师在班级做的调查，选出了10个孩子们最喜欢的动漫形象，并据此在校园里打造了"冰雪奇缘""恐龙历险记""葫芦娃""米奇妙妙屋""公主乐园""蜘蛛侠之英雄归来""黑猫警长""佩奇乐园""小美人鱼历险记"和"家庭剧场"共10个场景，每个场景里都以游戏的形式还原了童话故事中最经典的桥段。比如"佩奇乐园"里，孩子们可以穿上胶鞋模仿小猪佩奇玩她最爱的游戏——跳泥坑；在"英雄归来"的场景中，孩子们可以模仿蜘蛛侠做出他经典的动作——吐丝，甩出手中的"丝线"，粘掉"气球怪"……

　　此时的校园都会因为故事的流淌而变得温润，也会因为童话的注入而变得梦幻。你一转身，或许就能看到一个举着手枪行侠仗义的"小黑猫警长"，或者会看到一个手持魔法棒仙气十足的"艾莎公主"。据统计，本次童话故事节中，孩子们扮演角色数量的前 5 名分别是艾莎公主 67 人，蜘蛛侠 53 人，葫芦娃 19 人，黑猫警长 9 人，汪汪队员 9 人。

正如一位家长说的："对孩子来说，他们在幼儿园的每一天里都充满了惊喜和期待，这里的每一位老师都像孩子生命中的天使，在孩子们的童年里筑起童话的城堡，那里住着美丽的公主和善良的王子，还有一群热爱生活并且勤劳的人……"

让孩子们的童年因为"有意思"而变得"有意义"，让孩子们的心灵因故事的浸润而变得真诚、美好和善良，这大概就是我们举办童话故事节的初衷，也是我们践行"读书"校风的一种方式吧。

下午受金陵中学河西分校朱焱校长之邀，我赶回南京到河西分校参加南京市语言工作委员会举办的"我为祖国读首诗——诗意金陵中华经典诵读校园展演"活动。短短的一个小时，浸润在由主持人与师生诵读的 24 篇诗歌美文的经典之中，我有好几次被深深打动。当看到河西分校小学部孩子表演的节目时，我的内心更是别样激动，为他们喝彩。传统文化的经典诵读需要在校园中弘扬，需要在学生心中扎根。诗意金陵，诗意校园，诗意国度，诗意儿童，诗意教育，诗意教师……

诗意的别名是自由、浪漫、宽容，带着诗意，一切的意义就在其中。童年是人一生的底色，让童话和诗意点缀出绚烂的色彩。儿童的节日，滋润童心，丰满童年。我期待每一个梦想都值得灌溉，每一种色彩都应该盛开，每一个孩子都应该被宠爱，这才是我们最好的未来。

走进田园

    当二到六年级的"一亩地"已经有种子在做着梦、发着芽、透出嫩绿时，一年级的田园课程"种植日"启动。今天一大早，一年级的孩子们穿着七彩班服，带着小铲子、小桶等工具来到学校，家长志愿者们也准时在学校大门口集合。我跟着227位一年级的小朋友和40名家长代表一起走进我们300亩的田园校区。

    农场即育场，过程即课程，田地即天地。我们秉持"走自然生长教育之路，办有温度有故事学校"的核心理念，不把课堂局限在教室里，不把学习停留在书本中，将儿童的生命生长融在大自然的春夏秋冬、鸟语花香、日月星辰、山川河流中。"一亩地"、一群儿童、一段时光，滴下了汗水，播下了种子，也种下了梦想。

    因此，"种植日"活动不是简单的体力劳动，不是一项德育活动，而是有体系、可操作、结合动手与学习为一体的体验课程，孩子在其中体验自然农耕的过程，增加对自然生命生长的了解，促进人与自然的和谐发展，将课本知识与诗画田园深度结合，在体验中感悟，在感悟中自然生长。

    农耕种植日活动仪式在活力四射的音乐声中拉开了序幕，孩子们有感情地朗诵《田园赋》和《悯农》。接着，刘浩然校助在现场送给孩子们六件礼物：柿子、红薯、核桃、大丝瓜、小丝瓜、小黄瓜，让孩子们观察、触摸、体验、感受。这些农产品都是艾瑞德国际学校师生们亲自动手种植出来的，希望今天一年级的孩子们也亲自动手，低头劳动，流下汗水，收获成长。

仪式结束后，孩子和家长们在老师的带领下有序地找到自己班级的一亩田，开始种植油菜。为了让孩子们体验劳动生活，体悟自然生长，学校每个班级都分有自己的一亩田，供孩子、家长和老师一起播种、观察、记录、收获。今天种植完成以后，每到周末，孩子们都会在家长的陪伴下来到一亩田劳作，拔草、施肥、浇水，感受植物在阳光雨露和自己的照料下茁壮成长。田地里，热心的家长们对种植工作驾轻就熟，自觉地开始分工。满脸稚气的孩子们也变身小"农夫"，他们在老师和家长的带领下亲身体验劳动生活，有的学习如何打线，有的学习如何划沟，有的学习如何施肥，有的学习如何播种，有的学习如何埋土……一个个忙得不亦乐乎。

当今的教育，儿童最缺的就是劳动。四体不勤，五谷不分，孩子脱离了劳动，教育远离了生活。我们只想尽我们所能，补上难得的一课，大自然就是最好的老师，田园课程是艾瑞德坚守的课程，将贯穿孩子的小学生涯。

亲子携手，播下一颗种；师生相伴，栽下一棵苗。这边的孩子努力推着车，紧盯着脚下，整齐地播种；那边的孩子亦不觉疲惫，高声呐喊"加油！加油"。经历和体验了"锄禾日当午，汗滴禾下土"的艰辛，才会升腾起"谁知盘中餐，粒粒皆辛苦"的情愫。

在艾瑞德，农场就是课堂，种地也是作业，学生、老师、家长亲近自然，亲身体验，亲自动手，亲子互动，共同演绎田园课程的美丽画卷。一年级的孩子们说："我以前不知道麦子是什么样子的，也不知道怎么种，现在，我都知道了，太有意思了！"

种植活动结束后，家长和孩子有序地参观了 300 亩农场。穿越"魔法森林"去拔花生，他们双手使劲抓住花生茎，用力向外一拉，花生果跳出

○ 善者因之：做有故事的校长 ●

来，周围的泥土也跟着溅出来了。虽然满手都是泥土，鞋脏了，小脸也花了，但是收获的喜悦在他们脸上绽放着。

南京的朋友评价说："脚踩着土地，食人间烟火，普及生活常识，积累生命轨迹中点点滴滴美好的记忆！为这样的教育、这样的坚持点赞。"家长感慨道："教育如同耕种，从播种到收获，需要我们用爱心和耐心浇灌、呵护。我们期盼着孩子能够在这样舒心的环境中健康快乐，自然生长。"

自然生长是春夏秋冬的生长，是百花齐放的生长，是开放包容的生长。"一亩田"就是一本新书，泛着芳香；一颗种子就是一个希望，绽开翅膀。

鲜艳的红领巾

"我们是共产主义接班人，继承革命先辈的光荣传统，爱祖国，爱人民，鲜艳的红领巾飘扬在前胸。不怕困难，不怕敌人，顽强学习，坚决斗争，向着胜利，勇敢前进，向着胜利，勇敢前进，前进！向着胜利，勇敢前进，我们是共产主义接班人。"一早的操场歌声嘹亮，广播中飘出了《中国少年先锋队队歌》。记忆中，除了国歌外，我对这首歌再熟悉不过了，它伴随着一代代人成长，我也是听着这首歌长大的。

今天，又有一批"接班人"即将入队。沉寂了几个月的操场今天第一次迎来了如此隆重的活动——一年级 86 名同学首批入队仪式，我能看出他们激动的内心。满满的荣誉感和庄重感写在他们的脸上，他们突然之间变得不一样了。根据要求，今年一年级入队要在不同时间分三批进行，难怪前几天有一年级同学找我说想这次戴上红领巾。首批入队的同学曾为学生校长助理、瑞德少年、班级干部等。

入队仪式是成长的一个重要标志，是人生进步的起点。在这个光荣的组织里，他们时刻以一个优秀少先队员的标准严格要求自己。从每一件小事做起，在家做一个好孩子，在学校做一个好学生，在社会上做一个好少年。佩戴上鲜艳的红领巾，成为少先队员，除了喜悦之外，更多了一份责任，要发挥自己的优势，帮助更多的人。还没有入队的同学，也不要心急，朝着进步的方面持续努力。

　　一（7）中队辅导员李瑞老师在致辞时说："亲爱的同学们，红领巾是使命，更是信仰。此时此刻老师想到了我们的语文课本中'小英雄王二小''司马光砸缸''鸡毛信'三个故事，相信很多同学也听过这三个故事。如果有同学问李老师，红领巾是什么？李老师想说，红领巾是小英雄王二小的舍己为人，红领巾是司马光的沉着勇敢，红领巾是鸡毛信海娃的不畏困难。亲爱的同学们，红领巾是骄傲，更是行动。在我们校园中，红领巾是背在自己肩膀上的书包，是就餐时的光盘行动，是校园里看到地面有垃圾时弯腰捡起的身影。亲爱的同学们，红领巾是荣誉，更是责任。在家庭中，红领巾是为爸爸妈妈下班时倒的一杯水，为爷爷奶奶捶的一次背，是周末自己亲手做的一道菜……"

　　少年强则国强，每个少先队员都是珍贵的存在，我期待首批入队的队员更好、更强。

让城市在爱中醒来

今晨，在重庆这座美丽的城市醒来。重庆，是我非常喜欢的一座城市，走在其中，能深深触摸到人间烟火的味道，如咕嘟咕嘟冒着泡的火锅。这一个月的时间里，我要三见重庆，原因是我们的"四园联动"劳动教育的探索以及一群先行醒来的教育人对劳动教育的践行。

重庆人民小学是很早醒来的学校，这里的劳动教育有历史可以溯源，兼具新时代劳动教育之特色。今天，首届中国大中小学劳动教育峰会在这里召开，中国劳动关系学院、中小学管理杂志社和重庆市政府对这个峰会非常重视。大学、教育主流刊物和政府力量会聚在一所小学，共话劳动教育，共创美好未来，这让我眺望到劳动教育的美丽。

中小学管理杂志社总编孙金鑫博士指出，中小学在推进实施新劳动教育时，要把握几个新：新时代要求，新责任担当，新内涵理解，新发展样态；同时也要关注几个问题，即问题性、儿童性、动作性、系统性。中国劳动关系学院党委书记刘向兵教授指出：劳动教育事关治国理政，是坚持和发展中国特色社会主义的应有之义；劳动教育事关强国富民，是培养高素质劳动者大军的迫切需要；劳动教育事关立德树人，是培养全面发展的社会主义建设者和接班人的必由之路。著名教育家魏书生指出：劳动使人看到物的成长和人的成长的快乐和幸福，把幸福、承担做成习惯，爱劳动的习惯一旦形成，教育自然就会越来越好，教育就要向习惯要质量、要分数、要幸福、要人生。华东师范大学宁本涛教授指出：新劳动教育强调以促进人的全面发展为内在目的，以实现在劳动教育的价值上关注对个人潜力的外化作用，做伟大的事业，过平凡的生活，培养一个"热爱生活、脚下有劲、眼里有光、手里有活儿、心中有爱和灵魂有趣"的富有朝气的阳光青少年。

今晨早早醒来的还有我们三年级全体师生，"让城市在爱中醒来"主题课程第四季开启，三年级全体师生在凌晨5点出发，走访郑州市的消防队、医院、公交站、地铁站、垃圾站，去了解在城市中最早醒来的人，采访他们，为他们送去初冬的爱。用脚步丈量这座城，让城市在爱中醒来，用爱敬普通劳动者。在培养"有理想、有本领、有担当"的新时代新人精神引领下，我们在思考"眼中有光、脸上有笑、心中有爱、脚下有力"的"四有"儿童育人目标的抓手、载体是什么。于是，我们提出并践行六个一：露过一次营，穿过一条谷，经过一种爱，访过一座城，蹚过一条河，翻过一座山。这是一个学生在学校六年生活中的经历与体验，是在校时对学校热爱之处，也是未来毕业后对母校眷念之源。

举办三年级的"让城市在爱中醒来"活动，在班级内部按照项目进行分组，然后突破班级界限，以项目为依托，重新组成六个"新班级"。行前，六个新班级的带队老师进行知识普及，分发课程手册。4：00，孩子们起床洗漱，4：40集合完毕，4：55举行行前仪式，虽然我因为工作原因不能在现场，但是通过工作群和朋友圈"热气腾腾"的照片来看，活动组织得有秩序、有意义。

想来，每年此时此地，每一届学生都要用脚步丈量这座城，去感知让城市在爱中醒来的早起人，给这些可爱可敬的普通劳动者送去艾瑞德的爱！这已经是第四年了，我们还会继续着、坚持着。《大中小学劳动教育指导纲要（试行）》指出，劳动具有突出的社会性，必须加强学校教育与社会生活、生产实践的直接联系，发挥劳动在个人与社会之间的纽带作用，引导学生认识社会，增强社会责任感。而"让城市在爱中醒来"就是给孩子们提供这样一种社会体验。让他们走进劳动现场，亲近劳动人民，当孩子们脚步抵达时，他们能够感知生活中普通的岗位人员是如何用双手拉开这座可爱城市的帷幕，迎来充满希望的晨光的。

正如《醒来》中所唱："从迷到悟有多远，一念之间；从爱到恨有多远，无常之间；从古到今有多远，笑谈之间；从你到我有多远，善解之间；从心到心有多远，天地之间。"当孩子们带着课程感、带着问题、带着敬畏心走近普通劳动岗位时，他们就会对劳动有种"善解"，这样的体验活动也会让我们对教育有种"善解"。

随着剧场效应的加剧，孩子们的童年被越来越重的压力束缚，他们不再是悠闲悠然的蜗牛，父母也不再愿意牵着蜗牛去散步，孩子们的压力与家长的焦虑交织在一起，罗织成一张捆住我们的网。而我们愿意带着孩子们去体验，去成长，在"六个一"中体验生活、体悟自然，在亲近生活、亲自动手、亲爱劳动、亲历生长中触摸劳动的价值，致敬普通的劳动者。这样的体验也是为了唤起一种"醒来"。

上午在重庆听劳动报告，一句句鞭辟入里的话让我对劳动的理解更加深入，而在中午短暂休息的时间里，我刷着朋友圈的视频，生怕错过校园里的点滴精彩。下午，学校报告厅在举办五年级语文学科活动"对话经典、诗词大会"，幼儿园活动室在举办第一期家长沙龙"在阅读与活动中成长"，陈晓红主任做分享嘉宾，据说报名家长"爆棚"。我们用学科活动呼唤学科育人的醒来，陈晓红主任用育儿经验唤一批家长醒来。同人们各自用实际行动做着"一朵云推动另一朵云、一个灵魂唤醒另一个灵魂"的工作，他们在等待着一种醒来，他们在呼唤着一种醒来。我看到了一种醒来，醒来已来，走向未来。

今天，醒来的何止是这个城市。

教书育人在细微处，学生成长在活动中。让城市在爱中醒来，让教育在劳动中醒来，让我们在行动中醒来。与其迟早都要醒来，何不现在翻身起床呢？不装睡，不酣睡。

少年古都寻梦

7:00,四年级208名师生前往古都洛阳研学,我一早赶过来送他们。空中飘着小雨,师生只能在一楼的芝麻街集合了。明显地,芝麻街已经容纳不下这些孩子了,犹记得他们一年级时站在芝麻街的情景,那时的空间是绰绰有余的,孩子们真的长大了。当我准备送行讲话时,雨停了,孩子们转移到大黄蜂广场。虽然只是空间位置的变化,但是不同的场景会给人带来不同的感受。成长,有时候就意味着时间的增加、空间的拓展。当孩子们今天从校内走向洛阳时,既是我们给予孩子成长的营养,也是他们自己在走向成长。看着他们开心地推着行李箱出发,他们的脸上满是微笑,我的脸上也是微笑的。朋友圈有朋友跟帖说我们是"磅礴气势""敢为先者"。只要对学生成长有利,只要符合教育培养人的要求,我们也愿意"磅礴"一下。

这届四年级的学生和我有特殊的情感,因为我们是同一年跨进艾瑞德校园的,我们一起开启了新的生活。四年级的学生我也是认识最多的,甚至连中途来插班的刘成第、闫崇德、秦子墨等同学都留在我的脑海里。学校很多活动都有"四"的印记:第四届古都研学、第四届经过一种爱、第四届露营节、第四届智慧父母课堂……这就意味着许多改革和变化都是从这个年级开始的,当时孙银峰董事长开玩笑称这是艾瑞德新时代的开始。

既然是"新时代"，那肯定就得有新的招儿，哪怕不是"三把火"，就是添点"新柴"也可以。我们紧紧围绕"走自然生长教育之路，办有温度有故事学校"的新的核心办学理念，掀开了学校发展的新篇章。新的开始，新的故事，新的历史。

古都研学，自古以来是学习的传统，也是我们办学以来的传统，是每一届四年级的规定活动。以天地为课堂，引山水入胸膛，是"访过一座城"的价值追求。读万卷书，行万里路，书就是路，路也是书，行走于天地间，奔向远方。试卷中长不出翅膀，教室里练不出脚力。让天地成为学习的课堂，让世界成为学习的教材，让山水成为阅读的文章。这将是艾瑞德四年级学生的一个特色项目，每一次研学回来都要对三年级学生做研学汇报，以激发三年级学生的期待感。这样的研学汇报对四年级学生来说是一次梳理、反思、总结与生成，对三年级学生而言是一种期待、向往、召唤与吸引，当学生在校园中有了期待后，他们的心中就会有生活的美好，就会有成长的冲动。

我陪着四年级师生一起生长，生长在艾瑞德这所不大的校园里。原以为岁月很长，未曾料时光如梭，四年时间 1460 天转瞬逝去。回眸过去，也曾留下自己教育生涯的独特篇章，我的坚持与不同是从这里起步的。我所收获的管理经验也在这里增值，办好学校，让学生成长，让老师成长，让自己成长，努力去做一个职业化校长。教学相长，纸短情长，四年，让我回味悠长。

最强大脑

　　一早上班，帖凯老师笑吟吟地走进我的办公室，给我送了一张学生自制的请柬，请我参加下午的首届"最强大脑"决赛，并强调让我一定要去，我答应了。一般学生活动的请柬都是学生来送，今天作为综合学科组长，帖凯亲自来送请柬，自然有向我"施压"之意，我不敢怠慢。

　　"最强大脑"是学校首届举办的比赛，是由综合组和科学组联合举办的。263名学生通过计算能力、逻辑推理能力、观察力、空间想象力和记忆力五大项的比赛，历经预赛、复赛，决赛三轮比拼，最终选出综合得分最高的一名同学，成为"最强大脑"。这项活动得到学生的积极响应，9月中旬，我从海报中获悉，五、六年级共有187名学生报名。从9月16日的初赛到9月23日的复赛，再到今天的决赛，确实很牵动人心。

　　为了推动赛事，我曾就此做了一期"校长60秒"：同学们好，最近，学校学科活动丰富多彩，最吸引同学们的应该是上周开幕的"第一届瑞德最强大脑"比赛。参加比赛的主要是五、六年级学生，通过初赛、复赛和决赛评选出第一届瑞德"最强大脑"。"最强大脑"以提高学生科学素养和人文内涵为重点，将从计算能力、逻辑推理能力、观察力、空间想象力和记忆力等方面展现大脑的强大。同学们参赛热情高涨，最终初赛选出50名选手。在前天中午的复赛角逐中，又有12名选手脱颖而出进入决赛，将有老师对他们进行专门辅导。"最强大脑"活动，让同学们从不同方面了解了人类大脑的强大，更让大家在活动过程中拓宽学习视野，体会科学价值。当然，"最强大脑"不仅展示大脑的强大，更是同学们良好心理素质和平时勤奋努力的结果的展示。祝福参加决赛的同学取得优异成绩！我们拭目以待，看"最强大脑"花落谁家，哪位同学笑到最后。

今天，我就是来看看"笑到最后"的那位同学的。一进报告厅，我就感受到不一般的氛围。因为是特定场景下的智力较量，所以对环境和观众有很高的要求，我充分体会到了学生的基本素养和良好素质，该动则动，该静则静。再加上电子大屏的设计和帖凯老师的主持，氛围感十足。

两个小时的比赛扣人心弦，我始终在场，为选手加油鼓劲。决赛中的选手们进行了紧张角逐，比分紧追，场面一度十分胶着。经过决赛的两轮较量，最终六（1）班尚子诺凭借超强的心理素质、敏锐的观察力、非凡的记忆力成为"最强大脑"。

我在最后的讲话中表示："今天的比赛非常精彩，历时两个小时，但仿佛只过了 20 分钟，紧张、激烈、精彩、扣人心弦。本学期开始，我们要加强学科活动比重，目的就是要让同学们在学校里活活泼泼、紧紧张张，在快乐的同时保证学习效果，同时促进同学们的学习兴趣。时代一直在进步，AI 时代已经到来，似乎人类会害怕即将被机器人取代。但我们不用担心，因为人类有两点是机器人不能取代的：第一点是爱，教育就是爱与被爱，有温度有故事的学校就是在培养同学们的爱；第二点是创造力，发挥聪明才智，用最强大脑增加创造力，创造力是推动这个时代向前发展的重要能力，走自然生长教育之路就是为培养同学们的创造力，所以艾瑞德的学子将来永远不会被机器人取代。"

祝福进入决赛的 12 位同学，期待这样的比赛明年再见。

少年归来

"少年归来有星光，重温瑞德童年时"，距离每年 5 月 20 日最近的那个周六，都是一个特殊的日子，我们像过节一样，艾瑞德会邀请毕业生返校。思校园、念师情，做一个专属的毕业生返校日，等着一群少年归来。

那些艾瑞德的孩童如今已长成翩翩少年，再次回到母校，他们在签名墙上签名，写下对母校的美好祝愿。门口的桌子上会摆上红领巾，每一个回家的孩子都会在这里由曾经的老师们为他们亲手系上红领巾，一如当初。

归来的少年拿着自己精心挑选的几张照片，相互交换，传递着真挚的友谊，记录着曾经的美好；也会带着心形贺卡去寻觅往日有自己身影的地方，和小伙伴们一起玩耍的地方，自己一个人悄悄伤心的地方，以及那曾经承载着自己欢笑的教室，曾经睡过的床铺，他们在每一个有着属于自己记忆的地方，写上心愿，放飞梦想；也会带一本书来，现场交换赠送，去看看朋友们眼中不一样的世界。虽然他们已经离开艾瑞德，但"读书"的校风依旧。

看到师生相拥而泣，看到舞台上少年成长的模样，我不禁泪目。

少年归来，我想到三个词。第一个词是"返校"，相对于过去，说明你们曾经在这里，这里有你们的味道，有你们的足迹。第二个词是"归来"，相对于现在，说明你们已经离开，你们是回来看看，这里有你们的念想，有你们的记忆。第三个词是"回家"，是出于一种爱与被爱，每一个人都有自己的物质家园和精神家园。那个生我养我有爸妈的地方是家，那是属于每一个个体的家；这个教我育我有老师叫作学校的地方也是家，这是属于我们大家的家。

红桦街 11 号，春夏围墙爬满蔷薇、四季满园白鸽飞舞的地方，会成为你们和我们永远的定格，所以我更觉得这是回家。才下眉头、却上心头的牵挂，一处相思、两处闲愁的想念，这些都会如潮水般，在月朗星稀的夜晚不时袭来。

愿你走出半生，归来依旧少年；出走不管何时，归来仍记童年。

亲爱的同学，毕业，只是一个关于时间和动作的词语，时间是去年 6 月，动作是你们走向远方。对于学校而言，你们永远没有毕业，你们依旧是在校时的样子，十年后如此，二十年后如此，三十年后也是如此。你们静默在母校的时光里，沉淀在恩师的心田里，你们如初见，你们如别离。艾瑞德的六年，如珍珠，如星空，会一直璀璨在我们彼此的记忆里。

同学们，艾瑞德就是你们的母校。母校是什么？母校是深深浅浅的一段时光，无论你在艾瑞德度过几年，总有一段时光让你难忘；母校是长长短短的一段念想，人没有念想，也就没有了精神的故乡，念想是我们精神的营养；母校是你我的一段成长，没有学生的学校不叫校园，教学相长，师生同享；母校是匆匆忙忙的一段时光，童年的时光总觉得有点匆忙，但每一段精彩都需要精心珍藏。

同学们，你们离开一年了，学校也发生了不少变化，取得了一些成绩。三年级的蓝敬程同学出了自己的新书，六年级的宁思颖同学在英语竞赛中获得郑州市冠军，六年级的邵奕华同学在区运动会上获得 200 米冠军，学校篮球校队进入郑州市 8 强，300 亩的农场成了我们的田园校区，"一条线""鞠躬礼""光盘就餐"成了我们的品牌和风景，老师们写下了近 6000 篇 500 多万字的公众号，学校成为郑州市民办教育十佳、河南省教育名片……母校的坚实会让你们更踏实，让你们说起母校时都能引以为豪。

亲爱的同学们，你们一天天成长，在更广阔的天地里飞翔，母校在不变的地方眺望你们，雨水打湿羽毛的时候仍然要相信明天即晴，纷繁模糊双眼的时候依然要坚守内心之善。

人生是价值观的长跑，善良是最靠谱的竞争力，人类的延续、人与动物的最大区别是人类的善与爱。带着"干净、有序、读书"的校风出发、赶路，你们都会是珍贵的存在、美丽的不同。

今天，少年归来；明日，归来少年。少年，不仅仅是一时的年华，更是永远的精神。愿你们永具少年精神！

附：

毕业生宣誓誓词：我是光荣的艾瑞德国际学校毕业生，我从这里毕业，但我仍是这里的少年。我带着艾瑞德干净、有序、读书的校风走向中学；我带着艾瑞德的童年精神去缔造我的青春；我带着艾瑞德给予的支持去披荆斩棘。毕业，依然爱瑞德；离开，依然艾瑞德。

踩 点

　　早上 7：07，我被群里早起踩点的人所惊醒。白露露、刘磊、杜静和杨海威四位老师为了六年级学生的最后一课，将去亚武山踩点，为 7 月 8 日—11 日的六年级毕业旅行先行考察。本是休息的时间，可是为了工作，他们忘却了休息，我心生感动与感激。

　　从 2017 年开始，我们不断丰富课程体系，逐步提出并形成了"六个一"研学主题课程，让小学六年有六次鲜明的定格：一年级，露过一次营；二年级，穿过一条谷；三年级，经过一种爱；四年级，访过一座城；五年级，蹚过一条河；六年级，翻过一座山。

　　山川河流、日月星辰、春夏秋冬、风餐露宿，将孩子们行走的脚步，融入其生命的成长中，唯有行走于世界中，才会胸怀世界。这次踩点的是六年级毕业之旅目的地，也是我们"六个一"中的"翻过一座山"，届时，我将在亚武山上为孩子们颁发毕业证书，这也将成为艾瑞德六年级学生的最后一课。大约四个小时的车程，四位同人就已经抵达亚武山，他们仔细研讨线路，实地勘察，提前做到心中有数，以确保安全有底。其实，每一次研学外出，踩点都是我们的必修课。

　　上周，为了确保五年级的"蹚过一条河"和二年级的"穿过一条谷"的研学之旅顺利进行，王顺平、李娜、金长、陈晓红四位老师去了青龙山

　　○ 善者因之：做有故事的校长 ●

踩点。明天上午，邓桂芳、马竞、杨海威、赵静和赵亚琼五位老师将为一年级园博园研学而踩点。即便是下周要在学校操场举行的"露过一次营"的露营节，我们依然不忘踩点，将非常熟悉的操场也当作陌生的地方，仔仔细细地走一遍。

踩点，踩的是责任，踩的是踏实，踩的是平安。踩点，是一次备课，是集体备课，为了孩子的研学，为了我们的"六个一"，我们力求"备课"备得扎实点、细致点。

下一周，将是与众不同的一周。

教育即生活，学校即社会，生活即教育，社会即学校，推倒学校的"围墙"，连接外面的世界，打通现在与未来，呵护童年的诗和远方，带着孩子一起"撒野"童年、"荒芜"时光，带着温度，创造故事，自然生长。

翻过一座山

以前翻过不少山，今天又来翻一座山，翻山的主角是六年级 200 名学生和包括我在内的 29 名老师。

翻过一座山，是我们"六个一"研学主题课程之一，是六年级学生毕业之旅的内容之一，是六年级学生的最后一课，我们已经坚持了三个年头。

受疫情影响，今年的"翻山"计划差点搁浅。后经多方努力，方才于今天成行。据说，我们是河南省第一批疫情后外出研学旅行的学生团队。正是好事多磨，千万不要被"不可能"吓住。有时候，勇气与信念比黄金更重要。

人生，就是那么关键几步，小学毕业，应该是其中的一步吧。十二三岁的孩子会真正意识到这是人生成长的第一个重要节点，尤其在当下的社会背景下。当"小升初"成了一个特定的专有名词后，人生的竞争性与选择性就已经摆在孩子们面前了（尽管我很不认可这样的现实）。因此，翻过一座山，不仅仅是一次具体的攀登，更有精神意义上的隐喻。教育，其实是更多层面的精神意义，精神的成长是关键，我们用一种看得见的东西来培养孩子们看不见的品质。

早晨 7:30，六年级学生集结完毕，出发前，年级部让我简单说几句。我觉得也应该说几句了，毕竟，这是同学们最后一次在学校听我唠叨了。

"同学们，小学六年，就是一个不断确认、不断沉淀的六年，确认我们的成长，沉淀我们的眷念。翻过一座山，这是最后一次确认和沉淀。多少年后，有许多事情会消散在时间的风里，但有些不会。将来我们如何来'确认'我们是艾瑞德的学生，除了干净、有序、读书的校风流淌在我们的血脉里，还有就是毕业最后一课的'翻山'，一定会让我们难忘，多年后，'翻山'一定会'长'在我们的脑海里。现在翻小山，未来登高峰。"

　　教育，就是陪孩子过积极而有意义的生活，陶行知先生的"生活即教育，社会即学校，教学做合一"的思想，一直在启迪并引领着我。做不了夜空中皎洁的月亮，那就尽力去做微光的星星吧。

　　将近四个小时的车程，我们直奔河南省境内海拔最高的亚武山。其间，路过独具特色的陕州地坑院，陪孩子们一起领略中国建筑的文化奇观，我也是第一次看到，为之惊叹。

　　不知为何，我们想到了福建永定的土楼。地上、地下，皆可以安置温暖的家。晚间，栖息在亚武山脚下，准备明天"翻山"。

亚 武 山

"山不在高，有仙则名；水不在深，有龙则灵。"一群孩子因为一座山而留下了小学毕业的记忆，一座山因为一群孩子而留下了 2020 年不同的痕迹。

亚武山，中原名山，过去因为民国元老于右任的题名而名气大增，今天因为可爱儿童的到来而充满朝气。

今天，在这座山中，发生了许多的第一次：艾瑞德国际学校有史以来第一次在这座山中给毕业生颁发毕业证书，景区开放以来第一次见证一群小学毕业生神圣的毕业时刻，河南省（不知是不是全国）2020 年第一批学生研学旅行的目的地，我工作 30 年、做校长 10 多年以来第一次为 200 名小学毕业生上"翻过一座山"的最后一课。

亚武山是河南境内海拔最高的山，风景名胜自不必说。但是，我们 229 名师生并不是冲着风景而来，我们是为成长而来。我们要用翻山越岭来见证成长的关键期——小学毕业。毕业旅行，我们持续了三年，以后还将继续下去。今年与往年不同的是，我要在这里为 200 名艾瑞德小学毕业生颁发毕业证书。

在半山腰，紧靠于右任先生"中原名山"题词的亭子旁，有一个开阔的广场。经过简单的布置后，成了我们的毕业现场，200 名毕业生列队于此，在激越的鼓点后，红彤彤的毕业证书从我的手中传递到每一个孩子手中，这是他们的第一张毕业证书，是他们人生的第一次小完结，更是他们人生成长的新开始。

我们互致鞠躬礼，200个孩子，200个鞠躬回礼，尽管最后我感觉都快直不起腰了，但我看到了一群儿童直起来的腰杆，他们依然身着艾瑞德的校服。多年后，我依然会记得此刻，毕竟这是我教育生涯中一个特别的"第一次"。

我想，多年后这些可爱的少年成年后，不应该忘记，毕竟这也是他们有意义的"第一次"。教育，就应该不断地给生命注入新的"第一次"。

"翻过一座山"，翻过的不仅仅是一座山，翻过的是我们要面临的困难与挫折。山高人为峰，海阔心无界，成长就是不断地翻越、超越。

亚武山，见证了一群孩子的成长，也托起了一群孩子的成长。感恩亚武山！祝福孩子们！

毕业，是新的出发

生平历来重视大庭广众之下的讲话。而写讲话稿是非常烧脑的，尤其像毕业典礼的致辞，而我又是个不喜欢让人捉刀的人。昨天晚上 7：00 ～ 10：30，今天早上 5：00 ～ 7：00，上午 8：30 ～ 10：30，我一直在斟酌修改下午的典礼致辞。

我做了《毕业，是新的出发》的讲话，祝福这些即将"出发"的同学。

亲爱的同学们、尊敬的家长朋友们：

下午好！

2020 年注定是不平凡的一年，注定是要刻入我们生命记忆深处的一年。从来没有哪一学期如此短暂而又让人充满不舍，同学们对校园充满了深深的眷恋。一丛丛蔷薇花热烈地开着，一簇簇桃子深红浅绿地挂着，白鸽在盘旋着，夏草在摇曳着。

昨天我还在校园里看着你们排着整齐的队伍，行走在校园中，像一排排挺拔的小白杨，拔节生长着，但是今天，我们即将吹响别离的笙箫！昨天，你们送来了张文芳老师的石头画和孔萌萌老师的书签；上午，你们环行校园。这些让我觉得，你们真的要毕业了。亲爱的同学们，这一学期，匆匆，太匆匆！

"忍别离，不忍却要别离。"时间总是毫不妥协地裹挟着我们向前走，一时一刻也不停留。

　　这一届六年级是"滚烫"的六年级，从五年级升入六年级，你们立即进入状态，而且这一年都保持着这个状态，老师们信心满怀，同学们全力以赴。每天清晨，我都能看到老师们 6:50 开始在学校钉钉群打卡，进入校园就能听到大家琅琅的读书声，是你们的读书声唤醒了校园，开启了晨光。每天中午，运动场上都能看到你们格外认真地进行阳光大课间，你们是学弟学妹们的榜样！

　　六年级，是一种精神，是一种气象，是一种传承。

　　六年级是学校的重中之重，每一年，我们无论是从师资、备课还是活动安排上都在给六年级加大力量，优先考虑，为的是尽全校之力为六年级学生营造良好的学习氛围和活动便利，保障你们既能够高效率投入学习，也能够多方面开展体育活动、竞技赛事、综合体验，保障你们张弛有度，身心健康。

　　这一年中，有太多同学给我留下了深刻的印象。"瑞德少年"张蕴萱、侯佳瑜、管子墨、步炜烁、潘睿哲、徐溪彤、张凯文、许家齐、宋子煊、鲍广、黄宇晨、张昊哲、尤梓先、张轩语、何中岩、赵栩硕、武静姝、黄昱麒、张义康、马腾、贺晨曦、邵钰杰、王曼颖、燕杨峻熙、韩菲悦、张峻菡、宋子阅、李梓赫、王盛南、马子涵、徐嘉彤、耿元昊、邢凯露、霍飞帆、丁凯文、郭雨晗、李佳星、赵安妮、李昀彤、孙若鑫、谷甲乐、苏雨琪、潘怡璇、袁奥、张垚鑫，你们逐梦的过程也是一点点成长为更好的自己的过程，"瑞德少年"，对你们而言不仅仅是一枚奖章，更是对自我的嘉许和肯定，希望你们能够带着奖章的光辉，获得人生的自信，能够更加勇敢地向前迈进。

六年级的同学有思想、有创意，关心潮流，希望把艾瑞德精神传播得更远，让更多人看到。这一年有不少同学给我来信，一方面表达对老师辛勤教导的感激，另一方面希望学校采用新媒介与外界互动，像六（4）班的刘锦天同学反复给我来信，建议学校开创抖音账号、在B站上传视频，这些都是当下年轻人热衷的网络传播途径，说明我们的学生是面向未来的，是面向世界的，我为你们感到自豪！

　　还有学生校长助理左佑铭、刘昊阳、孟山岚、覃梓航、郭强等同学，你们关心学校发展，积极建言献策，希望学校能够把"干净、有序、读书"的校风镌刻在白鸽雕塑上，既为学校增添一道景观，又让校风可视化呈现。谢谢同学们，你们的意见非常合理，在不久的将来，待学校蔷薇花开之时，你们再走进校园，就会看到梦想真的已经实现，且就在眼前。

　　这一年固然短暂，可是精彩却一直都在身边。犹记得去年9月开学时的情景，运动会上六年级同学红红火火的入场式，竞赛场上大家勇于拼搏、敢于争先的精神。两天的运动会，你们成绩喜人，尤其是荆思雅同学打破了学校铅球项目的校纪录，徐俊熙等同学夺得了郑州市小学生游泳比赛"金海豚奖"，徐云鹏老师带着六年级足球队踢出了"高新区足球创新杯"第三名的好成绩。同学们，就是一个接一个的喜讯和你们身上呈现出来的拼搏奋斗精神让我对六年级同学充满信心。

　　在上学期高新区期末统考中，六年级取得了英语全区第一、数学全区第二、语文全区第三的好成绩。汗水洒下的地方总是有鲜花和掌声，这份荣誉是属于全体六年级师生的，同学们，你们每一位都是"珍贵的存在"和"美丽的不同"。

　　虽然这学期在校时间有限，可是在网课期间，六年级同学居

　　○ 善者因之：做有故事的校长 ●

家学习的状态最为良好，每天早上7：00准时起床开始早读，每天坚持上网课，坚持认真写作业，坚持英语配音，坚持写日记，正是因为这一天天的坚持，让我们居家的每一天都有意义，每一天都是崭新而充满希望的。疫情固然令人紧张焦虑，可是一张安静的书桌，一个奋进的少年，总是让家庭充满希望。

六（1）班赵梓轩同学，她像个大姐姐一样，关怀着班级里的每一位同学。"没关系，老师，让我来！"永远是她的口头禅。六（3）班马腾同学，复学之后，精神状态发生了翻天覆地的变化，在学习上不断取得突破，让老师感到骄傲。六（6）班任晨烨同学，听了以往艾瑞德学子学习英语的好方法，大受启发，自己也开始英语配音，一年下来坚持配音259天，数量达到4000多篇，平均每天配音约16篇。他用自己的行为阐释了坚持很贵，贵在坚持。还有刘玳菡、白如冰、雷声远、陈嘉豪、刘馨钰、尚久强、曲笑缘、邱秉钧、牛坤嘉豪、曾佳、曾宪梓、何鑫育、胡悦琦、席硕、梁容硕、李怡斐、胡小桐、孙一铭、刘鹤扬、卢鹤天、孟想、郭雨晗、姚景晨等同学，你们都深深地留在我的脑海里。

复学之后的每一天，六年级师生都在和时间赛跑，争分夺秒地学习，这种良好的学习氛围深深感染了我。今年，郑州市首次实行"小升初"电脑派位，虽然成绩无法直观显示出来，但是，你们带着这样的学习精神进入初中、高中，乃至大学，你们的未来就一定会灿烂光明。

同学们，毕业是一次完结，你们完成了六年的学业，也完成了童年的一段美好时光。六年级是一座山，登上这座山，我们会看到更加美好的风景。明天即将开启的三门峡之行，是我们在一起的"最后一课"。

经过一年的辛苦努力，我们应该有一段美好而愉快的行走之旅，去感受天地万物的美好，去体验登山涉水的乐趣，去诠释童年最该有的样子，去那里领取珍贵的毕业证书。

同学们，毕业也是为了更好地出发，希望每一位同学经历过这段特殊的学习时光后，都能够带着"干净、有序、读书"的校风向新的生活出发。亲爱的同学们，请记住你永远都是光荣的艾瑞德学子，你的老师、校长永远都在牵挂着你，母校就是你深深的眷念！任何时候，你一转身，总会有深情的目光在望着你，艾瑞德在原地爱着你、看着你、等着你、盼着你……

学生校长助理午餐会

每到周三我的午餐都很特别，是与学生校长助理共进午餐。

学生校长助理岗位是为学生的自主管理而搭建的，每位学生校长助理的任期为一年。设立学生校长助理岗位是本着"儿童立场"，想用学生的视角来发现，用学生的方式来参与，用学生的力量来解决，从而锻炼学生的能力，增进学生与学校的联系，促进学校的管理。学生校长助理上任伊始，要在国旗下面向全校师生宣誓就职，持证上岗。我借助他们的力量来改善学校的管理，发现师生中发生的动人故事。学生校长助理不但要发现问题，而且要拿出解决问题的方法，不仅要发现问题，而且要发现美好。学生校长助理已经成为学生成长的重要平台，不断托举着学生的成长。

上周三是第五届学生校长助理和我的第一次午餐会，同学们很激动，我也很期待。"校长助理"在孩子心中的分量已经远远超过学校其他学生岗位了，从班级推荐到学校选拔、到新老校长助理交接与授牌仪式，再到国旗下就职宣誓，那几天校园里同学们谈论的都是这个话题。这归功于德育部门，因为他们把每一届学生校长助理的工作落实得很好，而且是越做越好，这就是工作的精进。

周三的午餐会简洁而高效，二楼会议室收拾得比以往都要干净，更有仪式感。在学校中，每一项工作的落实都要有教育感，而仪式感是教育感最好的表达。当 21 名学生校长助理走进会议室，他们自己的神圣感也从内心升腾而起，每个人都戴着工作证，带着笔记本，有模有样地坐了下来。

有一位一年级的学生校长助理因为听错了时间，她本该在下一批，在老师千万般的解释中，她非常不情愿地离开了，我隐约看见她眼中含泪。也仅仅是和我一起开展一次看似平常的午餐会，吃的是和餐厅里一样的饭菜，但因为多了一种符号，多了一种责任，多了一种空间的变化，顿觉落实在孩子心里的感觉就不一样起来。

不一样的平台成就不一样的孩子，不一样的孩子也需要不一样的平台。

吕静主任把工作落实得井井有条，每位学生校长助理和我边吃饭边唠嗑，说他们发现的问题，说他们对学校的建议，说他们对老师的关心，我认真听着并及时做出回应，陈琳主任用电脑速记着。好多孩子都说是来协助我的工作，帮我解决问题的。

看着这些眼里有光的孩子，我想象着他们未来的模样，今天是桃李芬芳，明天是祖国的栋梁。每次路过学生校长助理照片墙时，我发现他们一个个真是"美丽的不同"。期许一种好给孩子，孩子就会成为你想的、他要的那种好。

学生校长助理就是校长的影子，校长的样子也是学生想成为的样子。已经过去的四届学生校长助理共计 160 位同学，他们如星星一样散落在同学中间，我们把一粒责任的种子播下，他们把一种担当的精神延续。

学生校长助理不是什么创举，或许不少学校都会有这样的学生岗位，只不过我们在用心地把这些看似都一样的工作落实得更好，这样就会立马呈现出不一样的效果。

下午，吕静主任将学生校长助理们的意见整理好，并逐条反馈给相关部门，相关部门的反应非常积极和迅速，这是非常好的落实。工作落实了，意见被重视了，学生被尊重了，这些都是一种隐性的教育。

岗位、职位，都是为了落实工作，做好事情，小小的学生校长助理职位如此，其他职位也是如此。人配位，心在位，事到位，就是最好的落实。

今天，我十岁啦！

　　四年级学生手绘的邀请函早就放在我的办公桌上了，今天是他们的十岁成长礼。十岁成长礼与六岁入学礼、十四岁青春礼、十八岁成人礼是学生时代重要的四大仪式，从去年开始，我们举行了成长礼，并雷打不动地成为我们四年级的常规活动。一早，校园就明显酝酿着不一样的氛围，四年级的男生西装革履，佩领结，女生着长裙旗袍，突然之间，他们更多了点童年的质感、少年的美感，四年级的家长更是精心装扮，一起陪孩子度过重要的人生节点。

　　下午一点多，我在成长之门迎接四年级学生与家长，我们击掌相庆，祝孩子十岁生日快乐。每一位走进校园的家长都笑得如同五月花，家长和孩子们都着盛装，手牵手走在红毯上，或拥抱，或交谈，或亲亲脸颊，一片欢声笑语。接着，他们一起携手穿过"成长门"，代表着同学们已经从懵懂少年走向金色少年。而后在爸爸妈妈的陪伴下闭上眼睛穿越障碍物、迈过沙袋、翻越课桌，这是一场信任之旅。一如在坎坷的成长旅程中，爸爸妈妈永远站在你的身边，给你保护，给你信任，给你指路，你只需自信阳光，面带微笑去迎接属于你的美好旅程。

　　报告厅内"心怀梦想，拥抱成长"的晚会让成长定格，拜父母，诵《孝经》，并向父母三鞠躬以表感恩，这是我们不变的传统。

孩子的年龄第一次出现了两位数，在这个特别的时刻，孩子们有很多话想对父母说，家长们也有许多心里话要嘱托给孩子们。七个班级的家长代表和学生代表，分别录制了视频，家长和孩子们分享的每一个故事都扣动着现场每个人的心弦。大家都忍不住了，泪流不止。懂比爱更重要，这样的亲情诉说，架起了父母与孩子之间的心桥。同学们体会到了长大的每一天，都是父母用爱来浇灌的，父母是他们最坚实的后盾！

十年成长真不易，我们要感恩父母赋予我们生命，抚育我们成长；我们要感恩老师对我们的呵护，陪伴我们成长。

四（1）班同学手捧蜡烛，带着我们一起唱响了《感恩的心》。四（2）班歌舞剧《游子吟》的表演，感人肺腑，令人明了，长大了，要常怀感恩之心敬双亲。古圣先贤孝为宗，万圣之门孝为基，孝是人道第一步，孝顺子弟必名贤。四（3）班同学带来了课本舞蹈：英文版《夜空中最亮的星》，朝气蓬勃、自信阳光、浑身散发着星星般闪耀光芒的他们无一不让在场的所有人为之震撼！四（4）班同学生动的情景朗诵与动听的歌声让台下的父母动容、感叹……四（5）班同学带来的舞蹈《跪羊图》，伴着歌声"小羊跪哺，闭目吮母液；感念母恩，受乳躬身体……"台上的同学们齐齐跪下，像跪哺的小羊一样，向台下的父母行感恩礼，在座的家长们无一不动容，眼眶渐湿润……感恩是我们一生的必修课。四（6）班同学们和家长们合唱《当你老了》，巨大的"心形"出现在舞台中央，当孩子和父母交换位置，孩子跪在父母面前唱那句"当你老了，头发白了；当你老了，走不动了……"让多少人哽咽，让多少人泪如泉涌！四（7）班同学编排的影子剧《成长的记忆》，再次戳中了大家的泪点。本剧以母亲的口吻讲述了一个小生命的降临与成长，满载着浓浓的疼爱与期盼，瞬间打开了大家的记忆大门……

孩子倾情，家长泪目，最后我与学生代表一起切下了生日蛋糕，一

○ 善者因之：做有故事的校长 ●

起唱响属于他们自己的生日歌，并许下祝福。十岁成长礼的关键词是感恩与分享，感恩父母，感恩师长，感恩同伴，学会分享，从"我"走向"我们"，从个体走向集体。在《相亲相爱一家人》的歌声中，十岁成长礼完美收官，祝福我们的孩子十岁生日快乐，愿你们在新的征程中筑梦起航！

快乐女神节

　　3月8日是妇女节，有人称其为"女人节"，还有人称其为"女神节"，女性的称谓一再变化，不变的是她们带给这个世界的美。"女性"，一个言之不尽的美丽词语，一个日益独立、进步的群体，她们，是这世间钟灵毓秀的高贵生命，生活因为她们而馨香温情，世间因为她们而绚丽多彩。每年的三八"女神节"，都是学校很在意的一个日子，它是"女神"的高光时刻，"男神"的殷勤时分，学校每年到这时都会给"女神"们准备神秘的礼物。

　　早晨7：15，学校所有"男神"西装革履、如约而至列队集结在学校大门口，恭候学校"女神"们的到来。在"女神"们毫不知情的情况下，"男神"抢着为每一位到校的"女神"送上精美的礼物，并整齐划一地以艾瑞德特有的鞠躬礼齐声祝福"节日快乐"，"'男神'龙低头，'女神'凤展翅"。

　　一条不错的丝巾、一队"男神"清晨低头鞠躬的问好、一束精美的鲜花、一个半天的小假、一场好看的电影，让我们今天安排满满，幸福满满。正如万维钢所定义的"喜欢＋熟悉＋意外"那样，大家都非常"熟悉"今天是"女神节"，但是大家也都意外今日如此特别的仪式，于是大家就产生了喜欢。

○ 善者因之：做有故事的校长 ●

孙银峰董事长说："艾瑞德国际学校'男神'们大清早以这样的温度和儒雅送上'女神节'最动感的祝福。"陈娇娇老师说："这一波猝不及防、震耳欲聋的'节日快乐'，是真真儿的令人很快乐，感谢艾瑞德最帅最贴心的'男子天团'。"石鹤老师说："惊喜不断，温暖依旧，节日快乐。"孙晴老师说："'女神节'，被艾瑞德'男神'们给的惊喜吓到了！"樊婧老师说："艾瑞德国际学校，众'女神'归位！"牛云云老师说："一个转身，冬天就变成了故事；一次抬头，春天就成了风景！'女神节'，学校所有的'男神'送祝福，送礼物！有没有很宠溺？"杨志慧老师说："学校所有的'男神'送祝福，送礼物！有没有很宠溺？我的答案是'yes'！"

　　坐校车上学的孩子们下了校车后也不想直接去餐厅就餐了，他们在等待老师走进校门时惊喜的瞬间。我想，这应该也是教育吧——爱的教育。连送孩子上学路过的家长也感叹：每次节日，艾瑞德学校都以充满仪式感的爱来爱着老师，老师便把这样的爱传递给孩子。因此，艾瑞德的老师是幸福的，艾瑞德的孩子也是幸福的。对面高层居民楼的一扇扇窗户也被打开了，从窗户口探出的脑袋，张开的眼睛，溢满了新奇和羡慕，他们常常被这里吸引。因为艾瑞德在这里，周围的居民也慢慢变了。我的住处在学校对面小区的后面，我穿过对面的小区时，保安都会友善地为我刷卡，有时还会轻声问候，我自然也不会忘了谢谢他。有一天，对面小区一个男孩跟我打招呼"校长好"，但他并不是艾瑞德的学生。他说他从家里经常能看到我在校门口，而他的校长在学校几乎见不到。

　　今天，一位"男神"的到来更增加了节日的仪式感，他就是艾瑞德教师心中的"男神"、长江学者、华东师范大学教育学部副主任、生命实践教育研究院院长、我校首席专家顾问——李政涛博士。

　　所有的节日都是用来表达爱的，节日能让平常的日子增加不平常的仪式感，不要忽略每一个节日，学会抓住表达爱的时机，让看不见的情感在看得见的节日活动里表达出来，让看不见的文化在看得见的时刻里体现出来。我们的教师观是"每一位老师都是珍贵的存在"，我们要把这样的"珍贵"化在每天的人间烟火中，融在每一次大小的决策里，让"珍贵"有质感、可触摸、被体会。没有老师的珍贵，也就没有学生的珍贵，没有学校的珍贵。

最后，祝福全天下的女性，"女神节"快乐！

爱祖国·艾运会

今天，9月28日，是一个不一样的日子，是孔子诞辰2570周年纪念日，我校举行第九届学生运动会，女排在世界杯中夺冠。一种精神在今天被纪念、被想起、被践行，个人、单位、国家、世界，因为一种精神被联系在了一起。

孔子的精神，已经化作一种文化，成为中华民族的标志，成为世界文化的一部分，我们纪念他，因为他是中华儒家文化的代表，是我们文化自信大厦的四梁八柱之一，几千年中华民族的绵延续传，孔子及其儒家思想功不可没。

今天，我们"爱祖国·艾运会——第九届学生运动会"开幕。浩瀚苍穹，湛蓝天空，俯瞰着中原大地的一抹运动红；悠悠岁月，历史长河，捕捉到一所校园的赤诚中国情。国旗方阵、军鼓方阵、年级方阵、幼儿园方阵，每一个孩子都手持国旗，完成了庄重的入场仪式。升国旗、传递火炬、鸣枪响炮、歌唱祖国，每一个流程都有浓浓的感情在流动。

我们是一所普通的学校，我们是平凡的师生，却以一种虔诚的姿态表达着对祖国的热爱、对体育的热忱，普通而隆重。师生的眼睛里、表情里、心田里装着祖国，一场运动会开幕式，让流动的家国情怀，有了汹涌的表达。

开幕式上，1949 名师生手持小国旗，一起歌唱祖国，49 名生活辅导员老师组成的巨型国旗方阵昂首阔步走进运动场，70 名学生的开幕式表演，都在表达着一所学校与一个国家的情感。

爱国是什么？我们无法用具体的言语去形容，只能以仪式为载体，让它们汩汩淌进在场每一个人的心田，一种情愫种下，一种情感发芽，一种情怀生根，一种情谊开花……我们的开幕式幸运地走进了河南卫视的新闻联播。当我们的运动精神与爱国情怀让师生满目可见时，我们的教育就多了意思和意义。

"气球高空飘扬，礼炮列队成行，丹山路上蓝伞一片，运动明星济济一堂。五星红旗满眼都是，挂高墙、贴脸庞、托在掌心、粘上衣裳。""音乐响起，各方队排列齐整，依次登场。那身姿，雄赳赳，气昂昂，步伐矫健，英姿飒爽。那口号，齐刷刷，亮堂堂，响声震天，嘹亮铿锵。一个巨幅国旗，长 10 米左右，由 49 位生活辅导员托举起来，平平展展，稳稳入场。从航拍照片来看，那红旗红艳艳辉耀在操场正中间。国旗红，是今年的流行色，红国旗，是祖国的最宠儿。"老师们纷纷发出这样的心声。

军鼓方阵，火炬传递，8 名学生火炬手中有运动健将，有学生校长助理，有"瑞德少年"，有小作家……他们像接力似的一棒一棒地传递火炬，最后交给我点燃艾运圣火。国旗飘飘，圣火熊熊，艾运会点燃了少年的体育梦，也点燃了孩子的爱国梦和成长梦。

不跑不跳，不为学校，身体不强，怎为栋梁？体育强则少年强，少年强则中国强。体育的意义也不仅仅是强身健体、取得成绩，更重要的是其所蕴含的自律、自强、坚持、坚韧的精神，它提供给学生完整的生活体验，给学生和困难相处、磨合、决战的经历，给孩子们为成功淌汗、掉泪、兴奋的体验。有泪水，有欢笑；有冲刺，有跌倒；有安慰，有自豪，赛出自信和风格，拼出努力与骄傲。腾飞的弧度是成长的音符，拼搏的姿态是最美的风景。

同样在今天，中国女排在日本大阪以十连胜的佳绩提前一轮蝉联 2019 年第十三届世界杯冠军，这是中国女排第十次登上世界之巅、第五次夺取世界杯冠军、第二次蝉联世界杯冠军、第一次提前夺取世界杯冠军。十冠王，为国庆献礼。郎平说："只要穿上带有中国字样的球衣，就是代表为祖国出征、出战，为国争光是我们的义务和使命，我们的目标就是升国旗、奏国歌。"这就是我们的女排精神，从 1981 年中国女排首次夺得世界杯冠军开始，女排精神成了一代人爱我中华、振兴中华的民族魂。38 年后，女排精神归来，中华振兴可待。

　　精神是自强的血脉，我们用精神传承，我们用自强拼搏，拼出精气神，拼出真善美，拼出高大上。世界总有风吹草动，自强才可坚如磐石，在许多不可能的当下，唯有自强，方可塑造一个无限可能的自己。

六一国际文化节

　　每年的六一儿童节来临之际，全校都会掀起一股"国际风"。为迎接这一天，艾瑞德所有的师生及家长都在砥砺前行，所有的课程围绕着"国际文化节"开展着，进行着。

　　大约在一个月前，各班级以各个国家的文化为主题，着手开始布展台，做手绘，了解各国文化和风俗，力争在这一天中实现学生与其零距离的接触，感受多元文化与世界各国的风土人情。这一天，学校也会将印制好的"护照"分发给每个孩子，这个护照是按照国际护照的标准尺寸设计，红色封面，"护照"上印制了48个国家的国旗。孩子们可以拿着"护照"周游"列国"，到各个班级或操场上的展台体验和了解各个国家的特色文化，并收集相应国家的"签证"。当然，想要"签证"也并非那么容易哦，还得回答"签证官"提出的问题，如"看我们的国旗，我们是哪个国家的？""我们国家最著名的景点是什么？"等问题，而问题的答案，都在孩子们精心准备的文化展板里。每年的六一儿童节，我们都以这样的形式来庆祝，让儿童成为过节的主人，孩子们的喜欢和期待程度远远超过我们。

　　儿童节、国际周与建国70年邂逅，让今年的第四届国际文化节不同以往。"我爱你，中国！"成了我们最直接的告白。

　　8：30，国际周拉开序幕。身着56个民族服装的学生组成的国旗护卫队

○　善者因之：做有故事的校长　●

在《歌唱祖国》的歌声中沿着"70"形的 T 型台缓缓走过，70 名师生组成的升旗仪仗队在雄壮的国歌声中将国旗冉冉升起，全场约 4000 名师生、家长高唱国歌。整个操场沸腾了，整个校园沸腾了。

在随后的两个多小时的时间里，代表 47 个国家的 47 个班级的每一个孩子都走上了 T 型台，去展示所代表国家的文化特色，第一个出场的是中国武术表演。从去年的 61 米长的 T 型台到今年的"70"形 T 型台，托举起每一个孩子的珍贵存在，展现每一个生命的美丽不同。操场四周是不同国家的展示区，犹如"世博会"，犹如"美食汇"，每一个展区都是一个国家的缩影与窗口，不出校门，孩子们就可以办理"签证"，"周游列国"，再通过统一的货币——"瑞德币"在不同国家进行交易。

我也如孩子一般，手持"护照"，访问了将近 40 个国家，孩子们认真地给我"签证"盖章，我小心翼翼地回答着"签证官"的问题，生怕被"拒签"。整个操场上人山人海，摩肩接踵，这里是儿童的天地，是欢乐的海洋。

"李校长，您喜欢哪个国家？"走在校园内插满不同国家国旗的路上，几个二（5）班的同学拦着问我。"中国！"我脱口而出。

生在这片土地，脚踩这片土地，我们必须喜欢她——中国；肩负育人使命，传播核心价值，我们必须喜欢她——中国；拥有东方智慧，兼具国际视野，我们必须喜欢她——中国。因此，中国的国旗被我们立在了校门口的左右两侧，很显眼，每一个走进校门的孩子第一眼看到的就是中国。又恰逢今年是中华人民共和国成立 70 周年，祖国的分量明显加重，前两天在讨论本届国际周的主题时，小伙伴们列出了很多不错的备选主题，最后我提出了以"我爱你，中国"为主题，直接、简洁、呼告、明了，每一个孩子都能明白。于是乎，今天一早就见到操场上矗立的主题牌，以"70"为形状的 T 型台也搭建出来了，让我心中油然生出一种对祖国的崇敬，对国际周的期待与兴奋。

下午操场上反复播放着《我爱你，中国》这首歌，无人机在上空盘旋，二、三年级 430 名师生正在拍《我爱你，中国》快闪的分镜头。穿着 56 个民族服装的孩子，无数面小国旗在手中摇动，我们反复吟唱着《我爱你，中国》，现场让人激动得想流泪。此时，中国心、爱国情在师生心中悄悄生发，爱国主义是不需要"教育"的，学生在"活动"中耳濡目染，不断成长。

国际周闭幕后是全体老师的 5 月观影日，我们一起看了《何以为家》，看完后感慨万千，觉得身后有个强大的祖国真好，国破家不在，有国才有家，祝福伟大的祖国。

回来的路上，我的耳边又响起了这样的歌声："五星红旗迎风飘扬，胜利歌声多么响亮，歌唱我们亲爱的祖国，从今走向繁荣富强。歌唱我们亲爱的祖国，从今走向繁荣富强……"

国际周是儿童节的代名词，是艾瑞德的专属语。国际周，连续举办了四年，越来越精彩，越来越让人期待，是真正属于儿童的儿童节。在这样的节日里，我看到了儿童的样子、生命的样子、教育的样子。沸腾吧，生命！沸腾吧，校园！

老 师 好

当爱是日子的馅，日子成了爱的皮，它们紧紧地包在一起时，日子就成了节日。教师节是用师生之爱做成的，教师之爱在平常的日子里，学生、家长之爱在此时的节日中。

今天是教师节，一早的艾瑞德，与往日不同。学校秘密准备了一夜的3.5米的超长大蛋糕在校门口亮相，蛋糕上写着"做立德树人的好教师"字样，印着可爱的瑞瑞、德德卡通形象。歌声与微笑、小雨与凉风、鲜花与儿童、鞠躬与问好、祝福与惊喜，温馨的氛围，温暖的校园，老师的脸上带着笑，学生的手中捧着花。

最近，学校在用看得见的仪式来表达我们对老师"珍贵的存在"的尊重：一场表彰大会、一场盛大宴会、一个巨型蛋糕、一束美丽的鲜花、一份可口的甜点、一句励志的赠言、一枚崭新的工牌。这份幸福和感动属于每一位艾瑞德的老师，他们平凡又不平凡，简单又不简单。

学校行动，年级联动。三楼的六年级学生也在"偷偷地"进行着一场向老师们表达节日快乐的"神秘行动"。他们在假期绘了一幅老师的画像，并用英文进行了描述。这是六年级英文写作的话题——人物描写。孩子们非常生动地写下了老师的样子。他们的笔触中流淌着对老师的爱与敬意。（此段摘录自薛静娴老师公众号）

我的今天，有鲜花，有蛋糕，有"一亩地"里长出的玉米，有手捧来的茶叶，有手绘的贺卡，还有笔，琳琅满目，不一而足。更有南京朋友的牵挂与快递来的鲜花。六个小朋友的生日也像赶趟儿似的。看似有着远远的距离却能被可爱的孩子们想到，有一种莫名的幸福感。"温暖的符号""成长的道具"的校长观，我初心不改。

　　今天的艾瑞德，是朵朵鲜花盛开的校园，是暖暖幸福洋溢的校园。今天的艾瑞德，是让师生看得见"爱"的地方，是一个个与孩子之间、与教育之间、与你我之间书写各种温暖故事的地方。艾瑞德，不仅仅是一所学校，也是师生梦生长的地方。（此段参考李瑞老师公众号文字编写）

　　尊敬老师，不只是节日的行动，更是每天的行动，是师生双方的付出与呼应，师生相遇，其实就开始了一场爱的旅行与储蓄。晚间，学校包场看了电影《老师·好》。老师好，是好老师的收获；好老师，是老师好的前提。做个好老师，成就老师好。祝福艾瑞德老师，祝天底下所有的老师节日快乐！

中秋文化周

　　中秋节、春节、清明节和端午节，是中国四大传统节日，可是每逢这样的节日，总是被放假掩盖，节日的氛围与仪式感慢慢式微。传统节日淡了，孩子渐渐忘了，传统文化荒了，怎么办？

　　本周我们启动了中秋文化周活动，并正式开启了中国四大传统节日的主题课程。周一升旗仪式的主题是"中秋"，雷打不动的"国旗下校长讲故事"讲的是嫦娥奔月和月饼传书的故事，每一个学生捧一盆金菊进入校园，近 2000 盆各式各样的菊花在校园绽放，拉开了本周中秋赏金菊、吟菊诗、唱菊歌、绘菊画的大幕。

　　置身于浓浓的中秋氛围中，让传统不再遥远，让节日不再落寞。振兴中国传统文化不是一句空洞的口号，而是需要我们一节课一节课地上出来，一个一个传统节日过出来。

　　今天下午是一年级制作月饼的主题课程，是对去年一年级课程的继承和二次开发，似乎成了一年级的保留项目了。200 多个孩子在了解了中秋传统节日的基础上，在月饼师傅的指导下，亲自动手做月饼，送给自己，送给父母，送给老师，我也应邀和他们一起做月饼。

　　教育在做中有味，关系在爱中建立。一年级每一个孩子放学时都在书包里放着自己亲手做的给父母的月饼。据说一年级的家长群里在热闹地讨论着孩子做的月饼的味道，我的办公桌上也放了不少他们的杰作。我至今都弄不清楚，为何这些才上学 20 来天的孩子会对校长念念不忘，好东西都要不辞劳苦地送到二楼办公室与我分享，这是个谜，真是个谜。

打下好的底色，才有美的颜色。北京师范大学中国教育创新研究院今年 3 月首次对外发布的"21 世纪核心素养 5C 模型"，是"打下中国根基、兼具国际视野"的中国方案。其中，"文化理解与传承素养"（Cultural Competency）处于核心素养的统领位置，没有这个统领，审辩思维素养（Critical Thinking）、创新素养（Creativity）、沟通素养（Communication）、合作素养（Collaboration）都是无本之木、无源之水。在文化的理解与传承中，传统文化是关键，是载体，否则，我们培养的都是"空心人"。

在艾瑞德，我们尝试从传统节日出发，使中国传统文化能够让孩子看得见，摸得着，记得住，带得走。通过物型化场景营造，让孩子看得见；通过亲自动手、亲身体验，让孩子摸得着；通过主题课程的设计、再造与实践，让孩子记得住；通过传统节日、国学课程、传统文化的熏陶，让孩子带得走。最终让其成为血脉相连、文脉不断的中国人。

巨型月饼

上午第一节课后，"欢度传统佳节，瑞德菊迎中秋"的主题压轴活动拉开帷幕。

1500名学生以年级为单位进行中秋诗词朗诵接龙，身着汉服的学生诵读《中秋赋》，用特色鲜明的中国传统音乐和传说中的嫦娥将学生带入中秋佳节的氛围中："故乡月色，此时最难描摹。问天涯倦客，举杯时，可认得伐桂吴刚，捣药玉兔，奔月嫦娥？五千年一轮满月，九万里四方山河——放天灯，舞火龙，踩高跷，撒豆末，拜中秋沧海明月，祭银汉长虹卧波。乡情酿酒醉故人，说不够销魂往事，岁月蹉跎。从来是丹桂飘香，离散游子，悄然动情把乡恋揉破。却哪堪鸟鸣秋涧，夜静秋山，菊品秋韵，亲人梦断说离合。陶渊明喻月曦皇上人，李太白邀月对影长歌，苏东坡赏月把酒问天，曹雪芹吟月红楼独坐。月到中秋，乡音或听江南语；情重团圆，故土还邀塞北客。且喜玲珑秋月，给神州一杯醒酒；炎黄儿女，盼天下万代祥和。读懂满月就是读懂团圆，拥有中秋方能拥有祖国。渔舟宜唱晚，一泓秋水生白露；玉人教吹箫，三秋桂子花雨落。携手南北东西，挽臂海内海外，中秋夜，共人间悠悠唱和。"

操场中间，直径10米左右的巨型月饼模型立于招展的国旗下，在悠悠的音乐中，我"切开"月饼，从中翩翩走出四位"嫦娥"，"哇"，师生一片惊呼。"嫦娥"与我一起为各班分发月饼，学生校长助理代表班级领取月饼，整个操场一片沸腾，"我的月饼是粒粒红豆馅的""我的月饼是莲蓉馅的""嫦娥姐姐好漂亮啊"……每一个孩子脸上都洋溢着灿烂的笑容，我仿佛看到以往过圣诞节时的热闹了。

当我们呼唤传统节日的回归时，不是简单地对外来节日一禁了之，而是要从传统节日中寻找我们的精神基因与民族自信。如何让传统节日看得见、摸得着、记得住、带得走，这需要我们教育人用仪式感、教育感、生命感和儿童感做出行动上的回应，"儿童立场"依然是过好传统节日所秉持的基本原则。

在节日里，让儿童设计、看见、体验、经历、表达，儿童是节日的主人，节日是儿童成长的"教具"与"道具"。但有些时候，我们颠倒了，让儿童成了节日的道具，外来节日与国内节日的最大区别体现在参与性上，喜闻乐见的形式更容易激发儿童的深度参与，个人以为，节日本无中外好坏之分，而我们在设计节日活动时有好坏之别。现在的中秋节、清明节、端午节和春节都是以放假了之，自然会导致我们节日阵地的失守，不长庄稼的地方自然会长杂草。

顾明远先生说，学生成长在活动中，传统节日就是最好的活动契机。本学年，我们前瞻性地将四大传统节日纳入工作计划，把节日前一周定为节日文化周，让师生共同设计，从有意思、有意味、有意境走向有意义。这次的中秋文化周从周一升旗仪式上的校长讲故事开始，各学科开展中秋赏菊、画菊、品菊、写菊等活动，各个年级在校园不同区域进行菊花布展与主题课程成果展示，多个班级开展做月饼、画月饼、讲月饼等活动，主题鲜明，课程跟进，活动丰富，师生参与，一起把传统节日过成师生家国情怀的加油站。传统节日是个看得见的担子，一头挑着国，一头挑着家。

习近平在全国教育工作大会上强调，要坚持扎根中国大地办教育，如何才能"扎根中国大地"？传统文化就是重要养分，对传统文化的理解与传承是关键，而家国情怀是中国优秀传统文化的基本内涵之一。

家国情怀是主体对共同体的一种认同，其基本内涵包括家国同构、共同体意识和仁爱之情；其实现路径强调个人修身、重视亲情、心怀天下；既与行孝尽忠、民族精神、爱国主义、乡土观念、天下为公等传统文化有重要联系，又是对这些传统文化的超越。

家国情怀在增强民族凝聚力、建设幸福家庭、提高公民意识等方面都有重要的时代价值。家是最小国，国是千万家，每个人的生命体验都与家国紧相连，每个传统节日都与生命体验紧相连。

隐形的 "angel"

11月9日—13日，是学校的"神秘天使"活动周，这已经是第三届了，但是校园里依然充满着神秘，洋溢着温暖。冬天的校园，因为"天使"的守护，在我们看似平淡如水的日子里加了糖。

活动规则其实很简单。①抽签：抽签决定"你是谁的天使"，每位老师只需抽取一个号码，号码对应的那个人就是老师要守护的人，这是个秘密，只能老师自己知晓，不能泄露给他人。同时，学生的名字也不知会被哪位老师抽到，他将默默守护那个学生，而不会告诉他。全校只有一个人掌握天使名单，但他签订了保密协议。②守护：11月9日—13日，持续一周，每天担任"angel"的角色，为自己所要守护的人送上温暖和祝福。每天表达关心和爱的方式不限，可以是送礼物、送贺卡、送温暖、写信等。但切记：当天使向自己所要守护的人表达关心和爱时，天使不能被发现，如果天使让他人代送礼物或祝福，要确保代送的人一定会保守秘密。

记得周一在操场抽签时，校园中就多了一种不一样的味道，我们特意在升旗仪式上"广播"了一下，让学生的好奇心也有了安顿。学校发生的重要事件我们都会通过升旗仪式、班会PPT、电子大屏告知全体师生，这是基于"每一位师生都是珍贵的存在"的价值判断。

果不其然，"神秘天使"活动一开始，就有不少学生充当"小天使"，

○ 善者因之：做有故事的校长 ●

神神秘秘地穿梭在校园里。他们要替老师去完成重要的使命，他们装得很"无辜"的样子，充当着"神秘天使"的天使，把礼物送达。孩子、礼物萌化了多少老师的心。我也见到不少老师一早上班就行色匆匆、东张西望，像做"贼"一样，做老师得心应手，做"天使"却慌里慌张。

用心做一件自己很喜欢却又陌生的事，是如此新鲜而不同。太阳每天都是新的，"神秘的天使"就是让我们感觉每天都是新的。偷偷摸摸做天使，甜甜蜜蜜被守护。天使活动周，只是一个爆点，燃爆"温度"与"故事"，让爱飞起来，让天使飞一会儿。这一周，我们带着特殊的温暖，传递爱、表达爱。

今天"神秘天使"揭晓盛典，以另外一种形式在彰显着我们的中层领导力。郑州市教育局教研室姬文广主任曾说，"天使在行动，这是个很好的活动，开眼了"。这也是一场赋能、赋爱的报告，让全场为之动容。在最后环节，我激动得即席讲了一段话：

感谢大家的坚持！教育是什么？赋能是什么？我想用神秘天使来做一点回答。艾瑞德"神秘天使"活动已经举行了三届，每年的 11 月，在这样渐寒的初冬，每个人抽取一位被守护人，成为他的守护天使，守护一周。一周里，校园就有了温度，就有了故事，就有了偷偷摸摸的守护，就有了甜甜蜜蜜的味道，天使守护千万遍，你却神秘如初恋。今天，我们用这样的形式来揭晓神秘天使，看看谁在守护谁，谁在爱着谁。

为什么要做这样的活动？我们的教育理念是"走自然生长教育之路，办有温度有故事学校"，没有老师的珍贵就不可能有学生的珍贵，没有老师的精神成长就不可能有学生的精神成长，没有老师的内心丰满怎么可能有孩子的精神丰满？教育是什么？是废寝忘食地批改试卷吗？是孜孜矻矻地传递知识吗？不尽然。当教育走到今天，教育的外延和内涵将不断地被拓展和打破。

如果是在农耕时代，知识不够丰富的时候，传道授业，那是以传递知识为教育的目的。可是到了今天的信息科技时代，未来50%的工作都要被淘汰，我们应该给孩子什么样的教育？传递知识或许是手段，但我认为今天的教育更重要的是为了让孩子们能够在未来社会中感到不迷茫、不回避、不陌生。孩子的基本盘是什么？是爱的能力和创造的能力。孩子的核心能力究竟是什么？应该是爱与被爱。

今天全国各地的同人来到艾瑞德，你们想知道艾瑞德的中层管理能力究竟是什么？我不喜欢用"管理能力"这个词，我觉得艾瑞德的校园流淌的是一种爱与温度的故事。如果要说管理的话，管理就是爱出来的，不是管出来的。亲爱的嘉宾，这一次你们是局外人，前两年天使揭秘盛典的时候，300名教职员工在这样的场景、这样的时空中泣不成声，整个会场是爱与被爱的拥抱，整个会场流淌的是温度和故事。如果我们还有对教育和理想的坚守的话，我相信只要教育人有一颗爱的心，教育就会做到爱与被爱，没有其他秘诀。

赋能赋什么？赋能的第一个关键词就是赋爱，艾瑞德用"神秘天使"在赋老师之爱，在赋校园之爱，在赋教育之爱。同时，我相信这样的爱一定能够转化，转化成爱的能力，转化成我们蹲下来跟孩子说话的能力，转化成内心很真诚地对孩子爱的能力。

有人曾问我，艾瑞德教育的不同在哪里？我找不到。如果非要让我找的话，艾瑞德教育的不同就在于人，就在于老师和学生的关系，就在于我们管理团队和我们老师的关系，就在于老师和老师之间的关系。只要让所有的人能够爱起来，用善的力量，用善的内心来对待相遇的同事，来营造我们彼此一米之内的温润，就够了，不需要什么惊天动地的举动。

　　只要我们从这些小事和细节做起，用爱、用善、用内心最真诚的东西对待孩子，对待同事，就够了。我不知道大家能从艾瑞德带走什么，所有技术上的东西我认为都不重要，我希望大家带走的是艾瑞德人行为背后的价值观，教育就是爱与被爱，教育就是关系＋联系，教育就是善待＋期待。

　　天使揭晓，活动结束，我们又有了新的开始。当天下午是我们全校每月的电影日以及生日主题会，我们一起看了《叶问4》，恰巧这也是"叶问系列"的终结版。

国家公祭日

12月，有很多日子是不能忘怀的。12月9日，一二·九运动纪念日；12月12日，西安事变纪念日；12月13日，南京大屠杀死难者国家公祭日；12月20日，澳门回归。

今天是国家公祭日，注定是个特殊的日子。这一天，对南京而言，是天大的事。对一个从南京到中原的我来说，明显感觉到国家记忆、民族伤痛在中原淡了许多。我没有放过今天这样一个教育契机，尽自己所能来影响一所学校。爱国主义教育需要活教材，国家公祭日需要走进每一个中国人心里，尤其是走进孩子心里。

从去年开始，我们就以降半旗、国旗下讲故事、收看公祭日现场直播等方式来开展系列教育活动，以特有的仪式进行爱国教育。今年依然如此，低年级学生在校门口广场上举行降半旗仪式，高年级学生收看公祭日直播。

我们以历史为镜，要在孩子心中播下和平的种子。我抑制住悲痛的心情即席讲话，与师生同悼共勉：

　　今天这个时刻，我们以沉痛的心情、以集会的仪式来表达对国家公祭日的珍视，来表达对南京30万遇难同胞的哀悼。82年前的今夕，南京城正在进行着一场惨绝人寰、为期六周的大屠杀，今天是南京大屠杀死难者国家公祭日。今天我们降半旗、鸣笛、集会、共同收看国家公祭日的电视直播，都是在表达我们和这个国家同在，表达我们对和平的珍爱。

为何要把南京这个城市的记忆上升到一个国家的记忆？同学们，南京大屠杀死难同胞30万，已经超出一个城市所能承载的伤痛，他需要这个国家铭记，需要这个民族铭记，需要未来铭记，需要我们共同铭记。我们铭记历史不是为了仇恨，我们铭记历史不是为了报复，我们铭记历史是为了更好地去珍爱和平。

和平是我们永远向往的东西，怎样才能和平？一个国家强大，一个民族强大，一代人强大，我们才有永久的和平。所以我希望同学们通过这个仪式记住这个时刻，好好学习，将来能够为这个国家、这个民族做出自己应有的贡献，为这个国家、这个民族的强大贡献出自己的力量。

强大并不意味着要去攻打别人，强大是为了更好地守住我们的国门，强大是为了更好地守住和平。和平是一抹灿烂的阳光，请同学们记之，记之，再记之。

在本周，我们还将做到：班主任指导每一位同学上国家公祭网站参与网上公祭，每一位师生倡议父母或亲人参与到网上公祭仪式中；尽量提醒家人不要参与娱乐、庆典等喜庆活动；12月13日当天，所有师生不要穿鲜艳的服装，要着黑色或深色服装。

位卑未敢忘忧国，天下兴亡匹夫责。我们尽力用这样的方式来影响更多的孩子，让他们在心中能够记住一些，激发一些，自强一些，我自己就会欣慰一些。有些中原的朋友说我在学校如此重视公祭日，是因为我是南京人，而我想说的是，我是中国人。南京城之殇，也是我们国家之殇，每一个中国人都不应该漠视或无动于衷。

作为身处中原的南京人，今年我非常振奋，因为看到许多地方对国家国祭日的重视，我心情激动，敲下以下文字：回望历史，触目惊心；82年今，暮霭沉沉；野兽一群，破我国门；闯我南京，屠我国人；卅万同胞，涂炭生灵；国也不国，民更不民；日寇暴行，罄竹难尽；人间地狱，哀我金陵；一衣带水，此心何忍？军国主义，不散阴魂；多难兴邦，殷忧启圣；中华复兴，雄狮已醒；众志成城，国家强盛；伟大中国，巍巍雄浑；钟声响起，刻骨铭心；爱我中华，固我长城；从此以往，永赐和平。

下班回望校园，白鸽在飞舞，孩子在撒欢，我们在挥手中说再见，并期待下一个黎明。和平的样子，就是日复一日的岁月静好，就是年复一年的现世安稳。学校如是，社会如是，国家如是，世界如是。

○ 善者因之：做有故事的校长 ●

"王的声宴"

团拜会是学校的惯例，今年的团拜会定在 1 月 12 日下午，非常值得期待，因为王顺平老师的个人演唱会"王的声宴"将随团拜会华丽推出。

顺平老师是班主任、数学老师、德育中心副主任、年级部主任，喜爱歌唱，而且属于唱得非常好的那一类。不像我，我也喜爱唱歌，但属于唱得非常不好的那一类，我读师范时的音乐老师评价我的调是"在钢琴上一个音也找不到的"。但这依然不影响我的热爱，因为有时候，我们需要唱歌给自己听。但是，顺平老师不同，他的歌声应该让更多的人听到。

两年前，学校拍了一首校园版的《成都》，主唱有顺平老师。随着这首歌的推出，顺平老师更火了，我把这首歌也带到了第六届中国教育创新年会上。因为唱歌，顺平老师成了学校里的"男神"，不像我在学校只是个"男生"。在薄情的世界里深情地活着，而这样的深情，需要我们有个终生伴随的爱好，而不是我们的工作、专业。专业，让人生活着；爱好，让人快乐着。有滋有味的日子里需要爱好。

就像顺平老师，他的数学课教得非常棒，班主任做得特别好，行政管理也做得很不错，然而，让他成为"万人迷"的，应该是他的歌声。

这两天，顺平老师"王的声宴"的海报也在学校展出了，他的学生、年级部同事纷纷过来围观，围观就是力量。他远在澜庭叙幼儿园做园长的太太也"心神不宁"了。美术组、音乐组的老师们在紧张的学期末工作中，忙里偷闲地为顺平老师的个唱会在紧锣密鼓地筹备着。我要在团拜会的当天为顺平老师设立家庭专座，邀请他们一大家子来做他强大的亲友团。

昨天，为了顺平老师的演唱会，我一连发了三次朋友圈，估计有的校长心里会嘀咕，说我不务正业了。其实，在学校工作中，我们又该如何去理解"正业"呢？记得河南民办教育协会理事长王洪顺老师曾说过，"三流校长管门房（抓考勤），二流校长管课堂，一流校长管心房"，我非常认同他的说法。所谓的管理，就是赋爱、赋能，最大化地激发人内心的善意，让每一个出现都成为美丽的"对"。而除了顺平老师"王的声宴"外，不少部门都在悄悄准备团拜会的其他"声宴"，路过办公室时，里面常常飘来歌声。紧张地工作，快乐地生活。

顺平老师的演唱会只是我们成就老师们小梦想的一个新的开始，从今以后，我们每年将会为不同的老师圆梦。因为我们始终秉持我们的教师观：每一位教师都是珍贵的存在。

学校是个梦工场，为孩子造梦，为教师圆梦，下一个圆梦人会是谁呢？我期待着你的热爱、勇气，以及让我们眼睛为之一亮的惊喜。你的胆子有多大，学校的舞台就有多大。

文化篇

文化就是集体的对话与共识，一群人一起形成集体人格。

波澜壮阔的新时代已经到来，气象万千的艾瑞德正在路上。我们努力创造着气象不同的小趋势。让教育被慈善以怀，让师生被温柔以待，我们始终坚持在艾瑞德这片热土躬耕自然生长教育。以"启蒙、博学"为校训，以"干净、有序、读书"为校风，深度践行"每一位教师都是珍贵的存在"的教师观、"每一位学生都是美丽的不同"的学生观、"每一位家长都是重要的链接"的家长观，让"走自然生长教育之路，办有温度有故事学校"的教育理念植根在心，彰显于行。

一个核心

9月6日下午的第35个教师节庆祝表彰大会上，我在致辞中抛出了"一二三四五六"，以此作为对艾瑞德办学走过八年的微思考，虽略显粗糙和粗浅，但其中体现了我们的愿景和价值观，多多少少是我们办学的积累和沉淀，是全体艾瑞德人在实践中默默形成的共识。从今天开始，我想连续用六篇打卡谈些粗浅的认识，与大家共勉。

一个核心：走自然生长教育之路，办有温度有故事学校。这是我们的核心办学理念。2017年8月在洛阳白云山召开的、在艾瑞德办学历史上具有重要影响的一次会议，我们称之为"八月会议"。在这个会议上，我们对办学六年的自然生长教育进行了总结与反思，对未来学校的发展明确了定位和方向，确定了学校的核心办学理念为"走自然生长教育之路，办有温度有故事学校"。彼时，我刚来艾瑞德，那几个夜晚，孙银峰董事长常常和我单独聊到深夜，在彼此的对话与倾听中，我们走得更近，也想得更远。

2011年那个春天，艾瑞德落户郑州，自然生长教育根植其中。在当时的教育环境和背景下，这个理念的超前性和预见性是非常了不起的。孙银峰董事长酷爱中医，他一开始就期待艾瑞德"每一个孩子像小树一样自由、阳光、舒展地生长"。后来，包祥总督学每天在新乡的四季同达生态园写一篇文章记录当时的办学实践，后来集结成册，慢慢地，就诞生了自然生长教育。因此说，自然生长教育是孙银峰董事长和包祥总督学顶层设计的高站位，由此开始了艾瑞德在中原大地的"春天的故事"。当时，教育的环境有点"高天滚滚寒流急"，但因有了艾瑞德，便觉"大地微微暖气吹"。自然生长教育是正确认识儿童生长规律，尊重儿童、尊重生命、尊重生命生长路径的教育，自然生长教育在艾瑞德教育创业者们的共同努力下，与我们艾瑞德国际学校一起在血脉相连地"自然生长"着。

自然生长教育是属于每一个艾瑞德人的，尤其属于至今依然还在学校的第一批创业者，我今年一定要带着第一批"元老"去新乡四季同达生态园看一看，那是我们自然生长教育的发源地，是"星星之火可以燎原"的梦工场。在那里诞生了"儿童是属于大自然的"理念，感谢艾瑞德人丰富而智慧的实践。

这是一段激情燃烧的岁月，这是一段永载校史的时光，这是一种开天辟地的精神，这是一种永远继承的文化。

孙银峰董事长说："自然生长教育核心理念是艾瑞德团队在发展路程中集体智慧的结晶。"

2017 年 8 月，机缘巧合，我辞去公职来到了艾瑞德。有人说我是带着"温度"和"故事"而来的，其实这样的说法不够准确，"温度"与"故事"不是我个人的囊中之物，而是中外教育家身上共有的特质，也是我们每一个教育人需要从中学习的地方。

尤其我今天看到朋友圈中一篇有关"时代楷模"、杭州学军中学原校长陈立群先生花甲之年入深山、烛照苗乡勇担当的"温度"与"故事"后，更是感慨万千、敬佩不已。"温度"与"故事"是我在南京市莲花实验学校工作四年给我的灵感和启发，那里的师生和他们的生活、实践是这个理念的最大贡献者，我们一起提出了"做有故事的教育，办有温度的学校"，至今这个核心理念仍然属于那所学校。

只不过，当我只身来到艾瑞德后，我的身上或许因为在那里四年的浸

○ 善者因之：做有故事的校长 ●

润而多少有点"温度"与"故事"的因子而已，我要感谢那所学校和那里的师生。温度是教育的底色、磁场、翅膀和力量，故事是教育的实践、经历、艺术和味道。我更愿与艾瑞德老师一起再多做点探索与实践，力争让"温度"与"故事"再丰富点、再生动点。

因为前六年自然生长教育的肥沃土壤与艾瑞德教师的高感思维，让我与这里深深结缘，让"自然生长教育"与"温度""故事"产生了许多美丽的神话与传奇。

谁之功也？每一位艾瑞德的师生！

走自然生长教育之路，办有温度有故事学校，更需要我们尊重儿童发展规律、尊重教育发展规律、尊重社会发展规律，这是我们对"为谁培养人、培养什么人、怎么培养人"的学校表达和时代应答。

不忘初心，不辱使命。共识，携手，努力，坚持。

两个目标

两个目标，是指教师发展目标和学生成长目标，也被我们称为艾瑞德"四有"教师和"四有"学生。

教师发展目标：做有温度、有高度、有故事、有本事的教师。

2014年，习近平总书记在教师节前夕看望北京师范大学师生，他提出的"四有"好教师，要"有理想信念，有道德情操，有扎实学识，有仁爱之心"，这是一种期待，也是一种要求，更是一种目标，这是好教师的中国化表达，当是我们所有教师努力的标杆。

2018年暑假，在我们的文化体系中逐渐有了"四有"教师的表达，这是这些"带着爱，发着光，踩着风火轮，自备小马达，自成小宇宙"的老师们给我的启发。

这是带着泥土味和青草香，从我们自己实践中抽象、具象出来的。这是中国"四有"好教师的校本化表达，也是学校核心理念的教师版呈现，更是我们教师观的具体化尺子。这就是艾瑞德教师独有的样子，不是其他学校教师的样子。这是教师自我成长的期许，也是学校教师培养的指南。

我们的三年暑期培训计划，每月名师讲堂，神秘天使，旗袍节，研究、读书、写作、讲故事、种地"五件套"等，都是为了培养这样的老师。

在"四有"教师中，有温度和有故事都是取自"走自然生长教育之路，办有温度有故事学校"的核心办学理念。

有温度排在第一位，其主要内涵就是要有理想信念、有仁爱之心，"爱学生、爱学校、爱教育、爱国、爱党、爱中国特色社会主义"，这是做教师、做好教师的前提。没有温度，就不能从事教师这个职业。有人说，教师是太阳底下最光辉的事业，而我想说，教师就是太阳的事业，自己要能成为一个有温度的"小太阳"。

有高度，其内涵就是"有道德情操"和"有扎实学识"，有专业上的高度和做人的高度，这是一种无形的期待，要高于常人、高于学生，这样我们在教书育人时才能游刃有余。我们常说，爱学生，更要懂学生，光有温度是不够的，要有更多爱的本领，这就需要高度。爱学生需要有温度，懂学生需要有高度。

教育是科学，也是艺术。有故事，这是教育艺术问题，教育艺术侧重体现在"有故事"上，我们的教育教学要有方法和办法，要善于"做故事"、"讲故事"和"写故事"，一个好教师一定是一个会讲故事、讲好故事的人。对教师而言，我们一定要想方设法丰富其精神、丰富其内心、丰富其生活，呈现出向日葵般的明亮和饱满。鼓励并帮助教师利用假期多经历、多体验。教书育人，不是简单地教写在课本上和课堂上的那点东西，而要教中国大地上、世界人类历史上的璀璨文明。读万卷书，行万里路，爱读书、爱生活的教师是有故事的。

有本事，就是要求我们做一个立德树人的好教师，像于漪老师、斯霞老师、李吉林老师那样，他们是有本事教师的杰出代表，我们要向他们学习，力争成为一个有本事的教师。有本事，是一种综合能力的体现，当我们以"四有"教师的标准来要求自己，并坚持精进地做下去，努力成为"四有"好教师时，也就是一个有本事的好教师了。

学生成长目标：成为眼中有光、脸上有笑、心中有爱、脚下有力的儿童。

曾记得，1980 年，邓小平同志提出了"有理想，有道德，有文化，有纪律"的四有新人。今天，我们要培养德、智、体、美、劳全面发展的社会主义建设者和接班人。

这些都是国家意志上的育人目标，如何把这些目标校本化、具体化、实践化，需要我们教育人运用转化的智慧，将其转化成既符合国家要求，又符合学校实际的具体目标，让师生看得见、摸得着、够得上，这样，目标才可以激励人、发展人、成长人。

我曾把中国、日本、韩国学生放在一起对比过，就通过"四有"学生的标准，能把三国学生区分开来。眼睛是心灵的窗户，一个内心有光、有爱的学生，一定是眼中有光、脸上有笑、脚下有力的。

对一个真实、自然的儿童而言，他们的外在是内在的自然流露，我们自然生长教育也是追求培养一个真实、自由的儿童，培养一个干净、有序、读书的儿童，他们眼中的光、脸上的笑，除了来自原生家庭外，更多的要来自我们学校。

一个充满生命质感的儿童，都是可以从眼中、脸上和脚下"读"出来的，也是学校教育潜移默化的结果。因此，我们的鞠躬礼、"一条线"、就餐集会、光盘就餐、瑞德少年、学生校长助理、习惯课程、拓展课程、研学课程、劳动课程等都是基于"四有"学生的成长目标而开展的。

聚焦现有学生成长目标，培养未来中国公民模样。未来确实不可预知，但是，基于爱与创造力的培养，是教育的 DNA。我们的自然生长教育对应创造力，指向核心素养；我们的有温度、有故事对应着爱，指向核心价值观。

很多到过艾瑞德的专家学者曾不止一次地对我说过，"你们的学生和其他学校学生不一样，但是怎么不一样，似乎也说不清楚"，"你们的学校像国外的学校"，"这才是学校的样子"。我知道，这些都是对"四有"学生质地、质感和质量的鼓励，也是我们一直坚持下来的沉淀，我们视之为教育质量。

当然，这两个目标不是割裂的，而是紧紧地联系在一起的，没有"四有"教师，怎有"四有"学生呢?

好教师影响好学生，好师生成就好学校。

学校是师生成长的场，当教育被慈善以怀、师生被温柔以待时，好的学校生态、教育生态就会呈现，"四有"教师、"四有"学生就会如雨后春笋般涌现。"晓看红湿处，花重锦官城"，我们既看到了人与现在，又看到了诗和远方。

三　观

　　人有三观，学校也应该有三观，三观正了，学校也就正了。一般意义而言，人的三观是指世界观、价值观、人生观，而我们所讲的学校的三观特指学校的教师观、学生观和家长观，这表达的是我们对教师、学生、家长的情感、态度和价值观。教师、学生、家长是学校中重要的人，关注"三观"，其实就是在关注人。

　　在艾瑞德，我们的教师观是"每一位教师都是珍贵的存在"，我们的学生观是"每一位学生都是美丽的不同"，我们的家长观是"每一位家长都是重要的链接"。

　　我们认为，人为贵，我们应该把人放在心上，放在教育的中央。教育学，其实就是人学，学校的一切都是基于人、为了人、发展人。

　　我们认为，每一位教师都是珍贵的存在。笛卡儿说："我思故我在。"而我们要说："我贵故我在。"教师是学校最重要的人，没有教师的珍贵，就无法托举学生的珍贵。教师的"珍贵"有四层含义：一是从教师本身职业特点而言，它不同于其他行业，它是太阳底下最光辉的职业，是人类灵魂的工程师，因此而珍贵；二是从教师个体而言，我们的存在是因为我们自身的珍贵，存在即珍贵，我们要有自己的"金刚钻"，要通过教书育人、立德树人让自己珍贵起来，珍贵不是靠别人捧在手心的，而是靠价值证明的；三是从学校层面而言，我们要尽可能托起教师的珍贵，看见、信任、帮助每一位教师的成长，让他们不断珍贵起来，让他们有价值感、幸福感和存在感；四是从学生、家长而言，要把教师当作珍贵的存在，尊敬老师、信任老师、配合老师。

我们认为，每一位学生都是美丽的不同。每一个生命都是独特的个体，儿童是最神奇的存在。世界上没有两片完全相同的树叶，更何况孩子呢？"不同"是儿童的客观存在，不同的孩子开不同的花，有不同的开花季节，有不同的花期，作为教师，我们要从内心认可并接纳这种"不同"。

世界因不同而丰富，儿童因不同而美丽，假如世界上所有的孩子都是一个模子克隆出来的，哪怕他再聪明、再可爱，都是一件很可怕的事。教育的作用、教师的使命，就是要让这些"不同"的孩子都"美丽"起来，向善、向上，用不同的方法、不同的评价来帮助孩子充分显示出各自的不同。

学生"美丽的不同"需要教师"珍贵的存在"来促成。没有教师的"珍贵的存在"，就培养不出来学生的"美丽的不同"，而学生"美丽的不同"，同时也凸显出教师"珍贵的存在"，桃李满天下，是教师最值得骄傲的荣光。同时，教学相长，因为儿童的不同而促使每一位教师因材施教，练就其教书育人的本领，有本事的教师就是珍贵的。因为儿童在"美丽的不同"地成长着，而使我们教师这个职业伟大起来、美丽起来、珍贵起来。

我们认为，每一位家长都是重要的链接。家校关系是共同体，其出发点一致，阶段目标一致，价值取向也一致，都是教育好孩子。但由于某些因素，不少学校的家校关系总会出现一些问题。家校关系需要不断地修复，不断地链接，而且家长和教师应在彼此心里互为重要。一旦视对方为"重要"，问题解决的契机就会出现。因为把家长当成重要的人，我们才会每年举办三天智慧父母课堂，我才会认真地坚持去打"校长 8：30 电话"，我们才会在重大活动中把家长当作嘉宾，我们才会认真落实家长的来信……

开门办学，对家长开放，平等对待每一位家长。链接不是平面的、点对点的联系，而是立体的、多点交融的联系。当然，把家长当成重要的链接，不是无限制地满足每一个家长的要求。"重要"不是讨价还价的砝码，而是相互尊重的天平。每一位家长都要能匹配这样的"重要"，越是重要，我们越要小心谨慎，用心呵护，真心沟通。家校关系出现问题，是永远没有赢家的。我们对家长的态度是和善而坚定的。

"三观"是我们共同的文化，共同的价值观，我们也希望它们成为每一位教师、学生、家长的共识。

善待教师、善待学生、善待家长，践行"三观"是践行好学校文化和价值观之关键。让文化长在人心里，我们的教育生命之树就会常青，我们艾瑞德的教育事业就会永恒。

四 人

　　文化的引领，一定是核心团队的重要工作。学校的干部观很重要，干部必须要明白"我是谁，为了谁"，尤其是在我们学校，我们绝大部分中层管理干部非常年轻，他们几乎是 30 岁刚出头，更需要找准自己的位置。

　　我们的干部，包括我在内，都应是"学校温暖的符号，师生成长的道具"，这是基于"走自然生长教育之路，办有温度有故事学校"核心理念而回应"我是谁"的问题，也符合未来组织对干部的要求。《重塑组织》一书提出未来的"青色组织"理念，它的隐喻是"组织是个生命系统"，有着三大突破，即自主管理、完整性、进化宗旨。显然，"温暖的符号""成长的道具"的理念很符合这样的组织，我们也努力把学校建设成"青色组织"。

　　那么，我们期待所有的干部都能成为这样的四种人：坚守办学价值观的那个人，与师生保持最近的那个人，让学校保持沸腾的那个人，把学校带向未来的那个人。这是我们的干部观。

　　要坚守办学价值观，因为事业永远是一群人的价值观长跑，也是价值观的胜利。每所学校都会有自己的办学价值观，而这样的价值观总需要有先行者、坚守者，每位干部就应该是这样的人，都要身体力行学校的价值观。价值观是看不见的抽象、摸不着的虚空，但是因为我们的坚守，它就有血有肉、可亲可近、能仿能学了。坚守价值观是一个干部的基本素养，也是对事业的重要态度，我们讲忠诚，最重要的是忠于我们的价值观。因此，我们需要的不仅是赶路人，更重要的是需要同路人。有温度、有故事的自然生长教育是我们的大道，道相同，方可为谋，坚守价值观，就是我们每一个干部的天道。

要成为与师生保持最近的那个人，就需要我们不断地走近师生，到他们中间，听到他们，看见他们，发现他们，"看见他们的模样，接住他们的忧伤，捧住他们的欢畅"，也就是与他们打成一片，尤其在出现重大事件、重要时刻、重大问题时，我们都是师生的身边人，我们就是他们其中的一员。"不求在中心，只求在心中。"物理距离要近，心理距离也要近。我们推行了年级部管理，由干部联系年级、联系教研组，推行大部制（幼儿园、小学部、行政后勤部），都是为了重心下移、靠前指挥、贴近师生，目前看来，这些措施非常成功。心靠近了，事业就长远了。

要成为让学校保持沸腾的那个人，因为沸腾是生命的一种状态，沸腾是对生活和当下的热爱。学校应是生命沸腾的地方，儿童、少年、青年是学校的主角。他们生机勃勃、充满活力，面向未来；他们喜欢自由呼吸、舒展奔放。学校应该营造一种积极向上、与他们生命相匹配并促进他们快乐健康成长的"场"。沸腾是需要温度与故事的，沸腾也在散发着温度与故事。每一位干部都有自己的影响所及，要成为"沸腾源"，用一种饱满的热爱来点燃师生。每一个年级、每一个学科、每一节课堂、每一位老师都沸腾了，那校园就有色彩了，就有画面感了，就会让人热爱、让人眷念。更何况，30 岁的年龄，正是沸腾的时候。

要成为把学校带向未来的那个人，因为儿童的别名叫未来，教育是面向未来的事业，学校是走向未来的驿站，儿童是面向未来的天使，每一个生命都是从学校走向未来。于漪老师说："教师一个肩膀挑着学生的现在，一个肩膀挑着国家的未来。"今天的学校不面向未来，未来的国家将面向过去。我们的使命就是把学校带向未来，把儿童带向未来，这就需要我们把目光投向远方与未来，一起来尽我们所能重塑学校、重塑教育、重塑自己，我们的"一二三四五六"的文化就是要把学校带向未来。

预测未来的最好对策，就是创造未来，我们要力争让孩子在将来路过未来时有似曾相识、手足有措的自信，并能大声说出：未来，我们来了！

五 件 套

我们的教师成长目标是"有温度、有高度、有故事、有本事",为此我们的抓手是"研、读、写、讲、种",俗称"五件套"。成长的"外套"越来越多,原先是"读、写、种"的"三件套",后来又增加了"讲",现在又多了"研"。在民办学校职称、晋级等成长通道还没有完全畅通之时,我们需要寻找自我成长的路径,我们需要练就自身的基本功。

研,即研究。

研究儿童、研究课堂、研究教学,这是教师的首要任务,也是我们站稳讲台、守住专业的基础。要让儿童自然生长,要研究儿童,研究每一个儿童。华东师范大学终身教授叶澜先生说:"基础教育,要给孩子留下明亮的心。"她认为,小学阶段是给孩子打下人生底色的阶段,要给孩子一个明亮的天空,让孩子心里面总是向着光明、向着明亮、向着善良。基础教育应当首先面对具体的个人生命成长,留给孩子对人生的向往和追求。因而,儿童是我们眼中、心中最重要的人,教师应该成为儿童、研究儿童、帮助儿童。

"自然生长课堂"五要素是我们教学的纲要,它不是简单的模式,而是一种教学思想。需要每一位老师去研究它、实践它,让课堂更符合儿童的自然生长,让课堂成为师生共同对话与成长的栖息地,教师和学生的诗和远方应该是从课堂出发的。当然课堂不能简单等同于教室,课堂应该广泛存在于校内与校外，研学路上、"一亩地"等都是我们的课堂，需要我们研究好、实践好。专家引领、同伴互助、周六集体教研、名师线上线下交流等都是我们在"研"字上的具体动作。

读，即读书。

这是教师的自我成长与修炼，也是我们的校风之一。我们常说，到学校就是读书的，读书形成校风，校风联动家风，需要教师带头读书。读书应该成为我们的一种生活方式，腹有诗书气自华，书香是最持久的味道，堪比任何香水。每日的读书打卡，让人有了画面感。坚持下来，必有芬芳，这是我们集体的心理契约，这是我们共同的美好相约。

艾瑞德教师的与众不同就是读书。读书燃梦、读书圆梦、读书造梦，通过读书，"读"出我们的海阔天空，"读"出我们的生机勃勃，"读"出教育的桃花源。每一位艾瑞德的教师、员工，首先要是读书的人，然后慢慢成为读书人，让读书成就我们的"珍贵的存在"和"美丽的不同"。

写，即写作。

教师的写作，不是写长篇大作，不是为了成名成家，而是写儿童、写学校、写教育，写的都是我们教育的人间烟火。做，是珍珠；写，就是穿起珍珠的那根线，做、写结合，就是美丽的项链。做，可以成事；写，让人通透。一个人写，是小世界，许多人写，就是大天地。过去的一年，全校130多个公众号、700多万字，还有40多篇论文的发表，这就是我们的量级成长。2021年庆祝建校10周年的10本教师公开出版物指日可待，在最美的年龄，有一本公开出版的教育书，这是多么美好的事。

写，并不是说谁能写才能写好，而取决于谁能坚持。在自己的业余时间里，噼里啪啦地敲着键盘，成就着自己专业的远方，这是好事，要学会去热爱它。恰如我此时，清晨里安静地在书房里码着文字，也在码着自己的成长高度。我期待着，130多个公众号的活跃指数再高点，万事开头难，既然开始了，也就不难了。皇甫宜磊、陈琳、王彦月、李娜、薛静娴、葛小幸、李丹阳、王冰等老师都是写的坚持者。写，不是能写者的专利，而是想写者的权利。

讲，即讲故事。

讲艾瑞德的教育故事，这是一种教育表达。口头表达是教师的基本功，讲好我们自己的教育故事，是我们的专业本事。如果说，"读"是一种输入，那"讲"就是一种输出。

厚积才能厚发，做多了，研究多了，读书多了，写作多了，我们的"讲"自然就精彩了。曾有人听过我们中层的交流后感慨"艾瑞德的干部太能讲了"，其实，他们有所不知的是，我们的干部太能干了。我们的干部不是在云里雾里绕圈圈，而是从风中雨中蹚过来的。昨天薛静娴主任还说，备课组长谈工作都有点"TED"味道。我们也力争搭建了更多"讲"台，让更多的老师走上去、走出去。每次教师们的分享都让人看到他们的成长。我们反对只讲不做，我们提倡边做边讲，练"做"功，也练"讲"功。

种，即种地。

种"一亩田"，这是我们的独特活动，我们300亩的田园校区是另一所学校，呈现的是教育的另一种样态。劳动教育不是简单的劳动，"一亩地"是师生教与学的田园课堂，一年四季，师生与作物自然生长。当教师放下粉笔头、扛起锄头与学生一起下地干活儿的那一刻，他们在学生心中顿时丰满起来，立体起来。教育与生产劳动相结合，这是教育的要求，也是我们老师的责任，我们有这样天然的条件，就应该一起种好我们的"一亩地"。田园为课堂，种地也是上课。

种地就是种德，我们身体力行，与学生一起种下成长的样子。田园里的丰收，丰收的不仅仅是瓜果蔬菜，更是师生的明亮精神。种过地、会种地的老师一定是不一样的老师。

"五件套"就是我们想好变好、自立自强的"铁布衫"，是为了让我们长成自己想要、别人看见的样子。

六 个 一

我们学生的成长目标是眼中有光、脸上有笑、心中有爱、脚下有力。如何让这样的目标有抓手、有载体，让学生呈现不一样的模样？我们提出并践行"六个一"：露过一次营，穿过一条谷，经过一种爱，访过一座城，蹚过一条河，翻过一座山。这是一个学生在学校六年生活中需要经历与体验的，是他们在校时对学校的热爱之点，也将是他们未来毕业后对母校的眷念之源。"六个一"是送给学生成长的礼物。

一年级：露过一次营

我们将带着全体一年级师生在我们300亩的田园校区里过帐篷节，搭帐篷、望星空、听虫鸣、开篝火晚会、看露天电影等，以此装扮孩子的童年。孩子的童年是属于大自然的，大自然是孩子最美的课堂。"儿童散学归来早，忙趁东风放纸鸢""儿童急走追黄蝶，飞入菜花无处寻""意欲捕鸣蝉，忽然闭口立"……我们的田园校区是原生态的，是属于儿童的。让孩子任意撒野、奔跑，露营是我们仪式感的承载。可以想见，蓝蓝的夜，蓝蓝的梦，五颜六色的帐篷撑起了儿童五颜六色的梦。

二年级：穿过一条谷

我们带领全体学生驱车 120 公里后，徒步穿越在河南和山西交界处的后河大峡谷。登高山、临峡谷，都是生命的新体验。当这些可爱的二年级孩子身处谷底、仰望世界，面对荆棘丛生、脚下无路时，他们的内心是好奇，是渴望，是害怕，还是勇敢？我们都不得而知。我们所能知道的就是这样的经历是孩子成长的必需，我们认为这样做是对的。

三年级：经过一种爱

"让城市在爱中醒来"，三年级学生在每年的 12 月初在凌晨三四点分组奔赴城市的公交站、地铁站、垃圾站、早餐店、教师家、学校食堂等地方，去探寻这个城市中醒来最早的人，并为他们送上我们的爱心。美好的城市有人在呵护着它，我们生活在这样的城市里，总有一群辛勤的人早早醒来为这个城市奉献着他们的爱。这样的活动，也是在默默教育着孩子要爱这座城，爱这些人。我们已经连续做过两届这样的活动，并成为三年级的保留项目。

四年级：访过一座城

少年古都寻梦，行走天地课堂。古都研学，一周时间，四年级学生在每年 12 月访问中国古都。连续三年，从开封到洛阳，再到西安，这项活动已经连续进行了三届。通过研学，激发起学生对古都、对中国文化历史的敬仰与热爱。每一届学生研学归来，都会有一场面向三年级学生的汇报演出，承上启下、激发期待、唤醒美好，让古都成为一本活教材，让儿童学会学习。

五年级：蹚过一条河

黄河是我们的母亲河，我们紧邻黄河边，我们将组织五年级学生沿着黄河，从当年的楚河汉界的鸿沟出发，徒步拉练 10 公里。遥想当年的金戈铁马，考察黄河的风土人情。黄河岸边留下了刘邦、项羽的传奇故事，也留下了我们的成长足迹。长江澎湃，黄河咆哮，它们都通向大海；儿童有梦，教育有诗，我们在奔向远方。

六年级：翻过一座山

小学六年的学习，也是一次小小的攀登，毕业旅行，是六年级学生的最后一课。我们已经连续做了两届，效果很好，还将继续。我们将改变毕业旅行之仪式，将毕业旅行与毕业典礼结合起来，选择攀登一座山，并在山顶颁发小学毕业证书。会当凌绝顶，一览众山美，学生们带着攀登的精神走向中学，走向未来，这将是一次有意义的毕业课程。孩子在童年登上梦想的高山，用眼看世界宽度，用心感受人文传承的故事，用脚丈量大美河山的高度。六年生活的美丽不同，让学生的成长充满了期待。

星空、峡谷、城市、古都、黄河、大山，"六个一"是一种非常的意象，也充满着无限的想象，它相当于六个重要的坐标点，深深地镶嵌在孩子们的童年里。当然我们还有一直坚持的种"一亩地"、写一本书，都将贯穿在整个六年中，一起丰富着学生的小学生活。

"六会"儿童

一早，孙董兴致勃勃地来办公室谈起他的"成长看得见"的观点，他觉得艾瑞德的孩子应该有"美丽的不同"，比如会劳动、会游泳、会演讲、会写作……

孙董走后，我仔细琢磨，当我们确立了"每一位学生都是美丽的不同"的学生观，提出了"眼中有光、脸上有笑、心中有爱、脚下有力"的"四有"儿童，并辅之以特有的"露过一次营，穿过一条谷，访过一座城，经过一种爱，蹚过一条河，翻过一座山"的六个一主题课程后，我们的学生最终会长成什么样子呢？负责招生的会客厅老师也常常遇到家长的提问："艾瑞德能给我一个什么样的孩子？"

"成长看得见"关注的是"人与当下"，面向的是"诗和远方"。多年前，南京市金陵中学校长丁强就提出"既要对学生的现在负责，也要对学生的未来负责"的办学理念。2010 年我们创办南京市金陵中学河西分校小学部时，也明确提出了学生的"六个一"，写一手好字，发表一篇文章，会一门乐器，等等。谢家湾小学刘希娅校长也提出"六年影响一生"的办学理念，由此可见小学六年对儿童的影响之深。当一个家庭把孩子交到我们手里，六年后，我们将还给他们一个怎样的孩子，这是我们必须要面对和回答的问题。

○ 善者因之：做有故事的校长 ●

由此，我们用"六会"儿童来尝试回答，让他们会劳动，会游泳，会演讲，会写作，会旅行，会一门乐器。

会劳动。自然生长、劳动教育，是我们办学之日的初心，十年来，我们一直在认真对待劳动教育。300 亩田园校区，每班一亩地，学生六年都要在一亩地上亲近生活、亲自动手、亲爱劳动、亲历生长。校园、田园、家园、社园的"四园联动"让教育更生动，学校教学楼没有保洁，都是学生自己打扫，能让学生做的劳动都交给学生来完成。德、智、体、美、劳，劳育很重要，会劳动的孩子一定差不了。我们就是要培养一个会劳动、爱劳动的学生。

会游泳。这是我们对体育的彰显，也是我们的体育特色，利用我们得天独厚的游泳馆，游泳课进入正常课表，教会每一个孩子游泳。会游泳，是一种技能，也是一项教育。每年放寒假前的蓝色、白色、黄色的"泳往直前换帽季"活动，都促进着儿童对游泳的技能学习，蛙泳、仰泳、自由泳、蝶泳，不同的泳姿在展现我们学生美丽的不同。

会演讲。语言是思维的外壳，可以反映出人的思路。演讲是一种语言交际活动，对人的综合素养要求比较高，公众场合、体态语言、鲜明主张、声情并茂、宣传发动等演讲的特点，对人的表达要求比较高。美国总统选举，其实就是全国巡回演讲大赛。对学生演讲的培养，已经融入我们自然生长课堂之中，每天课前三分钟演讲、语文课堂的改革、基于理解的分享与表达、首届演讲大赛，这些都在培养着学生的演讲表达能力。丹尼尔·韦伯斯特说："如果有一天神秘莫测的天意将从我这里把我的全部天赋和能力夺走，而只给我留下选择其中一样保留的机会，我将会毫不犹豫地要求将口才留下，如此一来我将能够快速恢复其余。"侃侃而谈中透出自信，声情并茂中彰显力量，举手投足中显示风采，这就是演讲的魅力。

会写作。写作是书面之表达，从小学一年级开始，学生就开始写成长日记，六年下来起码就是 10 万字；鼓励学生给校长信箱、后勤信箱写信，也是为学生的写作搭梯子；学生在六年中发表文章、出一本属于自己的书，就是我们的目标，也是我们的要求；语文教学的主要任务就是教会学生写作。会写作、爱读书，就是语文教学的目的。写作是输出，读书是输入，读得多，自然就想写，就会写了。写多了，才会产生饥饿感，产生读书的需求。读书是我们的校风，让读书成风，才有可能让写作成风。学校要通过作文大赛、办班报、办班级公众号，成立学校文学社等形式为学生搭台子，激发他们的"发表欲"。

会旅行。行万里路，读万卷书，旅行，是带着学生去看世界，把世界铺展在学生面前，让学生融在真实的成长场景中。旅行是活生生的教育，也是水灵灵的生活。走出校门，走向世界，行走的半径扩大了，成长的图景也就丰富了。世界是鲜活的教材，旅行是成长的课堂，以天地为课堂，引山水入胸膛。祖国的山山水水，中华的璀璨文明，都在无形中融入学生生命的气象中。只有眼前多"树木丛生，百草丰茂；秋风萧瑟，洪波涌起"之风景，心中才会有"日月之行，若出其中；星汉灿烂，若出其里"之感悟。人的胸襟和气魄是要看你走了多少路桥，装下多少山水。一到六年级的"六一个"主题课程，就是着眼于培养会旅行的艾瑞德学子。

会一门乐器。我们形容一个人多才多艺，常常会说他吹拉弹唱无所不会。我也经常跟老师们开玩笑说，在人与人的交往中，才华的展示不是让你做一道奥数题，而是展示你的一手好字、一副歌喉，或是弹个曲子。会一门乐器，是我们艺术教育看得见的目标，艺术教育、美育，是人成长之关键。爱因斯坦的小提琴拉得很好，他临终前说的一句话是"我再也不能拉小提琴了"；梅西的球踢得好，大提琴也拉得不错；著名的德国物理学家马克斯·普朗克钢琴也弹得非常好；天文学家开普勒也是个音乐家……艺术和科学是一枚硬币的两面，也应是人成长的两只翅膀。艺术是想象之母，艺术催生着人的想象力，而想象力是创造力之母，没有想象，何谈创造。个人以为，教育的重要任务是教会学生想象。我们的拓展课还要再"拓展"

250

150

O 善者因之：做有故事的校长 OO 善者因之：做有故事的校长 O

一些，我们的音乐课也不能只局限于教孩子唱唱歌了，学校应该有小型的民乐团、夕阳乐团、合唱团、鼓号队等，从会一门乐器开始，让我们的艺术教育具体而丰富。

古有"礼、乐、射、御、书、数"六艺之说，今有瑞德学子"六会"之求，德智体美劳全在其中，全面发展真实可见。这是需要落实的，学科、活动、课堂联动起来，一盘棋，多手抓，全覆盖。当然，"六会"只是具象，还应有"七会""八会"，乃至更多……

生活篇

对自己狠一点，世界便会对你温柔一点。

即便处在五十而知天命的年龄，也应不忘初心，不油腻，不怨怼，去热爱，去拥抱。人生苦短，生命乐长。"曾经沧海也为水，除却巫山都是云"。我们还要保有看到一丛野菊花怦然而动之心，我们还可以拥有穿着牛仔裤在风中奔跑之能。多一点内省，少一点外争。不要去张扬我们的强大，而要多呈现我们的善良。人生是价值观的长跑，善良是最靠谱的竞争力。生活不能将就，生活需要讲究，对自己狠一点，世界便会对你温柔一点。

挥手之间

应该是从 11 月开始的，只要我在学校，每天下午 4：30 发校车时我要求自己必须下来送放学回家的学生，就像不少校长喜欢一早站在校门口迎接学生一样。我一直坚持到今天，并且准备继续这样下去。在对自己的要求上，我有时候是有点"自虐"了。对自己狠一点，世界就会对你温柔一点。

放学铃声响了，10 辆校车早已启动就绪，跟车的老师如约而至守着每一辆车，车队涂队长一如既往地立在发车的现场，值班干部来了，我也来了。我们与学生彼此鞠躬问好，然后看着他们蹦蹦跳跳地上车，开开心心地放学。

当校车开出校园的瞬间，车窗上扒满了挥动的小手，他们在向我们说再见，也是向今天说再见。如果我坐在办公室里，就无法遇见这样的风景。孩子们向我们挥手，我们也向孩子们挥手，手越挥越远，心却越来越近，这样的挥手不是再见，而是想念，不是分开，而是靠近。挥手让放学多了一点温暖，让校园多了一个美丽的画面。

上学有父母亲人相送，放学由老师校长相送，孩子的一天有始有终，有情有爱。每天如此，如此坚持，这样的迎来送往，让孩子多了一些幸福感，让教育多了一点仪式感。所谓的仪式感就是今天的日子和别的日子不一样，这一时刻和其他时刻不一样！这样也就有了意义和价值。

　　或许，挥手之间，撑起了一片天，装饰了一个梦，孩子美好的一天在挥手中结束。带着我们的挥手进入梦乡，梦一定是美的，上学一定是甜的。

　　除了挥手之外，我们也细心地在校车前添加了安全锥。这种细节在提醒同学们：校车静止不动时，安全锥会立在车头，我们可以安全地从校车前经过；当校车准备开动时，校车师傅下车观察车周围情况，排查盲区隐患后，移开安全锥方可开车，这时我们便不能在校车前随意走动。希望同学们通过安全锥的警示，提高自己的安全意识，深刻认识到"关爱生命安全，从我做起"的重要性。未曾想到，这样一个小小的举动竟让郑州市教育安全处的领导大为赞赏，并在全市推广。

小 黑 板

周六、周日无法在小黑板上写字，心里痒痒的。

正常工作日，无出差或十分重大的活动时，我清晨走进办公室的第一件事就是按下电脑开关（十几年一贯的习惯），然后开始在小黑板上写字。根据要求，我和其他老师一样，每天书写由教师代表示范的一首古诗，这是上学期大家达成的共识。

记得老师们刚开始写的第一周里，我是个旁观者，坚持写的老师不多，稀稀拉拉的，有的老师写的也有点像应付差事。后来，我与中层干部商量了一下，我们也加入了写板书的队伍。干部不是看的，而是干的，于是乎，我们就一直坚持下来了。大家一起坚持写，写成了今天的习惯，写成了今天的进步，写成了今天的模样。

连70岁的杜老师也如打太极拳一样每天都在坚持写着，而且写得不错。他告诉我，老师们的板书进步很大，也包括我。其实我也没觉得自己进步，倒觉得自己的态度是认真的，坚持是难得的。

写板书是清晨的第一件事，我不敢草率。每次写字时，我先把小黑板端端正正地放在自己的办公桌上，从粉笔盒里找出半根粉笔，稍微磨一下，然后认真端详、琢磨着打样老师的模板，思考一下字的间架结构，才开始动笔。遇到有些字的"点""捺"不清楚时就会在电脑上核查，生怕自己写错。

我的板书写得不是很好，30 年前读师范时的那一点功底早就烟消云散了，刚开始写时手悬不了空，笔画也立不住，写写擦擦。现在稍微好了点，尽管字的胖瘦不一，也基本算是一气呵成了。写完后自己拎下去，放在固定的位置，然后去吃早饭。心里从没觉得这是个任务，就好像是完成一个晨练项目一样。

写字不像敲键盘那样噼里啪啦，要运气提气，要思量布局，感觉小黑板就像个小油画布，自己仿佛要完成一幅作品一样。但坐在电脑前敲着键盘时则会常常怀疑自己是人还是机器。我总觉得，手写的东西有生命的质感，正如学校里活动的海报我都主张由师生手绘，反对用电脑喷绘。

每次走过五颜六色的手绘海报前时，我总感觉背后站着一群"美丽的不同"的孩子和"珍贵的存在"的老师，有时候冷不丁还会碰到孩子惊喜地告诉我："李校长，那是我画的海报。"于是我和他一样高兴，我能想象出他手绘海报时的模样，他把认真、美好、勤奋和努力都融进了这张要向全校人展示的海报，于是，海报就有了孩子的温度，就能讲出教育的故事，就能勾连出人、物的联系。写板书，其实也是如此。

当我们让粉笔字落在方寸之格的瞬间，我们就在与黑板与美好的自己对话了。在特定的时空下，小黑板上就有了"我"，留下了"我"，而且每天都是不同的"我"，都是进步的"我"，都是坚持的"我"。

小黑板的板书后都是有署名的，每天都会有孩子去打量它，他们会去寻找熟悉的老师，包括我。他们会停下脚步，兴奋地指着小黑板告诉爸爸妈妈，这是我们老师或校长写的，这时候，小黑板就是我们的"映射"了。我自己有时候也会在自己写的小黑板前稍作停留，十分自恋地多看它一眼。

我们这一代注定是过渡的一代，既要能用纸张书写又要能用键盘打字。过渡的一代是痛苦的，结果是字写得没有前辈好，键盘敲得没有后辈快。但似乎我们也是幸运的，我们"承前启后"，像桥一样连接，像船一样摆渡，让人类的文明无缝对接，浑然一体。字写得好不好，不是最重要的，重要的是当我们觉得字写得不好时我们在努力去写，有一个努力想变好的坚持态度。

我曾以为自己的板书还算中等水平吧，可是情况并非如此。有一次在我的小黑板前，一位老师含蓄地说："李校长，您字如其人，看到您的字，我们就像看到您的人一样，我们不是看你脸的模样，而是看你心中的情怀。"一语点醒梦中人，我终于有自知之明了，感谢老师们的雅量，对我的字的宽容，甚至是容忍吧。

后来，我发现，我们每天写的古诗也从小黑板上"走"了下来，变成孩子们集会时口中背诵的篇章。从老师的写到学生的诵，一件事的意义与价值就被延展了，一件事没做之前只是觉得就是一件事，做了之后发现产生很多的关联与牵扯，就好像沙土中的落花生一样，没拔出来之前觉得是一颗，拔起来后是一串，超出你的想象，让你更惊喜。因此，我想到了，教育是联系＋关系，教育是动词，是做。只有做了，我们才会从"意思"走向"意义"，从"有限"走向"无限"，从"我"走向"我们"。

重塑组织

《重塑组织》是一本书，旨在探讨进化型组织的创建之道，是由一位外国学者写的。在读《重塑组织》这本书时，我被深深吸引，有点相见恨晚了。

"与既有的现实斗争，你永远不能改变什么。想要改变，就建立一个全新的模式，让现有的模式变得过时。"

书中提出要创建一个有灵魂的组织，让我眼前一亮。在进化型组织中，几乎所有的重大决策都是由团队成员制定的。这让每个团队以及团队中的每个人都变得更具整合性，因为只要事先咨询过可能被该决定影响的人，他们就能在自己胜任的任何层级采取行动。当支配层级被移除后，实现层级将滋长茂盛起来。

互联网时代已经促成了一种新的世界观——一种可以去思考分布式智能而非自上而下的等级制的可能性。如果我们改变自己的信仰系统，是否能够创造出一种更强大、更有灵魂、更有意义的方式来一起工作？

爱因斯坦曾说，用当初产生问题的同样的意识水平是不能解决该问题的。也许我们需要进入一个意识的新阶段，形成新的世界观，才能重塑人类的组织。对于人类意识的下一发展阶段，也就是我们正开始迈入的阶段，发展心理学有很多话要说。下一发展阶段涉及顺服我们的"小我"以及寻求更本真、更完整的生命。如果说过去是对未来的某种指引，那么当我们进入意识的下一发展阶段时，应该也能开发出一个与之相应的组织模式。

非常巧合的是，今天《新校长》杂志的刘泱主编来校开启了为期四天的田野式采访，主题是"中层领导力"。这次采访源于今年3月蒲公英智库李斌总裁的艾瑞德之行，我们的中层干部给李斌总裁留下了深刻印象。

我也在思考，这两年的艾瑞德给所有来过学校的人都留下某一种"深刻"，尤其是充满活力的中层管理团队，好多朋友羡慕我有这样的队伍，我确实也感觉很幸运和欣慰。在这两年的管理中我一直思考并努力实践一个命题：学校是"平"的，管理是"湿"的。

我也在寻找中层领导力的"暗物质"，它应该包含价值、信任、看见、托举等，相对"暗物质"而言的"明物质"应该指薪资、福利、晋升、奖励等。不知不觉中，我们的管理与《重塑组织》中的一些观点"暗合"了。

我对采访的刘泱说，在全国成千上万的校长中，我是很普通的一员，在人群中我很难被看见，但是在全国成千上万的中层管理团队中，艾瑞德中层管理团队不普通，在人群中是一眼就能被发现的。可能基于这样的"发现"，李斌总裁有一双慧眼，刘泱主编千里而来。我也期待我们不辜负一双双爱我们的眼睛，我更为我可爱的中层团队被"发现"而喜悦。不惧山重水复，必有柳暗花明。每一位中层干部都是一个小宇宙、小马达、小太阳，他们在努力成为一束光，努力发现一束光。

因为《重塑组织》而和我投缘的天津陶晓明先生说："看到青色组织在企业组织和社会推广的前景，非常兴奋。青色学校，让人耳目一新，当然在艾瑞德已经看到了它的许多影子……"

未来已来，它已经萌发于当下。重塑，不一定是推倒重来，而是不断地进化改良。当我们还没有意识到自己的重塑意识时，我们已经迈出了可贵的重塑的一只脚，在做中重塑我们的组织。

我们彼此赋能

　　河南省民办中小学学校文化和课程管理培训班今日在学校举行。省教育厅政策法规处的平奇副处长、郑州市教育局张少亮副局长、郑州市民办教育处苗伟副处长、高新区社会事业局田鸿鹏局长出席了开班仪式，这是对我们学校的莫大赋能。

　　来自全省民办学校的校长以及骨干老师等 200 多人将从一天半的培训中受益，这是省教育厅利用行政力量为民办教育赋能。下午，郑州市教育局教研室姬文广主任的报告也是一种赋能。上午，我和王彦月、刘浩然两位校长助理一起和与会者分享了我们的管理方式，我以"赋能让中层更'能'"为题谈了管理中的赋能。

　　领导者应该是一个能量场，是个核反应堆。自己要成为一束光，照亮他人；同时，要帮助别人成为一束光，当每个人都成为一束光时，我们的学校就明亮了。如果学校中层领导力的平均高度决定了一所学校的发展速度，那么，校长的第一使命，就是发现并赋能一支优秀的中层团队。

　　赋能，不是"我给你"，而是"我和你"，大家彼此在一个能量场里，彼此都是能量的提供者，又是能量的吸收者。

　　能量源于数量、质量和速度，赋能就是一群人向着一个目标高质量地奔跑，也就是我们艾瑞德人的表达语系："带着爱，发着光，踩着风火轮，

262　　　　　　　　　　　　　　　　　○ 善者因之：做有故事的校长 ●

自备小马达。""一群人，一件事，让我们一起慢慢变好。"

我分享了四个观点：一是赋思想之能，造"我能行"的场子。价值引领，理论自信，善者因之，这是一种巨大的能量，因为相信而看见，因为相信而拥有，因为相信而聚能。所以，我们要像"滚雪球"一样维护好艾瑞德的文化能量场。二是赋结构之能，架"我能行"的梯子。结构决定功能，我们级部制与大部制的改革，让管理更加扁平、更加顺畅，让能量既容易聚合，又不易损耗。三是赋项目之能，搭"我能行"的台子。"是骡子是马拉出去遛遛"就知道了，能不能、行不行，项目中见，项目授权，给人"能"的舞台，激发潜能，人将更能。四是赋价值之能，树"我能行"的牌子。让能人被认可，让能量被放大，"能"有所值，让自身价值闪光，照亮自己，影响他人。

所谓的赋能，就是在管理中最大限度地激发善意，不要满世界去找"能"的人，而是要把现在的人变"能"。把每一个人变"能"，就是最好的赋能。

让自己成为那束光

今天是周六，原本是休息时间，我们做了点调整，只为一场精彩的报告，只为能为我们能带来那束光的那个人。

上午 8：30，在出旗仪式之后，徐加胜博士开讲"教师与经典阅读"，这已经是名师大讲堂的第 24 期。两年中，平均每月一名专家，这样的台子，已有近 30 位专家来开讲座，如一束光一样，照亮前方，引领着艾瑞德教师的专业成长。

徐加胜博士曾任北京四中校长助理、北京四中璞瑅学校执行校长、北京师范大学天津生态城附属学校校长，现任北京海嘉国际双语学校天津校区校长。虽然年龄小我近乎一轮，但是，非同寻常的学历、经历、阅历，都让这场讲座注定非同寻常。

讲故事，有温度，不空谈。四书五经，信手拈来；诗词歌赋，脱口而出。在经典中自由穿梭，在历史里自如来去，报告厅的每一个人心里都被加胜博士的那束光照亮了。

他告诉我们，读书可以提升包容能力，读书是人的"自我救赎"，读书是人生意义的确认，阅读的过程就是建构人格的过程，作为教师，阅读关系着行为乃至生命的状态。他告诉我们，经典给人的是一种思维方式，经典是人生命状态的源头活水。他告诉我们，中国的经典就是我们的原点，能帮我们确定自己的坐标系，只有找准自己的定位，才能更好地看待他人。当我们有了自己的文明后，就有了出路，也能更好地理解别人。当我们对传统保有一份温情与敬意时，就可以让每个存在的个体安静从容地立于天地之间。他从另外一个侧面诠释了教师桃李满天下的意义，他说："教育是一种信仰，我们通过教育的方式活在这个世界上，无处不在。"

加胜博士的报告很精彩，背后为人真诚而单纯，让人产生亲近感。他说到动情处，自己动容，也让人落泪，七尺男儿的躯体里安放着一颗柔软的心。在两天的交流中，他的谈话与分享让我受益匪浅。与其说他到我们这里来学习，不如说我要跟他多多学习。

加胜博士谈的是读书，而我想到的是读人。有的人站在你面前，就是一部书，"读你千遍也不厌倦，读你的感觉像三月"，我眼前的加胜博士如是，他可爱而耐读。

讲座之后，报告厅的四束光打在一张高脚椅上，等待着分享者的出现。这样的设计源于浩然、彦月和我要分享国庆三部电影《中国机长》《我和我的祖国》《攀登者》的冲动。从内容到形式，在非常短暂的时间里，我们完成了一次漂亮的团队作战，我非常欣喜地看到了"那束光"。

不经意的日子里，成长看不见，明晃晃的台子上，精彩在眼前。

机会只留给有准备的人，这里的准备，不是"临时抱佛脚"，而是"饱带干粮晴带伞"，在突发的情况下让自己爆发出来，启动开关，就能明亮。

来自学问的"深度"之光，来自心灵的"精度"之光，来自时间的"广度"之光，来自雪山的"高度"之光，照亮着报告厅，温暖着艾瑞德。

随之而来的，是下午的周六大教研，这是本学期新启动的每月一次的周六集体教研，这也是一束光，将照耀着我们不断精进的教学之路。

晚间，在陈琳主任朋友圈看到了学校夜晚灯光的照片，让人心动，我激动地写下一句话："因一束光而照亮，被一种美而打动。"学校越来越亮，学校越来越美，学校也越来越动人。

非常巧合的是，今天收到了《新校长》杂志的 10 月刊，里面刊登了关于我校中层领导力的封面报道，这也是我们期待的"那束光"。《新校长》杂志李斌总裁勉励道："认真读完后很感动，愿李校长和其团队在郑州立起一个学校教育的风向标。"

渴望那束光，是学习；成为那束光，是成长。每一位艾瑞德人，努力让自己匹配那束光，让自己成为那束光。

走　班

　　本学期，老师们"同课异构"的公开课一直在进行中，听课自然就成了我工作的常态。有时候，因为是平行开课，老师们都希望我能够去听，于是乎，我只能"走班"了，上半节我去听英语课，下半节我去听数学课，一是为自己多走进课堂，多做些了解，二是老师们辛辛苦苦准备的一节课，我去听听，也能给他们一种信心。但是，依然有一些公开课因为时间关系，我无法兼顾到。今天下午，听薛静娴主任说李春晓老师的公开课非常精彩，我遗憾错过。

　　今天，连续听了葛小幸老师、张文青老师的数学公开课，感到十分欣慰。教学，是老师最大的事，两位老师对课堂的重视以及学生在课堂上呈现的学习状态，让我找到了数学学科为何在学校"先行一步"的原因。葛老师的小组合作初见模样，"自然生长课堂五要素"的原则和思想明晰可见。课堂中，孩子们的分组合作、小黑板运用、分享表达，让我看到了学科素养的践行和落地，非常好。

　　张老师的课堂通过一个一个设计的问题，在有梯度地培养学生的数学思维，通过深度问题，帮助孩子建立数学概念。中午数学备课组评课，我主动要求参加，谈了对数学课的个人观点，基于自然生长课堂五要素，希望数学组能继续先行、践行，成为领头羊，同时，在数学教学中要关注数学概念的回归、数学思维的培养、生活数学的探索、数学表达的精准。我是数学学科外行，个人意见仅供参考。

同样，我也开始另外一种形式的"走班"。学生就餐时，全校老师都与学生同桌、同样、同乐，我也不例外，我的餐桌几乎是固定的，靠近现在的三年级就餐区域，三年级的老师很用心，轮流让学生坐在我的周围。最近，我想采取孩子不动我走动的形式，走近孩子们的餐桌，力争让每一个孩子都能和我一起共进午餐。

说动就动，从昨天开始，我端着打好餐的餐盘，走进了一（1）班的就餐队伍中，成为他们的一员。或许因为有点突然，孩子们很惊喜，老师们很惊讶，一顿饭下来，坐在周围的学生叽叽喳喳地说个不停。吃饭是最自然的亲近，陪伴是最无声的教育。

我曾算过一笔账，如此"走班"，轮流下来，全校 1400 名学生，我都会走到他们的餐桌旁，听他们的叽叽喳喳，看他们的可可爱爱。走班，让我尽可能多地去亲近老师、亲近学生，温暖他们的书桌，也温暖他们的餐桌。

跑步，跑得孤单但不孤独

对于不太爱动的我来说，运动是件不太容易的事。

当今年 8 月 31 日在开学典礼上面向全校 2000 多名师生说了那句"大话"后，我只能每天早晨 6 点钟被一个坚持的"我"从床上拖起来跑步，今天刚好满 50 天。跑着跑着，觉得跑步已经不仅仅是跑步那点事了。

上周我在朋友圈发了一些我在田园校区的照片，熟悉我的朋友都说我瘦了，其实瘦没瘦我不知道，但是，我的精神状态和开学前已经大不一样了。

"大话"之后就行动起来，每天早晨 6 点从床上弹起，简单洗漱后出门。跑步 40 分钟，把自己交给大自然的清晨，让跑步机黯然在书房的角落里。塞上耳机，每天听 40 分钟的书，《曾国藩》《王阳明》《传习录》的有声文字在不知不觉的脚步中磨着自己的耳朵。虽然是秋天，依然有一两朵鲜艳的月季开在枝头，点缀着美好的清晨；猫儿、狗儿、鸟儿从眼前晃过；新鲜的空气也在身体中循环地奔跑着。这么多天以来，坚持着的自己也会遇到坚持着的人，一（1）班邵省燊同学每天如我一样在坚持着，为这样的学生点赞。

微汗后洗个热水澡，让毛孔张开，让身体舒展，神清气爽的一天开始了。驱车上班，等红绿灯也好，堵车也罢，都轻松地等待着，看一切都非常的顺眼、顺心。正如王阳明先生所说"心即理"也，心外无物，心外无事；心里有，一切皆有；想得美，就会真的美。王阳明先生的四句教诲："无善无恶是心之体，有善有恶是意之动，知善知恶是良知，为善去恶是格物。"让人心生善意，顿觉万物皆美好。跑步后，让身体轻起来、清起来，排除"昨天"的污浊，和过去告别，与崭新握手，每天的跑步就是为善去恶。王阳明先生主张的"格物"，格者，正也；物者，事也，在事上磨炼就是格物。跑步，就是一件事，每天坚持一件事就是磨炼。跑步的意义已经不仅是锻炼身体这么简单了。

同样，本学期，我们还有一些不能停下来的"跑步"：教学成果奖、902 工程、重庆创新年会的 18 分钟、校庆十年的筹备、劳动教育试点学校申报。南京的朱焱校长听后感慨道："这其中的每一件事对一所学校来说都是不简单的事，你们不容易，也不简单，一切都是努力的结果。"郑州市教研室姬文广主任说："艾瑞德，让我彻底改变了对民办学校的看法。"河南省名校长张卫东说："艾瑞德老师，让我彻底改变了对民办学校老师的看法。"这是鼓励，也是激励。奔跑吧，伙伴们，或许，我们的汗水会伴着泪水，但是，脚力是跑出来的，青春是拼出来的，本事是干出来的。

跑步，已经和"校长 60 秒"、读书、写字、日精进打卡、陪学生午餐、听课、"校长 8∶30 表扬电话"、国旗下讲故事、送校车等融在日常的习惯中，让它们来磨炼自己。

有时候，成长不是自己和别人的较量，而是自己和自己"过不去"。唯有不断的"过不去"，才有更好的"过得去"。

成都，带不走的只有你

"在那座阴雨的小城里，从未忘记你，成都，带不走的只有你。"这是歌手眼中的成都。

"带不走"的成都，今天，2019年12月4日，我们来了。艾瑞德教育集团一行30人从郑州赶来了，全国3700名教育人也陆续从四面八方赶来了。"听得见呼吸的交流，看得见笑容的相聚"，只为一场会议——中国教育创新年会，由蒲公英教育智库举办，这已是第六届。

记得第五届年会是在我的家乡南京举办的，那是我第一次参加，南京博展中心的3000多人会场，来自全国的教育人济济一堂，主办方组织得有条不紊，并且很有品位，令我印象深刻，尤其是"人啊人"的主题更显深刻。当时，我有了一个小小的梦想：明年的年会我和艾瑞德能站在这样的台子上吗？未敢示人，生怕被笑。

无官方背景、无行政干预，因梦想而聚集，因品质而吸引，一场民间的教育人约会，让中国教育在这样的冬天里嗅到了春的气息。在本该结冰的季节，总有不怕寒冷、心怀希望的破冰者开凿前行，蒲公英教育智库的一群人已经连续六年这样而为之了，我心生敬意。

去年的年会，我们只是听众，是学习者。今年的年会，我们有幸走上了台子，成了参与者，我将代表学校进行18分钟的主题演讲，学校的会客厅、学生的美术作品展，这是我们该记住的坐标点。因此，成都对于我们来说，更是一种美好的教育记忆。从去年南京年会开始，我对其心心念念整整一年了。今天，成都支起了一口教育的"大锅"，我们带着"蔬菜""调料"等来了，一起熬一锅"石头汤"。

都说成都是一个温暖的城市，来了就不想走。今天我们来了，我们也将会离开。再好的风景，只可驻足，不能久留，我们需要创造在别人眼中属于我们自己的风景。

同属于蒲公英教育智库旗下的《新校长》杂志以"中层领导力"为主题，在 10 月刊推出以我校为对象的两万字的封面报道，同时本月 20—21 日"中层领导力"现场会将在我校召开。我们需要在成都的站点上左顾右盼、前思后想，不愧对这前前后后的关怀与厚爱。

李斌总裁因为来过一次学校，便对我们报以深情期许，并在不同场合表达对我们的认可。刘泱主编四天的"田野式"采访，透视学校管理，对我们的中层队伍给予高评。还有蒲公英相关团队对我们田园课程的设计与谋划……一切都刚刚好。犹如杜甫的《春夜喜雨》，"好雨知时节，当春乃发生。随风潜入夜，润物细无声。野径云俱黑，江船火独明。晓看红湿处，花重锦官城"。

从郑州到成都只有一个小时五十分钟的航程，但对我们而言，这样的航程意义非同寻常。

多少年后，留在我们 30 人的教育记忆中是否会油然而生：成都，带不走的，只有你!

○ 善者因之：做有故事的校长 ●

珍贵的 18 分钟

　　从没有像今天一样，特别感觉到时间的存在，我仿佛听到了时间的嘀嗒嘀嗒声，这一切皆因为今天有一个 18 分钟是属于我们艾瑞德的。

　　平时没有觉得 18 分钟有多重要，打个盹儿、聊个天、跑个步，18 分钟就悄悄地溜走了，而今天，我们在场的 30 位和不在场的其他艾瑞德人，都在等待这重要的 18 分钟。下午，我作为第二位演讲嘉宾站在中国教育创新年会的台子上，表达艾瑞德的立场。这是一个容纳着 4000 人的教育场，这样的 18 分钟我们用心等待并努力了整整一年，应该是从去年的南京年会就开始做梦了，今天，小梦想圆了，大事件有了。

　　我也曾出现在不少台子上，但今天的台子对我而言又如此重要。我的 PPT 和书面稿已经修改超过十次了，一直到上台前，我还在微调稿子，字斟句酌。以前只做 PPT 的我第一次写稿，今天也多次默默整理着我演讲的条理，乃至情绪。

　　在一件事没结束时，我们一直在准备着，不敢有半点的懈怠，我怕愧对信任、期待与相遇。这样的 18 分钟不是想来就来、说有就有的，如果因为忽视而错过了，那就是一种过错。在上台前的两分钟，我清空了自己所有的杂念，唯有一个信念：加油，肯定没问题。比我还紧张的有同行在场的伙伴们，他们的紧张不是缘于担心，更多的是兴奋、激动、自豪吧。

在台上的 18 分钟是非常快的，我看到无数高举的手机，我听到数次自然而然的掌声，我也能感受到这样偌大的场里无声的链接，李斌总裁在角落里为我竖起大拇指点赞。在计时器归零时刻我准时结束了自己的演讲。

主持人蓝继红校长做了这样的小结："谢谢李校长，您一定听到了满堂的掌声，您也一定看到了大家一次又一次举起的手机，恨不得把您的每一张 PPT、每一镜头都拍下来，可是您肯定没有看到角落里李斌总裁为您竖起的拇指，当您说了那句'风景装饰了你的心，你装饰了孩子的梦'的时候，我由衷地感慨，您是一位诗人校长！有这样有诗心的校长，那所学校当然也会在人间烟火中拥有不一样的味道，有离孩子最近的老师，有愿意躺在孩子面前的校长。我在想，那所学校真正的主人该是谁呢？答案就在今天李校长给我们带来的所有的故事、所有的话语、所有的金句里……谢谢您！您是如此不同，有首歌叫《成都》，里面说忘不了这，忘不了那……我想，成都从此忘不了有一位校长，他叫李建华！"

下来后，李斌总裁和我紧紧握手，王伟博士给了我一个深深的拥抱，丛一冰校长发来短信："说得好，做得好，有点心疼。"还有一些厚爱我的朋友也给了我鼓励。晚间接到董事长孙银峰先生的电话，他为我们今天的付出与精彩点赞，他期待着更远的远行。当我们都在彼此地参与、温暖地裹挟、幸福地席卷时，我们拒绝无病呻吟的高谈阔论，我们远离无所事事的指点江山，我们无视自以为是的居高临下。这是我有生以来站的最大的台子，我倍感珍惜，私下也感觉这是自己讲得最好的一次。18 分钟，太短，又太长。今天还有 15 人、明天还有 17 人都将在这个主论坛奉献他们珍贵的 18 分钟，或许，为了这样的 18 分钟，好多人可能要积累 18 年，甚至更长。

所有的向下扎根都是为了在某一刻的生命怒放。18 分钟后，我们都将转身离开这个台子，离开后会留下什么？又能带走什么？一锅"石头汤"，不会让我们空手而来，也不会让我们空手而归。

公　心

　　一位同人夸我 26 日干部述职后的讲话"好极了"。之前我的讲话内容偏向于引领工作方向和分享工作方法，而昨天的讲话内容是关于做人。"让人反思，促进成长"，其实，在准备那天的讲话时，我也是从心出发，我的发言主题是"努力的人是美丽的"，就是想说说心里话，聊聊真问题。从身边的小问题、真问题出发，和我们这帮平均年龄 30 岁的管理团队谈谈个人成长，谈谈管理思维，而想想自己，在这个年龄时则缺少这样的引领。

　　成绩不说跑不了，问题不说不得了。我重点说的就是 1 月 22 日行政会有关年级部评优投票的事。年终评优，原计划给六个年级部和国际部三个优秀指标，当我把想法抛出来时，大家反应不一。会上我想请所有 24 位中层以上干部为级部工作做个民意测评，虽然我已说明优秀肯定不是从投票中产生的，但是从我收到的 21 张投票中（3 张弃权），可以窥视到这支年轻的管理团队的文化、问题，乃至当时的心态，所以希望和大家一起来解剖这只"麻雀"：

　　（1）从投票的结果来看，各年级部一学期工作状态与成绩基本匹配投票结果，尽管位次略有差异，但说明大家基本出于公心。作为管理者，公正、公平是基本素养，不公则不正，不公则不平。尤其大家都非常年轻，如果不公，则管理是难以服众的。

　　（2）投票虽然只是一个简单的勾选，但是我们选择时是否完全出于对工作的考量和评判？是否含有情感的因素？我们是把真正"干得好"的标准放在第一位，还是让"关系好"主宰了我们的判断？人都是由情感与理智组成的，勾选时，我们是理智占了上风，还是情感占了上风？勾或者不勾，应都是基于公心，与情分无关；选或者不选，应都是基于业绩，和事实相关。打钩的瞬间，我们是投给"干得好"的人，还是"和我好"的人，或者说，"和我好"的人与"干得好"的人，我们是否拎得清？这些都值得我们深思。我们要引领学校的一种文化：用成绩与业绩来说话，让优秀真正"秀"出来，为比我们强的人喝彩，向干得好的人看齐。欢迎"该出手时就出手"的风风火火，喜欢"洛阳亲友如相问，一片冰心在玉壶"的简简单单。拒绝一团和气的平庸，反对过于世故的成熟。别人现在比我们领先，我们就让掌声响起来，心甘情愿，心悦诚服；我们暂时比他人落后，我们就步子跟上来，紧追不放，勇于争先。良好的竞位争先的文化一定是水涨船高，而不是相反。

（3）有 3 张弃权票，说明我们还不能正确面对这样的测评，心态还不很成熟。在需要我们表明态度时，我们却选择了没有态度，这在管理中是不提倡的。支持什么，反对什么，必须要有明确的"亮剑"态度，不能模糊，更不能回避。试想一下，如果 24 人都弃权了，那多可怕啊。因此，期待以后不要再出现弃权的情况。

我还说到了同时期风靡网络的新东方晚会的吐槽节目，引得掌门人俞敏洪连发五封邮件，剑指管理团队，更是一剑见血地指出了"管理者人才发掘机制严重缺乏"的积弊。一个企业发展久了势必会存在这样那样的问题，所以居安思危、未雨绸缪地把持住思想，势在必行。新东方发展 20 多年，他们取得了优异的成绩，一定也存在着不少问题，尤其是在管理层，他们在自省。作为年轻的我们更应该自明。

没有带不好的队伍，只有带不好的领头人。假期闲暇，回想这个事情的前前后后，我想起了管鲍之交。管仲和鲍叔牙两人都是春秋时期的名臣，管

○ 善者因之：做有故事的校长 ●

仲辅佐齐桓公成为春秋霸主。最初，鲍叔牙是齐桓公的谋士，管仲是齐桓公对手公子纠的手下。公子纠在和齐桓公争夺齐国国君的时候失败，他的谋士也受牵连要被处死。这时候鲍叔牙站了出来对齐桓公说，如果你想称霸，那就非起用管仲不可。齐桓公听了鲍叔牙的话，任管仲为相，而鲍叔牙甘愿做他的下属。管仲没有让齐桓公和鲍叔牙失望，最后辅佐齐桓公走上霸主之位。

　　管仲病重临死前，齐桓公问他谁能接替他做相国。齐桓公想让鲍叔牙做相，但管仲却说："鲍叔牙为人过于刚正，做清官可以，做相国不行，能力没他好的，他看不上人家，谁犯错，他能记一辈子。如果他做相国，为人不够圆滑，不会讨好君王，也不会给下属好处。"难得的是，鲍叔牙知道之后觉得管仲说得很对，说他就是这种为了国家不会对朋友有私心的人。鲍叔牙举荐管仲并甘居其下是公心，管仲不举荐鲍叔牙做相国也是出于公心。我认可你，是基于你的才能，是基于对大局的考虑，不因我们有私交；我不举荐你做相国，也是基于大局的考量，不因你我是知己。人在心里，大局立场。这种拎得起、分得清的管鲍之情，流芳至今。

　　老子说过："是以圣人后其身而身先，外其身而身存。非以其无私邪！故能成其私。"在大利益面前，我们放下"小我"去成就"大我"，就是胸襟与格局，把自己放在后面，让自己置于利外反而受益，利他才是真正的利己。公心满了，自然成全私心。

　　我期待，这支年轻的干部队伍能在朝气蓬勃的时候保住这颗难得的"公心"，画出情感与理智之间明晰的界线，拉正我们的价值准绳，守住我们的管理文化，让"小我"在"大我"中得以保全，让自己成为利他的"贵人"。

　　守住了公心，就守住了一个单位的浩然正气，让优秀者敢于"秀"出来，让我们敢于成为人才的发掘者。我也许不够优秀，但我能看见你的优秀，我也许不能赢得精彩掌声，但我能为你的进步使劲鼓掌，这难道不是管理团队的使命和素养吗？这种使命感和高贵的素养就是我们的企业文化和团队格局，期待我们共识而为之，携手而为之，努力而为之。

三读"蔡元培"

自工作后，有一本书，我读了三遍，这对我而言是第一次。这本书叫《跟蔡元培学当校长》，作者是台湾同胞吴家莹，是位大学教育人。我喜欢这本书，是与蔡元培当校长有关，现在开始读第三遍，是与我自己做校长有关。蔡元培留在历史长河中的精彩应该就主要体现在他在北京大学做校长时期，说起北大，不能不说蔡元培，也不能忘记蔡元培。

一个校长如果和一所学校的发展血脉相连，或者说，学校和校长已经难以剥离了，那这个校长应该是成功的，蔡元培如是，值得我们仰慕与学习。

我读这本书的时间分别是 2014 年、2017 年、2020 年，或许当时读它，纯属无意，但今日回望，确实有因。

2014 年 5 月，我刚到南京一所公办学校做校长，学校之情形与蔡元培1917 年 1 月就任北京大学校长时的困境可以同比。当时学校地处城郊接合部，由三所老校整合而成，学生绝大部分是外来务工人员子女，并且是南京市第一所公办九年一贯制学校。困难、压力、突破，一直交织在我的心里，我需要一种校长力量的暗示与信念来支撑自己，于是我选择了蔡元培，并开始读这本书。书中列举的蔡元培校长办学三大构想类，即发展性构想类、支援性构想类和维生性构想类的实践对我启发很大，当时我也尝试学习运用，对学校的发展起到了一定的促进作用。

○ 善者因之：做有故事的校长 ●

2017 年 8 月，我辞去公职到郑州艾瑞德国际学校做校长，学校在全体师生的共同努力下，取得了不错的成绩，可以说是蒸蒸日上，颇有气象。此时，再读此书，一则为前瞻，我想继续从中寻找办学的力量，力争把学校带向更高位；二则为回望，看看自己两年多在这里的校长履职与蔡元培当年在北大之举措有无可类比之处，为自己汲取点办学的能量与自信。蔡元培校长在"发展性构想类"中提出的"北大目标阐扬""北大学校制度重组""北大校风再造""北大教授群素质提升""北大组织的再造""北大学术交流平台"等举措深深地影响着我。我在艾瑞德学校的一些办学举措与之多少有点"像"。我知道从"像"到"是"遥不可及，哪怕能"像"一点，我也就更加自信，更加坚定了。

2020 年 1 月，我第三次捧读此书。直接原因是"苏州半书房"的邱华国校长邀请我做读书分享，因为对象多为校长，我就选择分享《跟蔡元培学当校长》这本书，因此我必须再读。间接原因是去年年底，我在学校中层干部例会上发起了"坐标"活动，提倡每位干部在成长过程中寻找自己的坐标，不断学习，不断精进，不断靠近心中的那个"坐标"。我给自己定的坐标是教育理念以陶行知为坐标，校长履职以蔡元培为坐标，管理方式以稻盛和夫为坐标。这些坐标或斯人已去，或远在天涯，我们只能通过读他们的书来学习了。读陶行知、蔡元培和稻盛和夫的书，会成为我最近几年的读书方向。正如稻盛和夫的《活法》《干法》，我也读了两遍。

其实，一个人精力和能力的局限，决定了我们做任何工作都要有主攻方向和十足定力，读书也是如此。

书海浩瀚，哪些书是我们的一叶扁舟呢？做好选择，深度阅读，定会读出我们人生的春暖花开。余生并无多想，"这山"很美，"碗里"也有，"那山"和"锅里"与我无关，我也无心，也勉强不得。

读着蔡元培、陶行知、稻盛和夫，能做好一个小学校长，我就心满意足了。

较　量

　　这个春节，我们身处在一场较量之中。

　　这是生命的较量。每分每秒，争分夺秒，每天的新冠病毒疫情通报让人心焦，更让人心痛，我们希望这样的数字立刻止住。每一个数字背后，都是一个生命的挣扎；每一个数字背后，都是挽救生命的努力。武汉不易，中国加油，我们不让魔鬼藏匿，更要把魔鬼封喉。打赢这场阻击战，我们有足够的信心，但祈愿代价最小，成本最低，让每一个生命都能看到樱花烂漫的春天。

　　这是季节的较量。冬天想留在冬天，春天想奔向春天，冬天与魔鬼结伴，春天与天使同行。我们相信，冬天已经来了，春天还会远吗？可是，今年的冬天让我们付出了一些代价，我们注入太多的爱来稀释这个冬天的冰冷。纵使疾风过，人生不言弃。何时长缨在手，立马缚住苍龙？没有过不去的冬天，也没有来不了的春天。84岁的钟南山院士眼中的泪光告诉我们，我们得挺住，冬天不会太短，春天步履蹒跚，我们还需一起忍耐。

　　这是人性的较量。人之初，性本善，这是在风轻云淡时的表象。在暴风疾雨时，人性开始了一场拉锯战。疫情是一面照妖镜，能照见人心，当我们举国共纾国难时，个别无良商家发国难财；当900万武汉人封城共克时艰后，一些从武汉出走的武汉人却受到极端的歧视，一些地方在正义的

○ 善者因之：做有故事的校长 ●

名义下对武汉同胞做出了极不仁义的举措，这是恶的彰显。再看一些恶狠狠的标语、一些从大喇叭中传出的冷冰冰的语言，许多都是恶的自然流露，让人不忍。武汉人、湖北人都是中国人，都是一家人，我们是同胞。让我们来看看美国学校写给家长关于新冠病毒的一封信："每一个人都会生病，不要因此而孤立中国人和任何你认为与中国有联系的人，更不要歧视生病的人，因为这样会让生病的人因为自己生病而羞耻，从而隐瞒病情，不保护他人。我们预防的是病毒，而不是中国人。越是危难之时，越需要冷静、理智、人性、团结。"

这是水平的较量。"疾风知劲草，板荡识诚臣，"这是对领导人执政水平的考量。疫情是一面照妖镜，也能照见能力。没有比较就没有伤害，在突发而至的大是大非面前，是骡子是马，一遛就知道了。湖北省疫情发布会上，省长、市委书记的亮相已经成了反面教材，而河南省省长尹弘、四川省省长尹力、海南省省长沈晓明的做法却赢得了"硬核省长"之美誉，平时看起来都一样，关键时立刻不一样，这是素质与水平的差距。

当疫情刚出现时，江、浙、沪等省市教育行政部门审时度势，率先做出开学延期的决定，并明确第一阶段延期的时间到 2 月 17 日，让广大学子和家长、学校吃了定心丸，这是他们在对疫情与病毒潜伏期、暴发期做出科学研判后做出的决策。而一些省级教育行政部门就很含糊，延到何时，不知道，何时能开学，不清楚。就好像让人跑步，跑 100 米、400 米，还是800 米，并不明确告诉你，而是突然叫停。这样，家长和学校无法对后面的工作做出准确、科学的安排。

不作为、乱作为、懒作为、慢作为，这是执政水平低下的表现，中组部已经明确发文，在抗击新型冠状病毒肺炎战役中发现干部、提拔能人，反之亦然。

最后，我想说句题外话，因为在河南工作，最近的大中原让我看到了希望。这么多年，中原为何崛而不起？郑州城市为何优而无势？归根结底是人的因素。近两年因干部的调整，河南将迎来新的希望，省委书记王国生、省长尹弘、郑州市委书记徐立毅，都是从苏浙沪调来或有在那里工作的履历的，苏浙沪干部的思路、理念与水平有利于城市的发展，这是不得不承认的事实。一个人一座城，三驾马车定会改变中原，这是河南之福，是中原之幸。我相信，我坚信，我期待。

让我们在较量中成长，在较量中发现，在较量中成就。

封

今天，是个特别有仪式感的日子，2020 年 2 月 2 日，写成数字是 20200202，千年一遇。可是，今天要说一个不太应景的词，那就是"封"。

未曾料到，改革开放 40 年后的第一个春天是从"封"字开始，国家全面建成小康社会、"十三五"规划收官是以"封"开启的。原以为，2019 年，我们"太难了"，其实，2020 年，我们将会更不易。万事开头难，2020 年，我们开头很难。

封者，封锁也。一个城市的信息公开透明是政府文明和自由的标志，当每一个人面前都有一个"麦克风"的时候，信息的公开透明，舆论的正确引导，更是必要，"大道"不说，"小道"就会乱说。信息的过度消费，会让信息变得负载不堪。疫情汹汹，舆情汹汹，民意汹汹，会让事件的处理更加复杂化。青山挡不住，毕竟东流去。我们依然相信，开放，放开，才是正道。

封者，封闭也。封城、封路、封小区、封楼，甚至封口，2020 年起始，"封"声鹤唳。以小局保大局，以战术保战役，这是全局的需要，这是战略的铺排。面对突发的公共事件，开动着国家机器，动员了全国之力，这场战役必须胜，全世界都在看着我们。因此，这样的"封"，也是迫不得已的万全之策。我们在与瘟神角力，我们在为生命助跑，我们都要躬身入局，万众一心。当我们无法冲向前线时，听话地"宅"在家里也是一种积极的支援。每一个人都要好好的，那个每天都让人揪心的数字一旦被封住了，我们的心就会安实许多。尽管我们会看到少数非理性的封闭，粗暴而简单，但可能更有效，让我们多一些理解之心吧。这一场战役之后，会带给我们很多的反思，但是现在不是反思的时候。

封者，封喉也。面对疫情，一剑封喉，直指命门，一剑封喉，风淡云清，这是我们美好的祈愿。吹响了全国集结号，打响了武汉保卫战，我们不想进入胶着状态。中央高层坐镇、武汉医院军管、火神山医院启用、病毒科研攻关、稳定经济和社会秩序……一声令下，万箭齐发。当然，封喉是需要本事的，出手要快，出手要狠，出手要准，这是对大小行政官员执政智慧的考量，这是源于平时素养的积累，这是一次治理体系与治理能力的大考。大到部长，小到村长，一切带"长"字的，哪怕是学校教研组长、备课组长，都在这样的大考中做试卷、交答卷。

越是封，越是求变，思维赋能，技术赋能，本来按部就班的未来，可能就被急匆匆地推到了前台，我们能跟上吗？我们准备得如何？可能会手忙脚乱，但是阵脚不能乱。求变，不是对当下的应付，而是对未来的应答，伟大有时候孕育在危险之中，越是在灾难面前，越是要饱满着对未来的想象张力，脑洞打开，注满想象，放下包袱，大胆尝试，只要改变，没有对错。战胜病毒、接纳变化、拥抱未来。

越是封，越是需要爱，众志成城，大爱汇聚。不要再去对一些"恶小"叽叽咕咕，而要为汹涌的"大爱"高声歌唱。大是非、主旋律、正能量，是当下的营养品，疫情是我们最大的敌人，我们更要静气凝神，聚精会神。此时，我们不需要恶的裸奔，更需要爱的盛宴。讲爱心，强信心，暖人心，聚民心，我们不可分心。就如艾瑞德的老师们，现在面对突然而至的"停课不停学"，他们主动带头学。张玉峰老师第一个"吃螃蟹"，提供录课范本；王冰老师为录播一节课花了 4 个多小时；王雪冰老师提前发布课程预热小视频……诸如此类的努力，都是我们对现在、对学生、对教育的爱。

2020 年的这个春节，当本该是自然而然、习以为常的东西都已改变，连走出家门都成了一种奢侈时，我们才更懂得了生命的珍贵和爱的稀缺。这个世界，并不是我们不想、不喜欢的东西就不会到来，来了，我们就勇敢去面对吧。

不想冰天雪地，只愿春暖花开。无论身处何方，我们都心系一方。

希望，从哪里来？

今天是 2020 年立春，一年之计在于春。春，不仅仅是季节的意义，更多是希望孕育的象征。正如眼下的疫情，我们的老师、家长和孩子，虽然不能像医务工作者那样走向前线，但是依然可以在这个春天种下希望。

希望，从哪里来？

希望，从改变中来。

这场改变，对绝大多数人来说是被迫的，因此，我们的心中或许会带有一些苦涩与无奈。愿意与否，我们都得改，谁先主动，谁先受益。"停课不停学"，具体化的班级、学校不复存在了，耳提面命的交流无法进行了，对教与学都是挑战，你我都未曾遇过，但将来一定并不新鲜。

改变，其实首先源于观念，想改了，就会立刻行动。像连茹、陈丽蓉、任艳茹、陈月培、张玉峰、王冰、于莉、张珊珊、田甜、张文青、张明、李斯伦、王艳培、白露露、魏盼盼、丁怡、付晓等一批老师，率先行动起来了。

这一场改变，是一次从上到下的席卷，甚至是裹挟，我们不能掉队。我们前两年花了很大的力气，"请进来，走出去"，不断学习，就是为了"打开"，就是为这场突如其来的改变做思想、观念和能力上的准备。我们教师队伍的平均年龄 32 岁，这是改变的优势，年轻和改变是同义词。因为，改

○ 善者因之：做有故事的校长 ●

变需要舍弃我们习以为常的经验和资本，向不熟悉的、陌生的领域漫溯，恐惧是在所难免的，这时我们需要的是勇气，要敢于否定。

更何况这次的改变，不是一个人的孤独，而是一群人的共鸣。所以，让我们大胆地走起，雄起，或许会有一时之痛，但定有长远之乐。

希望，从学习中来。

停课不停学，师生、家长都要学。亲爱的同学们，你们在家学，老师不在身边了，自觉性、自学性、自律性就要提高，请铭记：学习是自己的事，你是艾瑞德的学生，应坚持"干净、有序、读书"的校风。新技术，对你们来说不是问题，我唯一担心的问题是你们迷恋上工具，而忘了它们其实是你们的学具——学习的工具，是用来学习的，而不是用来游戏的。这次的云学习也是有要求和规矩的，虽然学习的地点发生了巨大的变化，但是对学生的基本要求是没有变化的，每天按时作息，像上学时一样走进学习空间，每一个人要做真正的学习主人。

亲爱的老师们，我们要重新备课，我们需要找米下锅，我们需要录视频，我们需要云中沟通，感觉自己被清零了。需要我们从零开始，面对网上如潮的资源，要学习，要选择，要整合。尤其是学习方式和内容变化后，我们没有参照系了，只能靠自己来摸索。这样的学习不是为了对眼下的应付，而是对随之可能到来的未来学校、未来学习的准备，今天的非常态学习方式可能是未来学习的常态。这次"延学"（延迟开学）是很好的契机，在"延学"中"研学"（研究教学），内容、形式、标准、工具，都是新的，在教中学，在学中教，与学生一起，尤其在学习工具的使用上，我们可能要向学生学习，甚至邀请学生一起参与，共同开发教学内容。

亲爱的家长朋友们，这次的变化会让您更加纠结，学生们平时多在学校少在家，现在反过来了。家校合一，当家正式成为学习的中心时，我们没有像以前每天接送孩子上学的匆忙了，但我们要有规范作息、按部就班的从容，"书房变课堂，客厅变操场"，家长要担负起代理班主任的角色。

家长可以有针对性地向班主任请教或读点这方面的书，借这样的机会来增加育儿本领，也增加对老师的同理心。

希望，从技术中来。

教育是技术变革的最后一个堡垒，原因有多种，除了教育本身的复杂性外，就是技术没有真正成为教育技术，教师没有真正成为技术使用的主人，技术没有真正地解放学生、老师和教育。

排斥、畏惧、保守，使得黑板、粉笔依然是教学的主要工具。现在，原有教室已不复存在，传统的工具也无法使用了，我们需要依靠新技术来支撑云学习。这时候，我们必须要全身心地拥抱新技术，学习新技术，成为技术的主人，让技术就像粉笔、黑板一样用起来自然而然、得心应手。这次，我们是不得已而为之，但要在有利时空抓紧学习新技术。

"工欲善其事，必先利其器"，生产工具是生产力发展水平的标志，因此，教育技术工具也是教育力发展水平的标志。让技术成为教育技术，让教育技术服务于教育教学，教师是关键，使用是关键，大胆地试起来，尽快地熟起来，很好地用起来，这是一个很好的窗口期。

站在春天的门槛前，我们都想立刻与这个冬天说再见。而此时，我们需要快速行动起来，让希望落地，让想法开花。在春天的第一天，我有一个小小的、也是大大的愿望，希望艾瑞德的每一名学生在这段特殊的时间里，体重不增加，眼睛不近视，当然老师、家长如果也能做到，那就更好了。有心的同学可以从今天起记录下自己的体重，开学时，再记录一下自己的体重。到时候，我们来比一比，看谁看得远，蹦得高。如果愿望实现，我到时候肯定会一蹦三尺高。

亲爱的同学们、老师们、家长朋友们，你若安好，便是晴天；中国安好，才是春天。

生活即教育

变化会带来变量，这次疫情带来的"停课不停学"，让线上教学从"山重水复"走向了"柳暗花明"。我们突然从"地上"走到"线上"，这是一次没有准备好的出发，但我们还是必须出发。因此，我们在慌乱中扣动了"线上教学"的扳机。

昨天，我们接受了河南电视台都市频道关于"云课堂"的连线采访，在问及我校课程设计的思路与构想时，我的回答是突出生活化，突出与学生真实生活的链接。本着生活化、项目化、研究性、融通性、生成性的原则来设计课程，打破了课本常规的进度、单班授课的方式、学科界线的固化来统筹设计。

要充分考虑学生学习场域的变化，因为猛然失去了"教师""课本""传统"，所以线上课程要与学生的生活、当下的生活有契合度，不能简单地从学科到学科，从知识到知识，而应该从知识走向生活，从单项走向综合，从条目走向项目，从接受走向探究。课程的设计要有利于学生的学习，让意外的课时成为学生惊喜的学时，帮助他们学得有趣，学得新颖，学有所获。

社会即学校，生活即教育。这次疫情，对教育而言，是个意外。然而，如何让这样的意外成为惊喜，让孩子们度过这次有意义的"延学"时段？

不能两耳不闻窗外事，而更应该"国事家事天下事，事事关心"。

我们的学生缺的不是知识，而是生活；缺的不是几节课，而是大把大把的睡眠时间和荒芜时光。此时，应该是我们陪着学生一起来度过这段正常而美好的教育生活。因此，在设计课程时，我们不能无视当下的疫情，不能无视学生学习的场域，不能无视学生自身的特点。把学生的学习融入他们的生活，而不是把他们的生活纳入学习。

两天的线上教学后，让我们问问学生喜欢什么。当我通过朋友圈看到我们的科学学科生活小实验、项目化学习、家政课程深受学生喜爱时，这时候应该思考如何调整我们的课时安排。语、数、外、音、体、美等教学都要紧紧地与生活结合在一起，在玩中学，在做中学，在动中学。教师可以尝试打破学科界限，集体备课、融合备课，强化生活化和项目化，淡化学科性和知识性。生活是水，学科是鱼，学生就是戏水捕鱼人。用学习来陪伴这段意外时光，而不是用知识来塞满这段无聊的日子。

面对铺天盖地的免费网络教学资源，我们要警惕线上教学成为加重师生负担、加重家长焦虑的"稻草"，要警惕线上教学打着公益免费的旗号跑马圈地，要警惕线上教学的简单化，要警惕孩子的健康问题，要警惕无效资源。更重要的是，要关注这些资源离生活有多远，离学生有多远，离教学有多远。

任何时候，教育的本身就是生活，教育与生活不是一枚硬币的两面，而是交互一体的。因此，教育要基于生活，从生活中来，到生活中去，与生活水乳交融。教育的目的是要培养热爱生活的人，而不仅仅是热爱"学习"的学生。

逆行而上

今天接到紧急通知要求返校，朋友开玩笑说我是逆行北上。掐指一算，从 2020 年 1 月 13 日放假离校到今天返回，正好满一个月。因为家在南京，工作在郑州，每次开学返校时北上都很正常，但是这次因为疫情却不同寻常了。临行前，我坐在家里的沙发上，不知为何，总有一种"风萧萧兮易水寒"的悲壮。

此时出发，何时归来？南京的朋友祝我平安珍重，郑州的伙伴迎我平安归来。关心我的长者说："心里面的感受真是'一言难尽'。好好保护自己，千万不要轻敌。"

虽然是"逆行"，却一路"绿灯"，比以往时候更顺畅地到达了南京南站，路上见到的车辆很少很少，估计不是万不得已，也没人会在这个时候"逆行而上"。这样的"万不得已"，其实也是一种责任和使命。想起现在有多少人"逆行而上"，为这个国家，为这个春天。树有树的挺拔，草有草的柔软，我们都在为当下脚下的这片土地尽其所能，哪怕是一个婴儿乖乖地待在母亲的怀抱里，不哭不闹，都是对这个世界的一片爱意与付出。

此时的南京南站，我第一次见到它如此空旷与冷清。作为亚洲最大的高铁站，平时都是人流如潮，不论我何时回来，它都是那样地繁忙着。在众多高铁站中，我特别喜欢"南京南"。可是，今天这里，偌大的自动售票大厅几乎不见人影。几排长长的电梯，只有我一个人孤零零地立在上面。二楼候客厅，座椅上也只是稀稀疏疏地歪着几个人，每个人都戴着口罩，远远地相隔着。除了播报车次的广播声外，其余几乎都是静默的，小商店、书店全部关门了。

我坐的这趟车每到一站都只有零星的几个人上上下下，我所在的车厢里只有三个人，像"专列"的感觉，大家都把身子埋在座位中，列车的服务人员也没有以前那么勤快了，放满土特产的小推车也不再在眼前晃动了。

《绿里奇迹》这部电影还没有看完，我的目的地就到了。郑州东站的人也是难得的少，以往四通八达的出口今天只留了一个，足够用了。工作人员全副武装，很负责任地招呼着出站的人逐一登记信息。为了这场疫情阻击战，整个中国，所有中国人都行动起来了。

回家时小区也只有一个进出口，门口撑起了一个帐篷，有人 24 小时值班。作为从外省归来的我，被友好地告知要隔离十四天。不出门，不见人，在这样的十四天里，除了网上办公外，我要安排好自己，包括要重新捡起二十多年前的"厨艺"。

知我归来，关心如潮。连平时几乎没说过几句话的老师也关心起我的吃饭问题，大家担心我饿瘦了。未曾料到，在我们过去一起奔向"诗和远方"的日子里，我们之间不知不觉结下"柴米油盐"般的真情。我们本常人，我们本善良，集体是爱的载体，感谢这帮可爱的伙伴，爱相随，在一起。

南京梅花山的梅花快开了吧，艾瑞德的蔷薇花也在蓄势待放了。让我们祈愿：彼此安好无恙，一起等待春天。

隔 离

昨天从南京返回郑州，即开始了十四天的隔离，这是疫情防控的需要，我欣然接受。隔离，是对个人自由的相对限制，是对大多数自由的安全保障，在这样的关键期，唯有服从、听话、遵守，我们才能步调一致，才能取得这场战"疫"的胜利。

于是，从当天晚上开始，我足不出户，也不能见人。几十平方米的房子成了我的活动世界，我需要每天在群里按时上报我的体温和身体状况，一是对自己的负责，二是对关心我的社区和小区工作人员负责。小区的物业做得比较人性化，有专门的管家为我们服务，我们购买的东西放在小区大门口，再由物业工作人员送到家门口，连垃圾都是直接放在门口由他们来负责处理，这要给他们增加多少工作量啊，真是难为他们了！

危难中见品质，在这样的疫情面前，连物业服务的好坏也可见一斑了，一个好的企业在关键时的担当就是企业的良心与操守，看看阿里、胖东来，以及我们艾瑞德老师在云课堂中的所作所为，就明白了什么是责任与担当。

这十四天里，我除了网上办公外，还要读书、写作、做饭、跑步（在跑步机上）、洗衣服、打扫卫生，把时间安排得满满的，不让自己虚度。因为是远离家乡，异地隔离，一个人对着空荡荡的房子，需要内心有着足够的镇定，需要把时间安排得非常充实。读书、写作打卡，早已经成为我生活的一部分，这些对我来说已习以为常。

倒是做饭，是我在丢了多年后又重新捡起，一晃已是二十多年前的事了。在我们老家有句俗语，"羊角风学会了好过河"，说的是不管学会什么本领，到关键时候都能发挥作用，更何况是做饭呢？从昨天开始，我系上围裙，重操"旧业"，哼着跑调的老歌，在叮叮当当的交响乐中做着自己喜欢吃的饭菜。众口难调，一口好办，自产自销，自娱自乐，好吃不好吃，自己说了算。今天左手炒菜，明天右手炒菜，再来相互评分，决一高下，不禁想起了金庸先生笔下的老顽童周伯通左右手对决的情形。

网上说，隔离和禁足之后，老师变成了十八线主播，家长变成了班主任，每一个人都变成了厨子。看来我们都要适应这样的变化，并且最好是有所准备的，免得措手不及，意外常常是破门而入，而不会敲门而来的。

十四天后，我会变成什么，我不知，但不会变成什么，我清楚。因为面对改变，我准备好了自己的跑鞋。人，只有在失去自由的时候，才更渴望自由，自由是如此的美丽。但我知道，现在的不自由，是为了更多人的自由，是为了将来更好的自由。

十四天后，愿祖国无恙，大地皆春，让我们一起相约在美丽的艾瑞德校园，一起干净、有序、读书。

让爱好成为一种坚持

　　自己没有什么很突出的爱好，因为职业的缘故，平时也就喜欢读点书，写点东西。书读得有点杂，根本没有体系；东西写得"小"，更不值一提，完全都是自娱自乐。爱好可以让自己在独处的时候不感到孤单，它就好像一个好朋友一样，陪坐在你的对面。

　　记得工作之前，也谈不上有什么爱好，只能遵父母之命，好好读书"跳农门"。后来工作了，因为只是个中师生，觉得学历不够，就边工作边进修，陆续拿了专科、本科，读了在职研究生，也因此培养了爱读书的习惯。

　　因为对文学的爱好，在读师范时做过文学社社长，爱写点东西，工作之后，也没有完全丢掉。从早期的"爬格子"到现在的"敲键盘"，也就成了自己的小爱好。开始不觉得这两个爱好有什么，当它们如影随形地跟着自己整整30年后，才发觉，我培养了"它们"，"它们"也滋养了我。写东西为"呼"，读书为"吸"，在不知不觉的"呼吸"之间，让自己在爬坡的路上，一直追求上进，不曾掉队。

　　尤其这两年，我更是深爱着自己的爱好。受上海浦东干部学院李冲锋博士"燃梦"的影响，我每天坚持读书半小时，每天坚持写作一千字，从未懈怠。等到自己有仪式感地开始记录这段日子时，我因自己坚持这样的爱好而更喜欢自己。

写作是从 2018 年 5 月 3 日开始，至今已经是第 654 天了，留下了 95 万字；读书是从 2019 年 4 月 23 日（读书节）开始，至今已经是第 304 天，读了 18 本书，读书开始有点自己的体系了。并且，自己这样的爱好也在慢慢成为学校大部分老师的爱好，成为学校管理中独有的文化——教师成长"五件套"：研、读、写、讲、种。

当这样的爱好一旦"流行"起来，就将艾瑞德与其他学校区别开来，因为这样"美丽的不同"，才凸显出我们"珍贵的存在"，并演化成了"干净、有序、读书"的校风。

这十几天的隔离，独在郑州，足不能出户，人不可下楼，爱好更是一直在陪伴着我、安宁着我，让我不急不躁、不紧不慢。"行到水穷处，坐看云起时"，需要内心的笃定，而这样的笃定，一定来自与爱好的深情相拥。

梦想，需要有行动，一点一点燕衔泥；爱好，需要有脚力，一步一步踩过去。爱好，是生活的作料，它不一定是最重要的，但一定是少不了的。

如果说，工作是让自己活成别人喜欢的样子，那么，爱好就是让自己活成自己喜欢的样子。爱好，让我们的生活丰富多彩、与众不同。

○ 善者因之：做有故事的校长 ●

"校长60秒"

今天是 2020 年 2 月 18 日，周二。

如果是往常，我早上 7 点会背着双肩包，步行去学校，看见校门口背着书包的小朋友，我们会互行鞠躬礼。往前走，我会见到一楼芝麻街的瑞瑞、德德，会看见值日生拿着抹布、拖布和扫把让走廊和教室变得干净、有序；我会看见从操场晨操归来的孩子们，迈着大大的步子，抹抹额头上的汗珠，向我鞠躬问好。

我还会冷不防被背后的小朋友拥抱，他们胖乎乎的小手环不住我的腰，用辨识度很高的童音说："李校长，猜猜我是谁？"我八成会叫出他的名字，并听他讲昨天的小故事。我会把教学南北楼转一遍，醉心于琅琅书声中。我从四楼转下来，到达办公室，放下书包，写板书……我还会在午餐时间和孩子们一起吃饭，"走班制"午餐让我认识了许多学生，让我记住了许多忍俊不禁的故事。我会在下午 4：30 准时送校车，和孩子们比心挥别，和奔来的孩子拥抱，分享他拓展课的"战利品"，我还会给今天过生日的小朋友签字送书，拍照留念……

可是，这段时间，我只能隔离在家，和 2000 名师生一起，用足不出户来贡献微不足道的力量。我想念学生，想念他们的拥抱甚至吵闹，想念他们的可爱甚至调皮。面对延期开学，全校老师积极行动，一系列线上课程联动了师生，以项目为载体的"沟通"实现了校风与家风的联动。

那么，我该做些什么呢？我能否用一种方式实现和孩子们云端拥抱呢？我能否把平时对每一个跑来的孩子的悄悄话，变成我对着屏幕唠唠叨叨的表达呢？

碰撞、交流，让我想到罗振宇的"60秒"。分散的遐思最终在"60秒"处聚焦，我为这样的点子感到开心，对，就这么做！那我的"60秒"要对谁说呢？学生！一定是学生。所以，我的话一定要让孩子们听得懂、愿意听，哪怕是幼儿园的小朋友。我想用我的60秒在当下的时空，与学生、与生活建立起超链接，这也是基于"学校温暖的符号，师生成长的道具"的校长观。

那该说些什么呢？我想到了这些问题："干净、有序、读书"的校风能否被孩子们带到家中？多数父母复工，孩子们能否用实际行动表达对家庭的贡献和对父母的理解呢？能否趁机和孩子们说说"谢谢、对不起"等礼貌用语呢？当世俗把教育窄化为学科与分数时，我能否让艾瑞德的孩子们更加关注自己身心健康，成为一个会生活、懂生活的人？

于是，从2月10日那天就有了第一期《同学们，开学啦》，号召孩子们记得把校风变成家风；第二期《给自己定个闹钟》让孩子们开始有序的假期生活，交一个闹钟朋友；第三期《请记下你的体重》提醒孩子们注意锻炼身体；第四期《10.92%》提醒孩子们注意保护眼睛健康……直到昨天第10天的《谢谢》，开始和孩子讨论如何使用礼貌用语。

10天过去了，10天是一个小完结，是一次小圆满，我坐在书房里，想起这10天，我也暗自告诉自己，孩子们一天不返校，我就要一天天把"60秒"坚持下去，虽然这对我而言，增添了许多工作量。一分钟，60秒，300字，我需要寻找话题、整理素材，然后把观点凝练成孩子们喜欢的语言，再一次次录制，有时，甚至要录10多遍，每次起码需要60分钟，甚至花费更多的时间。

○ 善者因之：做有故事的校长 ●

虽然艰辛，但一想到孩子们听"校长 60 秒"的表情，我就觉得走上了云端，在和每一个孩子击掌、握手、拥抱。

屏幕前一分钟，屏幕后百分功，我不怕"做功课"，我只想传递爱，就让这"60 秒"，以爱的名义，从云中落下，轻轻抵达孩子们的心里吧。让我们一起坚持！我要用"校长 60 秒"记住这个春天！

背后的背后

　　今天，我受邀参加一个网上直播，又做了一次"十八线主播"，主要是谈学校"停课不停学"线上课程的做法。40 分钟的交流，不知不觉就过去了，偌大的房间里就我一个人，我对着屏幕说了半天。

　　肯定会有人好奇，我是怎么说出来的，毕竟直播和平时说话不一样啊，而且我并非网络的"土著"。确实有这样的好奇人，今年 2 月 9 日上午的第一次开学教工大会，我第一次从地上跑到了线上，在南京的家中和学校的老师们开了一次视频会议，当时也是对着屏幕说了一个多小时。

　　李娜主任好奇了："站在'云端'感觉怎么这么奇妙呢？大家一起聆听李校长的新学期讲话，有温暖有惊喜，有要求有善意，李校长成为我们学校的第一网红主播之后，让我们对这种云开学的方式多了更多的期待，也让我们看到先行者为我们增加的能量。因为在我们能看到他，而他看不到我们也听不到我们讲话的情况下还能讲那么久，真是太让我们佩服了。"

　　其实，干部中以"话篓子"著称的李娜主任有所不知，我为了这次会议背后做了很多。无场景、无背景，在云上，第一次，冷冷的屏幕，对于谁来说都是一个挑战。始终坚守"对自己狠一点，世界便会对你温柔一点"的我，对任何一次会议，不管是否是自己主持、主讲，都会提前准备，这是多少年的习惯了，而且自己也受益于这样的习惯。

几天前我就在思考讲什么,如果是平时开学,在济济一堂、其乐融融的报告厅,我肯定会讲新学期的"蓝图、愿景"。而当时,疫情汹汹,大家以家为校,停课不停学,本该充满希冀与爱的 2020 年,开局却如此之难,一切计划都得要从当下改变了。

我愿意在遥远的地方给分散在家中的老师表达我真实的内心,没有什么比彼此安好与相互关心更重要的了,于是会议的基调确定了。我认真写出了开会的提纲,也从没有如此认真过。自己要说的每一句话,我都写了出来,所以才会有流畅的"自言自语"。老师们平时看惯了我开会不带稿子的侃侃而谈,未曾料,这次我是带稿子的,因为我怕从云端掉下来。

做网络直播,今天已经是第二次。第一次是读书分享,我连读了三遍要分享的书,但仍丝毫不敢大意,自己独立完成了 PPT 的制作,并且将自己要讲的提纲重点先写出来,再用电脑打出来,看着 PPT 复述一遍,掐好时间。对于重大场合的分享与汇报,我从不敢怠慢,生怕辜负主办方的用心以及观众的信任。

为了今天的网络分享,我们组织专门的小组讨论,形成了分享的提纲。浩然、赵静、陈琳、海威、董馨贡献出了巨大的智慧。今天上午,我对照一张张 PPT,对应手写交流提纲,并复述掐时间。下午,我修改了 PPT。为了确保网络顺畅,我将直播现场从舒服的书房移到了客厅,坐着一个小塑料凳完成了 40 分钟的直播。"精彩的背后都是鲜为人知的努力,重要的东西恰恰在看不见的背后。"朋友如是说,我也在如是做。

一次次的眼前,都有着无数次的背后,广为人知的或许会随风而去,鲜为人知的恰恰会长成骨骼。

藏在心底的愧疚

我一个人被隔离在郑州，这已经是第 10 天了。除了正常的工作外，做饭也是必不可少的工作，尽管我给自己一天只安排了两顿饭。

今天，想做一次牛排来改善生活，这是第一次做，于是就按照说明书操作。煎牛排前需要热锅，温度要足够高，当我把油倒进锅，只见油花飞溅，溅得到处都是，有几次还着火了，弄得我手忙脚乱，原以为自己是个大厨，其实至多只能"打打酱油"而已。不过，最后还是走完了煎牛排的流程，牛排的味道着实也不错。

饭后收拾"战场"时，厨房地面的油渍让我费了好大力气。在打扫地面时，我突然想到了几年前的一个场景：

2015 年上半年，女儿面临高考，我们电话求助父母过来帮我们照应一段时间，主要是解决午餐问题。最后，父亲来了，那一年，父亲 74 岁。我印象中，年轻时的父亲几乎不会操持家务，更别谈做饭了。后来等我们成家后春节回家，倒是经常见到父亲忙碌着，也似乎很在行。父亲来了后，一切都很顺当，每天中午都是准时准点开饭，而且还会变换花样品种，女儿也很满意。

有一天中午回家，我走进厨房，发现厨房地面非常非常滑，像油洒到了地上，父亲正在做油炸藕夹，他说要为我们做创新菜。我责怪父亲不小

○ 善者因之：做有故事的校长 ●

心，把油弄洒了，忙碌着的父亲只是说了声"没有"。我当时心里多少有点儿不高兴，父亲也感觉到了。

时隔五年后的今天，当我亲自下厨做饭时，突然想到当年父亲做饭时的不易，也应该有多少次的手忙脚乱以及清除地面油腻的不易。他确实也没有把油弄洒，只是在炸藕夹时油花飞溅出来了，他也是为了给我们换换口味而不惜挑战自己，而我当时连一声"好"都没有奉上。换而言之，就算是油洒到了地上又如何呢？

我为自己当时的无知而愧疚，父亲放弃自己在老家的亲友圈，一人来到南京，帮我们分担困难，做得尽心尽力，而我却如此不通情理。想到此，我不禁汗涔涔泪潸潸了。或许，父亲早已忘记当年的那一幕了，而今天我想起时，愧疚涌上了心头。如果不是今天自己下厨，我将会一直这样"无知"下去。

都说感同身受很难实现，我想，那是因为没有遇见和他人相同的境遇。当我们处于别人曾努力过的处境时，才会明白，原来此时手里的事情并不容易。

就在厨房一隅，我理解了父亲的不易，也试着体验了"设身处地"与"感同身受"，当我们想要指责时，不妨停一停去看个究竟；当我们想要抱怨时，不妨换个位置思考：换我来，我能做得更好吗？不要急着把指责与抱怨说出口，这样就能避免"五年后的愧疚"。人们常说，现场有神明，确实如此，当我们身处现场时，我们才会设身处地，才会换位思考，才会将心比心，才会避免一个又一个日后的"愧疚"。

父亲识字，我一定会把这篇文章的链接转给他，也算是迟来的道歉吧。

开 "公" 没有回头箭

这个春天，复工不易，但是，"开公"（开公众号）迭起。

忽如一夜春风来，千树万树梨花开。突然间，觉得在这个春天里，学校新开公众号的老师明显又增加了不少。据不完全统计，幼儿园老师增加 7 人、小学老师增加 23 人、行政后勤人员增加 2 人。在此前 145 人的基础上全校 177 人 "开公"，"开公" 率 100%。

"开公" 缘于 2018 年 5 月李冲锋博士的写作燃梦行动，艾瑞德人永远不会忘记那年 5 月的那一位博士。接着我们推出了艾瑞德教师成长五件套，"写" 成了其中的重要部分。

我们认为，读书为 "吸"，写作为 "呼"，呼吸之间，学校文化就在其中，而且不知不觉，但不可缺少。写然后知不足，知不足然后知读。读着，写着，写着，读着，学校就向前走着了。读写是学校的元气，也是学校的正气，慢慢会成为学校的底气、大气。读，让人成为珍贵的存在；写，展现学校美丽的不同。

上学期结束，我们做了统计，全校教职员工共写了 11 829 篇文章，合计 1200 万字。不知为何，油然想起 "日月之行，若出其中；星汉灿烂，若出其里。幸甚至哉，歌以咏志" 的诗句。

我的 "开公" 大概在 2014 年，但一直处于闲置状态。直到 2018 年 5

月3日开始精进打卡，这也缘于一位博士——中育集团创始人王伟博士，我受他的影响、激励与引领，以后每天如此，坚持不辍，恰逢今天累计100万字。一开始很害怕，觉得自己坚持不了；到今天觉得很可怕，100万字，想都不敢想。

写作打卡已经成为我生活和生命的一部分，再忙也从未忘记，再难也从未放弃。相比之下，王伟博士5年多打卡的坚持，我是微不足道的，但他的感受让我感同身受："回想过去5年，无论差旅奔波、时差倒覆、身体不适、困难缠绕、忙碌不堪、宴客醉酣，都从未间断一天。养成了反求诸己、知足感恩的习惯。若没有一个有缘群体的推动、激励、伴随，我是做不到的。感恩遇见，感恩一起坚持的一群有缘人。同时，也有幸影响了一些有缘的同事、友人、伙伴开始了打卡，也高兴地看到了许多年轻人，成了对自己的生命有更高要求的人，成了更加温暖而有力量的人。相互感染，让人温暖。坚持做一件事情的习惯，提升人的毅力和力量。"

要嫁就嫁给坚持，要输就输给追求。开"公"没有回头箭，"开公"，是对生活的记录，文字的积累，思维的梳理，精神的丰厚，生命的成长。我愿意在这条路上一直"写"下去。

校园中的人、情、味

一早，南京的老朋友杨树亚校长发来微信："躺在床上，认真拜读建华兄的文章，启迪多多！为兄弟的教育才情、教育智慧与教育行走点赞！"我吃了一惊，这才想起，这是缘于《新校长》杂志2月21日的约稿，要在3月5日交稿，我是按时交作业的，后来又返回修改一次。

刘泱主编告诉我，"不出意外，本月20日我们就要推出"。我知道《新校长》杂志对稿件质量的要求，原以为文章被"枪毙"了，也没去问，更没有多想。我赶忙打开"新校长"传媒官微，再认真读一遍自己的拙作，"人、情、味"是其中的关键词，现就自己喜欢的，也是"上价值"的那部分做句段摘录。

教育呼唤"人"的回归，其实是对教育之"情"与教育之"味"的重申。我们憧憬的教育是温的，我们渴望的校园是暖的，我们期盼走在校园里的人心里是湿润的，就好像"行走在加了糖的空气里，心中似飞鸟般快乐"，让校园里流淌着温情。

在艾瑞德国际学校，我们努力试着用我们之"人、情、味"照亮教育的纹理，也期待与更多的教育同人一起，用"人、情、味"为这个春天加冕。

学校不是简单的学生上完课回家、老师改完作业下班的地方，而是一个用价值内核营造的场域生态，以体恤人心、关照生命。"场"的形成基于儿童立场、国家立场、学校立场，"场"的目的在于托起每个人精神的明亮，使学校中的每个人都能昂首挺胸地站立，觉得自己也有"可以伟大"的地方。

对人而言，何为站立？人之所以为人，是因为精神的站立。教育，是对人施加全面发展的影响，最终使人的精神完善，成为一个独立、站立的人。如果说，直立行走，让人与动物区分开来，是一种偶然；那么，从身体的直立到精神的站立，让人与动物本质区分开来，这是人的必然，是"场"的作用，也是教育的作用。

细思学校的"人、情、味"，"情"如一条线，"情"不断，人的成长与教育的影响便不断。师生情、同伴情、家校情……涓涓不断。情从何来？我们认为，校园里的情意并不坐享天成，而是从做事中来，从实干中来。从泥土里生长出来的情，经汗水浇灌，根深蒂固，历久弥坚。

沈祖芸说教师工作的实质是一种情绪劳动，就是关注学生的情绪状态或学生学习的体验劳动。我们一方面看到情绪劳动中对内在情绪情感的关注，另一方面也应看到这是一种"劳动"。艾瑞德有句话叫"教育是个动词"，教育要在爱中出发，在事中磨炼，在做中精进。

所以艾瑞德这样表述情绪劳动：教育＝爱＋被爱，教育＝期待＋善待，教育＝关系＋联系，教育＝温度＋故事。"情"在主动做事中经受磨砺而变得深刻而坚定，如此才能真正让教育被慈善以怀，让师生被温柔以待。

学校的一个重要功能是保证这个生命场域中所有积极而温暖的情感可以顺畅、自然地流淌，这当中一个关键的要素是"故事"。所有渠道的打通其实都是为故事的发生寻找载体，在这上面下功夫，我们慢慢会发现，故事是教育的实践、经历、艺术和味道，而温度是教育的底色、磁场、翅膀和力量。

教育不要竞争，办学不必模仿，成长不需比较。学校是迎来送往的生命驿站，为来到这里的每个孩子提供最适合的土壤，让每一个生命经过我们面前时都能美好起来。

做教育，既要有"孤舟蓑笠翁，独钓寒江雪"般的坚守，也要有"青箬笠，绿蓑衣，斜风细雨不须归"般的浪漫，无论是坚守，还是浪漫，都是情的延伸，爱的抵达。学会发现故事，传播故事，创造故事，是小学校里的大学问，而让故事能自然流淌，靠的是暖融融的温度对人心中坚硬和隔阂的消融。

人间至味是清欢，学校至味是什么？在我们看来，学校的至味在于一群人坚守着一件事。我们用"坚持"的浪流冲刷出自己的一片田地，师生生长于其上。时代更迭很快，但做教育我们愿意慢慢来；世界变得智能，但办学校我们肯下笨功夫。"坚持"帮我们在大背景中握住小趋势，守住基本盘，烹出校园至味。

坚持是一个深入浅出的过程，它让校园里的人们看到绵绵用力、久久为功的价值。有时候一条道的尽头并不是真正的暗夜，重门洞开，那光亮让我们重新懂得恒心的意味。

教育直面人和人性，无论儿童的生长还是人性的进化都有亘古不变的原理，但是这并不意味着学校的味道就是一成不变的。活跃的思维和旺盛的学习力，使得一所学校可以常用清新的味道来呼应这个时代，也让学校成为一种温暖的期待。

人、情、味，因人而有情，因情而出味，因味而感人。因为有了人、情、味，普通的校园变成了温润的笑园。我们常常畅想，最美的校园是什么样的？如今，我们似乎有了自己的答案，那就

○ 善者因之：做有故事的校长 ●

是"有人在校园站立着，有情在校园流淌着，有味在校园氤氲着"。如何让人站立？如何让情流淌？如何让味氤氲？那需要我们站在教育的高地，去尊重人的立场、研究情的价值、守护味的绵长。

教育应是湿润的，干燥的春天无法孕育出生命，正如充满疏离的心灵无法流淌出故事。而让教育这片土壤湿漉漉、暖融融的，正是这可爱的人、情与味。

成事三要素

私下里一直以为，要想成事需要有三个要素：想法、做法、方法。

这个特别的春天，我推出了"校长60秒"，坚持到今天已经72天了，效果不错，朋友也点赞，我也为之高兴。看似只是一分钟的事儿，但它如今的意义已经超出这件事本身了。

一、想法

一开始，受陈琳主任启示，受"罗胖60秒"点燃，我产生了做"校长60秒"的想法。这样的想法也是源于疫情汹汹下"停课不停学"的变化。新的情况下，学校何为，教师何为，家长何为，校长何为？这是一场始料未及的灾难，这是一次不易面对的挑战，对国家、各行各业，乃至每一个人都影响至深，我们都无法置身局外。这就需要我们的心中多一点改变，肩上多一些责任，手中多一些行动。

没有现成的"教科书"，只有崭新的"作业本"，需要我们每一位教育人创造性地开展工作。当学校从地上走上云端，当教师变身主播，当家长变身班主任，这转变一定有痛与挣扎，但是，也一定有甜和喜欢。每一个人都喜"新"，但同时会恐惧"变"。我的"新"与"变"就是从"校长60

秒"开始的。

"好雨知时节,当春乃发生。""校长60秒"的背后是"风声雨声读书声,声声入耳;国事家事天下事,事事关心"的价值判断,是"办有温度有故事学校"的价值聚焦,是"学校温暖符号,师生成长道具"的校长观的具体化,要通过"校长60秒"把我们的爱抛到每一个居家学习的孩子心中。

这样的想法一旦产生,并且自以为这是不错的主意时,我们为这样的想法叫好,并想立刻转化为做法。

二、做法

好的想法是在"做法"的土壤里开花的。从2月10日开始,我就从不知如何开始中开始了"校长60秒",明知会遇到不少困难,但我还是用不畏难给自己打气。选话题、整材料、录音频,最后交给学校宣传部门发布。

第一次的"校长60秒",竟然花掉了我将近一天的时间,尤其对于普通话有很大提升空间的我,录音是很大的挑战,而且必须要卡时间到60秒,仅仅320字左右的录音就耗了近两个小时,真有点恨"嘴"不成钢。一开始,这是一个人的战斗,这也是一段时间的工作。我给孩子们承诺:疫情不停,"校长60秒"就会继续。我给自己暗示,万事开头难,以后肯定会好起来的。当录音问题不再是多大的问题时,每天的话题选择又成了令人头疼的问题。虽然"太阳每一天都是新的",但是我寻找美的眼睛总会有审美疲劳的时候,我需要张开身体的每一个毛孔来感受扑面而来的信息,并做出判断与选择。因为听众是儿童,"儿童立场"至关重要。同时还要有故事感、画面感、时代感、新鲜感、代入感、价值感等。不做不知道,短短的60秒,做起来却如此不易,但我很庆幸还是做起来了。

这期间除了有外部如成尚荣先生、郭华教授、沙培宁主编、孙金鑫主编、谢凡主任、陈强社长、侯军锋总编、李见新总编、吕萌总编、褚清源主编等的鼓励指导外，我们内部团队的同人也给予我很多理解和帮助，他们理解了我的不易和"校长60秒"的不易。

三、方法

做法可能是个别化的实践，方法或许是共性化的总结。

从一个人到一群人，从一件事到所有事，总结行为背后的因果会获得我们做事的方法。当"校长60秒"走过第70天的时候，从4月20日开始，我们管理团队形成了两个共识：一是要把"60秒"坚持下去，时间先定为一年；二是，"校长60秒"是大家的事，不仅仅是校长的事。这样的共识源于我们前两次的专题会议。

3月12日行政会专题过堂"60秒"，此前我请每位主任都带着各自的"主任60秒"的文字与录音，听每一个人分享做"60秒"的做法与感受。当大家亲自操刀后才明白"60秒"的艰辛与价值。然后，我又逐一圈点每一个人"60秒"的亮点。这次会议整整用了四个小时。这次的碰撞基本形成了我们做"60秒"的价值观、方法，重要日子、重要事件、重要人物是"60秒"选材的关键。3月22日，我们又召开会议，再次研讨大家上次"主任60秒"的订正版，明显感受到其质量有很大提高，我从中选取一部分做进了"校长60秒"。

从4月20日开始，我们提前排出了"校长60秒"内容的安排表，提前对应好人和时间，让大家心中有数，早做准备。我则对最后的内容把关并录制。我想"罗胖60秒"肯定也是一个团队的行为。从一个人的努力到一群人的坚持，从一件事的切入到所有事的迁移，这或许就是方法的价值。做法是珍珠，方法是项链，我们需要在做一件又一件的事情中来长自己的本事、长团队的本事。

○ 善者因之：做有故事的校长 ●

周四的行政会，我们还将继续研讨"60 秒"，我已经做好 50 多页的 PPT，把被"校长 60 秒"选用的内容的原稿与修改稿做比对分析，聊聊我个人的修改想法，以期共识的深入。同时，我将邀请董晓主任分享她的"家长 60 秒"的前思后想。

做事，有时候就需要小题大做，唯有切得深，我们才能看得真。做事，除了价值、共识、热情外，我们还需要技术，唯有成为能工巧匠，我们才能盖出高楼大厦。

每一件事，都是我们成长的抓手，踏着事中的困难，方可向上向前；每一件事，都是我们种下的种子，都要想方设法让其开花结果，不可让其中途夭折；每一件事，都是我们给这个世界的承诺，敬事、做事、成事，是人作为人的正确。

想法、做法、方法是成事的三要素。

祝你生日快乐

　　"校长60秒"通过学校的广播，成了每天清晨的第一节微课，每次播完后都能听到阵阵掌声。掌声多半是送给过生日的孩子的。

　　"校长60秒"在一分钟准时结束后，都会有一个生日祝福，祝福当天过生日的师生。为此，我们通过学籍档案和教工档案中的身份证号获取了每天过生日的孩子和教职工名单，力求不漏掉一个人。但是，因为身份证号和生日并不完全匹配，所以有时也会出现小的意外。

　　前天得知提前录好的今天的"60秒"中把过生日的王佳音同学的班级搞错了，我不想让过生日的孩子失望，立刻撤回了以前的语音，又重新录制。因为自己"嘴笨"，每次录制"60秒"都起码需要60分钟，不厌其烦地录，直到自己满意为止。所以，重录对我是极大的考验，尤其是耐心。今天过生日的孩子特别多，一共有8位。

　　原以为重录后就万事大吉了，未曾料到，到了昨天晚间10：10，负责制作的刘森老师说生日祝福中漏掉了一（5）班的张雨辰，很负责任的班主任毛兵老师十分重视这个孩子的生日。忙碌一天的我快崩溃了，重新录制已无力气。经同事提醒，可以临时把生日祝福由听录音变为校长直播，这倒是个很好的主意，我也计划第二天照此去做。

　　一早在朋友圈中看到毛兵老师今天也过生日，而且是整30岁。幸亏自

314　　　　　　　　　　　　○ 善者因之：做有故事的校长 ●

己当时没有重录，否则又作废了。于是，我悄悄地在即将的直播中加上了毛兵老师的名字。

早晨8：40，"校长60秒"录音如约播放。一分钟后，我对着麦克风现场直播：今天是小（2）班薛子屹，大（4）班梁佳颖，一（3）班王奕凯、一（5）班魏韵棋、张雨辰，四（2）班陈浩宇，六（2）班弓紫涵，六（3）班杨苗媛，国际班王佳音等9位同学和毛兵、张炜炜两位老师的生日，祝你们生日快乐！谢谢！我隐约又听到了从教学楼里传来的阵阵掌声。

下午3：10，张雨辰同学在毛兵老师带领下来到我的办公室，送来生日零食（现在不能分享蛋糕），他说我今天专门给他送祝福，非常开心。我为他签名赠书，祝他生日快乐！

艾瑞德每一位师生的生日，都被我们铭记在心。祝师生生日快乐，天天快乐！

第六件套

研、读、写、讲、种，是我们艾瑞德老师成长的"五件套"，我们这群人一直在这样默默地共识着、践行着，并且从中收获到成长的幸福与快乐，也赢得了学校的发展。

去年学校在公共用房非常紧张的情况下，设立了健身房，为教职工的强身健体提供场所。当时就有老师开玩笑说，这是教师成长的第六件套。后来，利用空余时间到健身房去的老师多了起来，不少老师的体重与体形悄悄发生了变化，人的精神状态也焕然一新。

对于运动，我似乎觉得自己永远是个老大难，除了去学校健身房检查工作，我平时从没去过，总觉得自己忙得没有时间，同时也是自己生性不太好动的缘故。可是，一定压力与强度的工作之下，又促使自己总想着应该运动运动了。想了千万遍，没有动一次，想法的巨人，行动的矮子。这个世界上最远的距离，就是从"想"到"做"。

如何消弭这样的距离呢？唯有去做。在本周一，我明确提出自己想做一个瘦子的目标，并开启运动打卡，也开启了自己成长的第六件套"跑"。每天早晨6：00起床（当然也促使自己每天晚间10：30睡觉），晨跑半小时，累计五千步。第一天，第二天，第三天……到现在已经坚持一周，之前觉得很难的事也因为早起解决了。早上起来，秋高气爽，心旷神怡，小区里

○ 善者因之：做有故事的校长 ●

已经有不少人在锻炼，我戴着耳机听自己喜欢的书，从六件套延伸到第七件套"听"。当成长的"外套"越来越多时，我们自然也就会强大起来。

一周下来，自己觉得工作状态发生了明显的变化，体育学硕士董晓主任说我是"走路带风了"，我自己也觉得脚步轻盈了。我现在才明白著名作家祁智老师、海嘉的王伟博士、好朋友文胜兄等为何热衷于跑步了。跑步，不仅仅是锻炼身体那么简单，还是一个人的生命质量与生命状态的体现，或者是内含生命的隐喻在其中：我们都在奔跑，我们仍能奔跑，奔跑的人是让人刮目相看的。刚开始，我们做一件事或许只是想要达到目的，一旦坚持去做时，其衍生的附加值则非常不简单，这就是坚持的魅力。坚持很贵，贵在坚持。贵的是坚持这件事，贵的是坚持的这个人。

曾国藩曾在家书中写道，"勤"字功夫，第一贵早起，第二贵有恒。早起，我已经开始了，有恒，我也在努力着。我争取用自己成长的"六件套"来诠释曾国藩的忠告。因为有此决心和信心，我才有勇气面向全校2000多名师生宣布我的第六件套，不是为了炫耀，而是为了被监督、能席卷。我期待全校老师都能拥有这样的"第六件套"。

每天锻炼一阵子，健康工作一辈子。奔跑吧，兄弟，当然也包括姐妹，哪怕在跑步机上奔跑也算。

标　配

　　一个普通的秋日午后，我又捧起《人民教育》，此情此景，令我想起了泰戈尔的那首《爱者之贻》。是啊，《人民教育》就如满篮奇妙的货物，在某个时刻，被我们摊上书桌，它"响亮地叫卖着"，我们就会从蒙眬中醒来，翻开它，迎接命运新的安排。读每一期的《人民教育》，已经成了我多年的习惯与标配。

　　最早知道《人民教育》，是在 1990 年。那时刚参加工作，我被分到安徽一个乡镇教育办公室，办公室只有两份报刊，一份是《中国教育报》，一份就是《人民教育》，教办主任说这是标配，多少年都是如此。《人民教育》一般都是主任看得多，他喜欢带回家看。每次邮递员送来《人民教育》时，我只能瞟一眼，或翻一下，然后就规规矩矩地放到主任办公桌上了。当时，我们乡镇有个不成文的规定：中学、中心小学和村小学的图书室都必须要有《人民教育》，而且要放在显眼位置，这是标配，否则就是不达标。一开始我以为是主任的个人喜好，有一次主任在开校长会时说，越是在基层，越是要读书看报，要抬头看天，《人民教育》就是我们教育的"天"。

　　1998 年后，我到乡镇中学当语文老师，看见校长办公室的报刊架上也放着《人民教育》，校长走路时手里拿得最多的也是《人民教育》。每周三的政治学习，学得最多的也是《人民教育》的文章，《人民教育》似乎也成了学习的标配。每周都进行政治学习，哪有那么多"政治"可学呢？开明的校长就把他认为好的《人民教育》中的文章安排老师轮流读给大家听，我也读过。我到现在还记得自己读的是于漪老师写的《"标准化试题"把语文教学引入"死胡同"》。特别是 2002 年的那次政治学习，学校非常认真地组织学习了余慧娟老师在《人民教育》推出的新课程改革系列文章：《十年课改的深思与隐忧》《做课程的主人》《把"人"写进教育的核心——课改十年述评》……通过《人民教育》，在乡镇工作、年轻的我知道了新课程改革的走向，明白了专业是老师的最大政治。

2005 年，我到南京市金陵中学河西分校工作，负责校办工作，每次订报刊，学校都为每位校级领导订一份《人民教育》，这是标配。等到丁强校长从金陵中学校长位置退休后来分校工作，他更是特别爱看《人民教育》，他的办公桌上永远都是一摞《人民教育》，这似乎也是他的标配。那几年，丁强校长每年都会在《人民教育》上发表一篇文章，我很是敬佩。丁强校长曾不止一次地说："要想把校长做好，一定要看《人民教育》。"他也曾鼓励我动手写写，但我总觉得高不可攀。2010 年，我做了学校小学部校长后，我的办公桌上也多了一份《人民教育》，里面的很多文章对初涉管理的我有很大的帮助，成尚荣、李希贵、魏书生等大家、前辈的思想在点燃、激励着我。《人民教育》也慢慢地成为我的标配，双肩包、床头、书房，随手可触《人民教育》。2012 年搬家时，"断舍离"了很多东西，但是一大袋子的《人民教育》始终没舍得扔。

2013 年，我到了新组建的南京市莲花实验学校做校长，这是一所城郊接合部的薄弱公办学校。我把《人民教育》作为管理干部的标配，每位管理干部人手一份《人民教育》，想以此来带动管理中的学习风气。每次行政会前干部都会分享《人民教育》的文章，慢慢地，我发现大家管理的眼界变化了，大家在谈工作时，多了"《人民教育》上这样说"的口头语，管理的风气也变了，明显感觉他们的眼里有光了。我自己也尝试给《人民教育》

投稿。2014 年，《做有故事的教育，办有温度的学校》一文发表在《人民教育》第 24 期上，我第一次成了《人民教育》的作者。后来又相继发表过一些文章。今年 5 月，发表在《人民教育》2019 年第 12 期上的《办学活力来自不同主体的共同激发和相互链接》一文被推荐上了"学习强国"。《人民教育》在无私地托举着我，让一个普普通通的教育人不断成长。

如今，我把这样的标配带到了河南郑州艾瑞德国际学校，为 26 名中层以上干部每人订阅了一份《人民教育》。每次《人民教育》到了后我们都在行政会上隆重发放，我一本一本亲手发给大家，大家像收到礼物一样开心。分享《人民教育》的文章也成了我们每周行政会的固定板块了，他们读的时候还在文章旁批注。渐渐地，这支管理团队的眼界越来越开阔，我想这多少与《人民教育》的滋养有关。

优秀刊物的背后是优秀的人，在和《人民教育》的"相处"中，我也有幸认识了梁伟国、李帆等编辑老师，他们对工作、对刊物的精益求精，让我敬佩。犹记得 2007 年，梁伟国、李帆老师到金陵中学采访，我有幸参与接待，他们从早到晚采访师生，马不停蹄，对工作极端负责，为人也非常谦和。他们采访后发表的文章《永为南国雄》反响很大，看了这篇文章而来金陵中学和分校参观的人很多。

多年来，我从一个旁观者、羡慕者，逐渐变成《人民教育》的忠实读者、作者、推荐者。《人民教育》成了我和同事们彼此的馈赠，共同的标配。如此"标配"，其实是在激励我们努力追寻一种"匹配"，匹配的是《人民教育》所传递的价值内核与精神品质，那当中有一名教育人要铭记的教育初心、坚守的道德良知、肩负的责任担当。从标配到匹配，道路很长，但我们相信留下的每一个脚印都是对岁月的不马虎、对未来的不辜负，正如《人民教育》这一路走过的 70 年一样。

适《人民教育》创刊 70 年，我衷心感谢《人民教育》，祝福《人民教育》！

○ 善者因之：做有故事的校长 ●

走过的那些年

时间一晃过去三十年了，当我们还能当面叫一声"老师"，喊一声"同学"时，三十年风风雨雨练就的强大铠甲都敌不过此时内心的柔软。我突然明白，我们的强大恰恰是因为内心的柔软，尤其是今天看到我敬爱的老师们精神矍铄，我亲爱的同学们事业有成时。

今天，让我作为学生代表发言，多少有点惭愧，我代表不了大家，我只能代表我自己，我们五十八位同学都是美丽的不同、珍贵的存在。依稀记得三十年前毕业典礼时，我也作为学生代表发言，那是别去，那是出发，那是如满天星般地散入天长（安徽省天长师范学校）教育的天空中去。今天，我们是相聚，是归来，是如一团火般地回到天长师范精神的家园中来。

一"去"一"来"就是三十年，一散一聚就是一万多天。时间与时光、日期与日子、年代与时代、年华与芳华的区别就在于人的参与与干预，是人让时空人格化、生命化了。子在川上曰："逝者如斯夫！"这是伟大生命在宏大时空中的追求与劝告。

天长师范学校，我们用三年的时光铸就我们三十年的今日，她作为我们人生履历中重要的空间坐标点，意味着什么？意味着我们在最好的年龄、最好的时代遇到了最好的学校、最好的老师。不知为何，我总会把天长师范学校与当年的西南联大联系在一起。天长师范学校在那个时代，只存在了十年，而对于我们来说，她将永远存在。虽然，她作为物质的家园已经不复存在，但是作为精神的皈依，她会日日夜夜永远澎湃在我们的生命里。"上泊湖畔，白塔河边，坐落着一所美丽的校园。这里是炼钢的高炉，这里是培育师资的摇篮。""上泊湖畔，白塔河边，活跃着一群有志的青年。我们是未来的园丁，我们有培育花朵的心愿。"母校与恩师是我们精神家园中的珍藏，是我们行囊中的滋养和力量。

我想起了徐乃高老师，听说我当年作为毕业生代表发言是您"钦定"的，因为我经常早晨在大堤埂上读书而被一早在菜园里浇菜的您看到，听说您还经常在背后表扬我的文笔不错。谢谢您！敬爱的徐老师！

我想起了吴建华老师，您吹拉弹唱无所不通，让我们佩服；您帮我亲手修改新年晚会的相声，让我难忘。虽然当时因为我发音不准被您撤了才干了一天的音乐委员职务，但这成了我回忆天长师范学校生活最美好的故事。谢谢您！敬爱的吴老师！

我想起了於平老师，作为音乐老师，我和宋祥贵同学的跑调一定让您大伤脑筋，我是全班唯一一个您特许的期末音乐视唱考试中"别人是您指哪条就唱哪条，而我是我指哪条您考哪条"的人，您说："李建华的唱歌要是和他拉的小提琴一样准就好了。"谢谢您！於老师！

我想起了刘海泉老师，您的书法、普通话、演讲以及情感调动能力让我们难忘，语基课、写字课上的所学都成了我们今天一直做老师的基本功。谢谢您！敬爱的刘老师！

我想起了刘伟老师，体育老师受我们欢迎是在情理之中，然而您更受欢迎的是新年晚会帮我们排的《红高粱》舞蹈，您作为评委给了被他人誉为"群魔乱舞"的节目最高分，您真的很有眼光，我们那个节目获得了一等奖。谢谢您！敬爱的刘老师！

我想起了龚龙海老师，您作为中途接班的班主任，以年龄的优势和青春的活力带领着我们，亦师亦友的两年相处，您没有以老师的身份高高在上，却让我们懂得了老师的真正含义。谢谢您！敬爱的龚老师！

当然，还有夏保华老师、陈梓松老师、王玉德老师，你们或以严谨，或以沉稳，或以活泼，在潜移默化地影响着我们。谢谢你们！今天在场的所有老师和今天没有到场的老师，是你们把那个时代最干净、最纯粹、最无私的东西给了教育，给了我们，直到今天还在影响着我们。

云山苍苍，江水泱泱，先生之风，山高水长。感谢三十年前的三年教诲之恩，请让我们把内心的感激与感动化为掌声献给我们最敬爱的老师。

岁月如歌，那些年我们一起走过。过去的三十年对我们来说意味着什么？大而言之，我们赶上了中国改革开放四十年的最好时代，中国从站起来到富起来。或许当初物质的不富有让我们有内力去生发精神的成长；或许相对干净、多元的文明环境让我们不用内耗多少抵御之力就可以心无旁骛去热爱。总而言之，我们也赶上了中国教育转型的大时代，教育在转轨，在变革，我们要醒来，我们要行动，唯有浪潮汹涌，我们才有机会去做那跳跃的浪花。小而言之，我们每位同学都在人间烟火中把工作做得有声有色，把日子过得如诗如歌。我为我们五十八位同学有今天的幸福模样而开心。

亲爱的同学们，站在三十年的节点上，或许，今天我们头发也已斑白，心态也会沧桑。但我们再向后看看，还有"30+"的岁月在等待我们去拥抱，去热爱，我们依然是乘风破浪的姐姐、披荆斩棘的哥哥。我们基本处在五十而知天命的年龄，也应不忘初心，不油腻、不怨怼、去热爱、去拥抱。多一点内省，少一点外争。不要去张扬我们的强大，而要多呈现我们的善良。人生是价值观的长跑，善良是最靠谱的竞争力，对自己狠一点，世界便会对你温柔一点。

同学们，挥手正是青年，归来依旧同窗。恩师、母校、三十年、四十年、五十年，杨柳依依，你我依依。感谢为这次聚会付出的同学们！祝福这次活动圆满成功！祝福师长同窗身体健康、万事顺意、一切如常！

带着"温度"与"故事"行走

其实，有很多事情是必然的，这本《善者因之：做有故事的校长》出版也是如此。

2017 年 7 月 28 日，我辞去公职，千里走单骑，目的地是郑州艾瑞德国际学校。诸多亲朋好友为我担心，我也不知自己义无反顾的底气和勇气何在。2013—2017 年在南京市莲花实验学校做校长，提出并践行"做有故事的教育，办有温度的学校"核心办学理念，中央电视台新闻联播、《人民教育》和《中国教育报》都曾专门报道过，于是我的身上似乎多少带有了一定的教育符号。也正如《中国教师报》褚清源主编在 2018 年 3 月 7 日《中国教师报》发表的《李建华：用故事给教育加温》一文中所说："在南京开往郑州的高铁上，李建华只身一人，除了几件必要的行李之外，此行他还带着做校长 10 年来一直秉持的教学哲学：做有故事的教育，办有温度的学校。"

"温度"与"故事"跟着我北上，在郑州艾瑞德国际学校安了家，扎了根，开了花。"走自然生长教育之路，办有温度有故事学校"成了艾瑞德的教育哲学。三年多来，从一个人到一群人，再到一家人，百乘踏征途，千骑卷平冈，我们共同躬耕自然生长教育的诗和远方，一起营造"温度"与"故事"的教育磁场。我个人理解，故事是教育的实践、经历、艺术和味道，而温度是教育的底色、磁场、翅膀和力量。故事是温度的载体，温度是故事的内核，没有故事的温度难以恒长，没有温度的故事缺少力量。当人立在温度与故事的场中，心里才会滋润饱满，充满张力。

成尚荣先生对"故事"有着精彩解读。他认为，故事是对人的确证。只有人才有故事，人才会讲故事，才会创造故事。因此"办有温度有故事学校"，其实是办看得见儿童发展的学校；办学生为主体的学校，就是办一个能讲好故事的学校。故事是时间的人格化。故事往往发生在过去，但是今天我们讲起故事，故事中的一切，我们所经历的、所思考的、所体验的都已经融入其中，我们的成长也在其中。时间告诉我们一切，故事告诉我们一切。人的性格、人的人格、人的品质，一切都在故事中，一切都在故事的讲述中，一切都在故事的创造中。讲故事总是有人物关系、人际关系的处理。这个关系包括领导和教师的关系、教师和学生的关系、学生和学生的关系、学校和家长的关系。这个关系的核心就是心中有爱。所以讲故事是处理师生等关系的重要的途径和方式。教育是最需要故事的，是最能创造故事的。儿童喜欢听故事、讲故事，老师也喜欢讲故事，所以讲故事是最切合儿童的方式，最契合教育规律的基本方式。

沈祖芸老师说教师工作的实质是一种情绪劳动，是关注学生的情绪状态或学生学习体验的劳动。我们一方面看到情绪劳动中对内在情绪情感的关注，另一方面也应看到这是一种"劳动"。温度影响着情绪，故事生发于劳动，因此我们常说"教育是个动词"。教育要在爱中出发，在事中磨炼，在做中精进，教育＝爱＋被爱，教育＝期待＋善待，教育＝关系＋联系，教育＝温度＋故事，让教育被慈善以怀，让师生被温柔以待。

因为怀揣温度与故事，让我对自己所从事的教育工作和所选择的学校有着深深的热爱，并始终充满激情、不知疲倦地工作着。因为热爱，我才会有着自己每天的10项坚持：每天录制"校长60秒"，每天和老师们一起写板书，每天打一个"校长8∶30电话"，每天一篇千字日精进写作打卡，每天放学送校车，每天读书半小时，每天翻阅老师的朋友圈，每天听一节课，每天陪学生就餐，每天锻炼身体。坚持很贵，贵在坚持。

单从我的日精进写作打卡说起，2018年5月3日开始，到今天已经写了1000多天、150多万字了。这些是我在艾瑞德三年多的教育流水账，却被我以前的大学老师、教授教育学的李继秀教授称为"实践教育学"。当然，这是我们全体艾瑞德人相互席卷、彼此裹挟的结果。近两年，全校所有老师都开设了公众号，写了15 000多篇、1500万字的教育随笔，这非常让人不可思议。研、读、写、讲、种，成了我们成长的五件套。

看着摆在自己面前厚厚的五本打卡集，我产生了一种强烈的冲动，我想从这些每天的教育"琐碎"记录中抽取一些更有意义的内容出一本书。恰逢学校十年校庆要公开出版十本书，于是，我开始从自己的150多万字里沙中淘金，精心筛选出18万字变成了这本小书。因为是源于自己每天教育生活的真实记录，所以其表达多偏向于日记风格，多偏向于故事特点，多偏向于口语化。从编排体例而言，分为学生篇、教师篇、家长篇、活动篇、文化篇和生活篇六个篇章，尽可能多地反映出校长管理学校的多维度、多视角、多侧面，让读者能够充分感知一所丰富的学校和一个丰富的校长。从我的视角而言，这本小书更适合中层以上管理者参阅，当然，里面不少生动的教育实践案例也会对一线教师有所启发。在是否把"生活篇"纳入书中这个问题上，我曾纠结犹豫过，最后决定放入。其目的就是想让读者看到"八小时之外"的我（当然我的工作远远不止每天八小时），这样我就完整了，校长也就完整了，读者也会完整了。我非常期待，每一位教师、中层管理者和校长，在我们职业的生命中有工作，更要有生活。如果我们没有充盈丰实、精神明亮的生活，怎会带出与之相匹配的学生和老师呢？

怎么办好与之相适切的学校呢？

　　当我再次读完它们时，我也被自己的文字触动了，它们真实地再现了、也留住了当时自己的所思、所做和所感，自己的成长历程和管理脉络多少从中可见、可循。校长是学校温暖的符号、师生成长的道具，这是我的校长观，我希望自己能成为"坚守办学价值观的那个人，与师生保持最近的那个人，让学校保持沸腾的那个人，把学校带向未来的那个人"。因此，我的教育实践故事也多是在这样价值观的支配下产生的，有其鲜明的个性化，不足以有普遍性。不过，经验也罢，教训也好，可作为一面小镜子，既可照见自己，也供他人借鉴吧。如果实在无用的话，也就权当作故事书翻翻。

　　教育不要竞争，办学不必模仿，成长不需比较，学校是迎来送往的生命驿站，为来到这里的每个孩子提供最适合的土壤，让每一个生命经过我们面前时都能美好起来。因此做教育，既要有"孤舟蓑笠翁，独钓寒江雪"般的坚守，也要有"青箬笠，绿蓑衣，斜风细雨不须归"般的浪漫，无论是坚守还是浪漫，都是情的延伸，爱的抵达。学会发现故事、传播故事、创造故事，让故事有温度地自然流淌，校园就应该是个堆满故事、充满温度、溢满情感、写满情怀的地方。

　　不知不觉，时间过得真快，想起 2016 年 1 月，我在忙碌自己的一本小书《教育的温度》，2021 年 1 月，我同样又在忙碌着自己的这本小书《善者因之：做有故事的校长》。这样，"温度"与"故事"实现比翼，我的教育坚守获得双全。"温度"与"故事"虽然是我当初的教育灵感，但不是我的囊中私物，它是与志同道合的教育人在教育探索中被丰富着、被实践着的教育命题，它是开放的、全员的、实践的，是动态持续的，不是静止不前的。"温度"和"故事"，是我行走的力量，也是我扑腾的翅膀。初心不改，匠心永在，力争做一个有温度、有故事的教育人是我对自己始终的勉励。

　　今年，是牛年，是中国共产党建党百年、艾瑞德建校十年、自己工作满三十年，这也赋予了这本书不一样的故事性。这本书的背后有着许多人的厚爱，感谢成尚荣先生为本书作序，感谢南京市金陵中学原校长丁强先生为本书作序，感谢上海浦东干部学院李冲锋博士的写作燃梦并亲临学校指导校庆丛书出版工作，感谢南京市致远初级中学校长丛一冰女士对我一直的影响与指导，感谢南京市致远外国语小学分校校长仇玉玲女士对我的鼓励，感谢孙银峰董事长对本书的关心和支持，感谢艾瑞德全体教职员工、学生和家长对我的潜移默化，感谢刘森老师为这本书的巨大付出，感谢太太邵玉翠、女儿李恒如对我异地工作的理解与支持，感谢中国大百科全书出版社和知识出版社。

李建华

○ 后记 ●

329